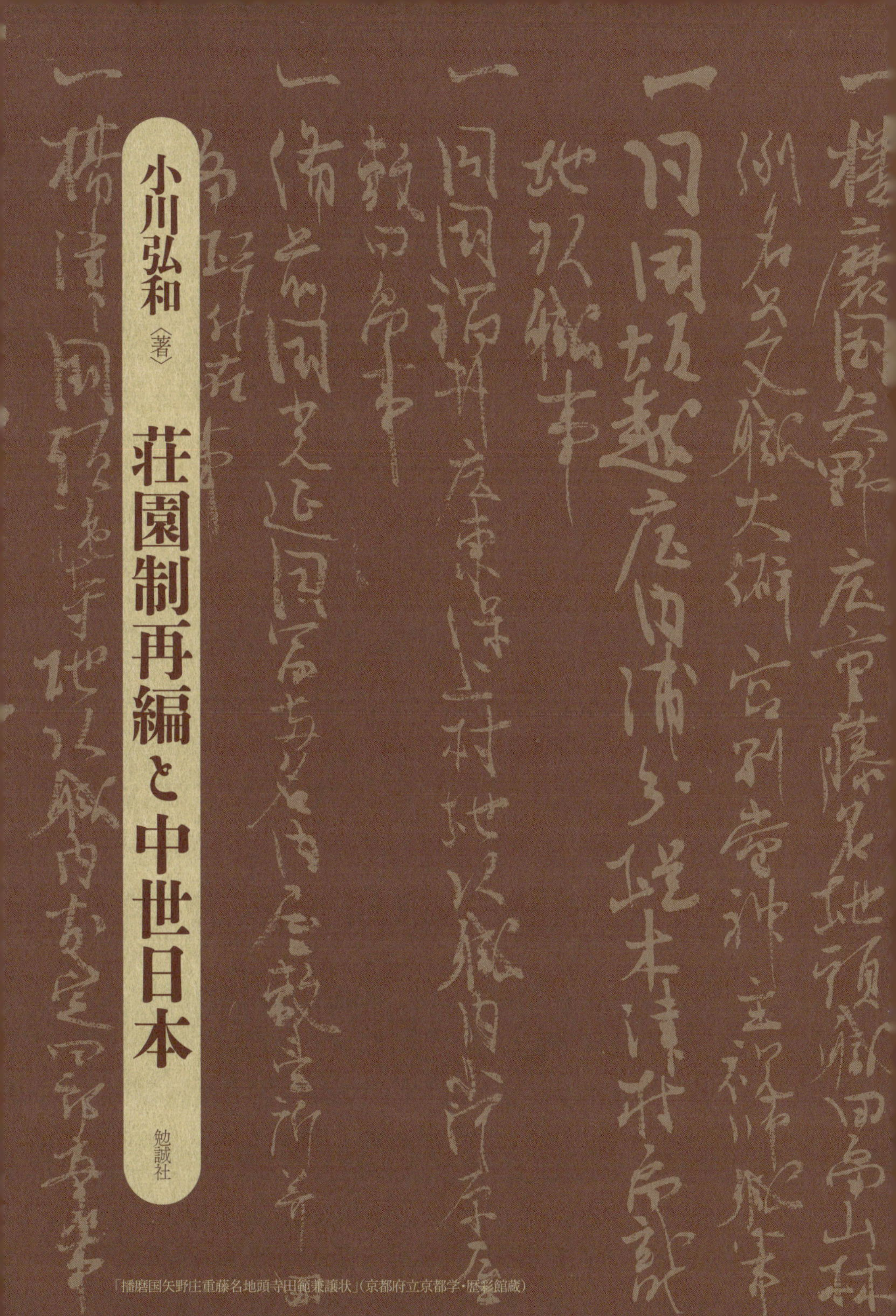

小川弘和〈著〉

荘園制再編と中世日本

勉誠社

「播磨国矢野庄重藤名地頭寺田範兼譲状」（京都府立京都学・歴彩館蔵）

目次

第三部　地下の文書と荘園制

序章　荘園制再編論の課題と射程

本書は、荘園制の再編という事象の考察を通して、中世日本の理解を深めようというものである。

もともと領主制論では、荘園は封建領主たる武士に打破されるべき古代的領有形態とされていた。(1) だがその内在的展開は、荘園領主も封建領主であったという評価を導くに至る。(2) 一方では国家的役割を分掌する公家・武家・寺社共通の基盤として荘園を位置づける、権門体制論も登場した。(3) また荘園の形成が、鳥羽院政期をピークとする院政期に進んだことも明確にされていく。(4)

このようにして荘園は、中世日本の始まりを告げ、その終末まで続くものに位置づけ直された。そしてそれは領域と、そこに暮らす人々を備えるものだった。(5) よってその年貢・公事収取実現には、彼らのケアを要することになる。かかる中世荘園は、都市領主たる権門が国土・人民とその統治権を分割・分有しつつ都・鄙を結ぶ、中世日本の骨格だ。そのような考えのもとに、その仕組みの総体を荘園制と呼ぶようになり、中世日本は荘園制社会だと把握されるようにもなったのである。

また院政期には荘園形成とともに国領もそれと同質化しつつ併存したという理解にもとづき、荘園制に代わる荘園公領制という概念も提起され定着していった。(6)それに後押しされて、中世前期の荘園・国領研究は豊かな成果を生み出していく。

だが中世後期については、荘園が徐々に不知行に陥りつつ戦国大名領国の形成に至るという構図把握(7)が払拭し切れなかった。そのため中世後期は、荘園制と大名領国制との間の長い移行期という位置に置かれるようになる。

かかる状況のなかで工藤敬一は、室町幕府のもとでは南北朝内乱で侵害を受けた荘園のうち、禁裏仙洞御所・殿下渡領・寺社一円仏神領などが保護されて武家の所領と対置されたことを明確にした。そしてこれを本所一円領・武家領体制という、中世前期の荘園公領制から転換した中世後期の荘園制として概念化したのである。(8)

この後、工藤が本所一円領・武家領体制の前提に位置づけた、異国合戦・警固下で進行した神領興行などの研究が深まった。そこでは公・武両政権が所領荘園の枠組を再編しつつ、それを軍役を負担する武家領と、その他の本所一円地とに振り分けたという像が提示されたのだ。(9)

ここに本所一円領・武家領体制には鎌倉後期からの政策的な荘園制再編の帰結という、明確な見通しが与えられた。それは公・武両政権の協調・分掌体制の先に、建武政権・室町殿政権を展望する視座も内在したものだった。(10)そしてそのなかから、鎌倉後期以来の再編を経て室町幕府―守護体制のもとで荘園制は安定したと捉え直す室町期荘園制論が打ち出されて、二〇〇〇年代に盛行したのである。(11)

こうして中世後期は、荘園制の長い衰退過程だという枷から解放された。それはより積極的に中世日本は荘園制社会であったとみることを許して、その全体像の再把握に道を拓くかと思えたのだった。だが一方でその姿が具体化するにつれて、荘園制は総じて解体に向かうという通念のもとでは軽視されていた、地域的偏差も明瞭に目に映るに至る。室町期荘園制論では公・武の都市領主間の利害を調整してその保全を担うものとして、室町幕府—守護体制が重視されている。それは守護在京制を前提とするから、その有効射程もおおむね西国に限られるのだ。

ただし東国でも、鎌倉府を軸に武家領主と鎌倉寺社などの所領支配が保全される同種の体制は想定されている。(12)だが東・西ともに遠国たる奥羽、特に北奥と九州の大半では、遠隔地所領は不知行となっていく。このような中世後期を、果たして荘園制社会と捉えられるのか。ひいては、中世日本を通時的に荘園制社会と捉えられるのか。かかる疑問も浮き彫りになったのだった。

一方、室町期荘園制を鎌倉後期の再編から連続的に捉えることにも批判が生じている。山田徹はまず、室町期の所領の権益は、しばしば旧来のものとの継受関係が不明瞭であることを指摘する。それは南北朝内乱による混乱と断絶によるというのである。また鎌倉後期についての「本所一円地」概念は、御家人役勤仕地と規定される「武家領」概念の補集合である。だが逆に工藤のいう室町期「武家領」概念は、保護される「本所一円領」概念の漠然とした補集合となっている。かかるズレを抱えた概念同士を連結することを、山田は問題視するのである。また事実としても室町期には「武家領」に当たる範疇・概念は希薄化していくという。(13)

同様の問題は、工藤が中世前期の荘園制に位置づけた荘園公領制についても生じている。高橋一樹は立荘により加納・余田などの公領を包摂した中世荘園の形態を論じて、荘園・公領の截然とした併存に疑問を突きつけた。(14)そして以降の研究が立荘や複合的領域構成のあり方に興味を集中するなかで、荘園公領制概念は是非の検証を十分には受けぬまま顧みられなくなったのである。

このように、これまで荘園制論を主導してきた枠組・概念は、総じて検証を要する状況にある。そのなかで荘園制再編論も、立ち止まって自らの足跡を確かめる段階に入ったといえるだろう。そして私も、それを要する一人である。地域の側から荘園制再編を捉えつつ中世日本の全体を荘園制社会として把握することを目指した二〇〇〇年代の私の作業は、まさに連続性と地域偏差に関する批判を受けるものに違いない。

その一定の総括に当たる二〇〇五年度歴史学研究会中世史部会大会報告(15)は幸いにも、最近も参照と評価を頂いている(16)。ならば当時の作業を振り返りつつ、現在の私なりの見解を練り直して提示することにも、幾分は意味と必要があるのではないか。かかる意図から本書では、荘園制再編に関する既発表論文群を大幅な改訂のうえで排列した。

第一部「矢野荘の再編と荘官・名主たち」は、播磨国矢野荘という特定のフィールドに即して、その再編の過程と結果を捉えるものである。第一章「成立から南北朝期までの矢野荘」は、既発表論文群を再構成・補訂したその総論に当たる。そこでは鎌倉後期に例名西方領主となった東寺が、既存の地域社会に規定されつつ室町期の体制を樹立する。そのため再編の連続面が際立つフィールドだが、その断絶面にも注意したい。

またその過程を突き動かしたのは、西遷地頭・海老名氏と在来の公文・寺田氏であった。そこで第二章「家伝文書と海老名氏」と第三章「家伝文書と寺田氏」では、それぞれの家伝文書を復原・検討して、総論の基礎に供したい。

第二部「荘園制再編と大田文」は、大田文を通して俯瞰的に荘園制再編を考えようというものである。第四章「「大田文」帳簿群の歴史的展開」では史料論的検討によって、大田文という概念の成立と荘園制再編との関係を問う。第五章「建久八年図田帳群と本所領・武家領」は、その過程を鎌倉後期の九州をフィールドに具体的に把握しようというものだ。そして第六章「豊後の「図田帳」と所領体制」は、九州のなかでも特殊な事情を有する豊後国での荘園制再編の方向性を検討する。そこでは豊後の様相に、室町期荘園制の射程外地域を中世日本に位置づけるための、よすがを探ることにもなろう。

第三部「地下の文書と荘園制」は、文書の作成・運用を手掛かりに、地下の社会と荘園制との動的相関をみるものだ。またそれを通して、荘園制を媒介とする中世日本の統合の様相も覗きたい。第七章「地下文書の成立と中世日本」では、中世地下文書の成立・確立と荘園制の成立・再編との関係を明らかにする。また第八章「起請文の神仏と荘園制」は、地下の人々が記した起請文の神仏体系を整理・分類したうえで、その中世後期における変容を見定める。それは解体に向かう荘園制が、中世日本に何を刻印したかも示すだろう。

終章「荘園制と中世日本」では本書の荘園制再編論を総括しつつ、中世前期・後期それぞれの荘園制について整理する。それを通して高橋一樹や山田徹の問題提起に対する私なりの回答や、中世日本の捉え方への展望を用意したい。研究の解像度向上と不可分に進む細分化によって、前期と後期を通して中世日本を見通すことは難しくなっている。それは荘園制研究も例外ではないが、前・後を分かつ再編の検討を起点とするからこそ、そして何より中世日本の骨格とみなされてきた荘園制に即することによってこそ、得られる眺望があると思うのだ。

なお本書では、頻出する史料集からの出典は以下のように記す。

『平安遺文』：一二三四号であれば「平一二三四」
『鎌倉遺文』：一二三四号であれば「鎌一二三四」
『中世法制史料集　第一巻　鎌倉幕府法』：追加法一〇条であれば「鎌倉追加法一〇条」
『中世法制史料集　第二巻　室町幕府法』：追加法一〇条であれば「室町追加法一〇条」
『相生市史　第五巻』古代・中世史料：一〇〇号であれば「相古中一〇〇」
『相生市史　第七巻』『同　第八巻上』『同　第八巻下』矢野荘史料　編年文書：一〇号であれば「相文一〇」
『相生市史　第七巻』矢野荘史料　引付集：一〇号であれば「相引一〇」
『兵庫県史　史料編　中世三』「海老名文書」：一〇号であれば「兵海一〇」
『豊後国荘園公領史料集成』：一田染荘史料一号であれば「豊一田染荘一」
八（上）帆足郷史料一号であれば「豊八（上）帆足郷一」

註

（1）石母田正著『中世的世界の形成』（岩波書店、一九八五年。初出は一九四六年）、永原慶二著『日本封建制成立過程の研究』（岩波書店、一九六一年）など。
（2）戸田芳実著『日本領主制成立史の研究』（岩波書店、一九六七年）、工藤敬一著『九州庄園の研究』（塙書房、一九六九年）、河音能平著『中世封建制成立史論』（東京大学出版会、一九七一年）、大山喬平著『日本中世農村史の研究』（岩波書店、一九七八年）など。
（3）黒田俊雄著『日本中世の国家と宗教』（岩波書店、一九七五年）。

(4) 石井進「院政時代」(歴史学研究会・日本史研究会編『講座日本史2　封建社会の成立』東京大学出版会、一九七〇年)。

(5) 小山靖憲著『中世村落と荘園絵図』(東京大学出版会、一九八七年)など。

(6) 網野善彦「荘園公領制の形成と構造」(同著『日本中世土地制度史の研究』塙書房、一九九一年。初出は一九七三年)。

(7) 前掲註(1)永原著書など。

(8) 工藤敬一「荘園制の展開」(同著『荘園制社会の基本構造』校倉書房、二〇〇二年。初出は一九七五年)。工藤は同著書刊行の際、その序章「荘園制社会の基本構造――概観――」にて荘園公領制と本所一円領・武家領体制を、社会体制たる荘園制のもとでの各段階の土地制度であると位置づけ直した。そのうえで、荘園公領制を荘園制概念と混用すべきではないと主張している。

(9) 海津一朗著『中世の変革と徳政――神領興行法の研究――』(吉川弘文館、一九九四年)、高橋典幸著『鎌倉幕府軍制と御家人制』(吉川弘文館、二〇〇八年)など。

(10) 海津一朗「「元寇」、倭寇、日本国王」(歴史学研究会・日本史研究会編『日本史講座　第4巻　中世社会の構造』東京大学出版会、二〇〇四年)は、その典型的結実である。

(11) 『国立歴史民俗博物館研究報告』一〇四集[共同研究]室町期荘園制の研究」(二〇〇三年)、伊藤俊一著『室町期荘園制の研究』(塙書房、二〇一〇年)など。

(12) 清水亮「南北朝期～戦国期の荘園」(荘園史研究会編『荘園史研究ハンドブック』東京堂出版、二〇一三年。増補新版は吉川弘文館、二〇二四年)。

(13) 山田徹「室町時代の支配体制と列島諸地域」(『日本史研究』六三一号、二〇一五年)。なおかかる批判は念頭に置くものの、本書での用語は鎌倉後期から室町期を通して、本所領・武家領という簡潔なものとする。その理由は改めて終章で述べる。

(14) 高橋一樹著『中世荘園制と鎌倉幕府』塙書房、二〇〇四年)。

(15) 小川弘和「14世紀の地域社会と荘園制」(『歴史学研究』八〇七号、二〇〇五年)。

(16) 似鳥雄一「中世後期の荘園制――再建と終焉――」(鎌倉佐保・木村茂光・高木徳郎編『荘園研究の論点と展望 中世史を学ぶ人のために』吉川弘文館、二〇二三年)、赤松秀亮「播磨国矢野荘研究の軌跡と展望(一九三二~二〇一九)」(『国立歴史民俗博物館研究報告』二四〇集、二〇二三年)、永野弘明「中世前期の荘園制支配と荘官」(『ヒストリア』三〇一号、二〇二三年)など。

第一部　矢野荘の再編と荘官・名主たち

第一章　成立から南北朝期までの矢野荘

はじめに

第一部では播磨国矢野荘の検討を行いたい。ここは「東寺百合文書」のおかげで研究蓄積が厚く、室町期荘園制論でも重要な事例となったフィールドだ。そこでは地域社会の変動と連動した枠組再編の様相や、そのなかでの荘官・名主・村落の動向が示された。また室町幕府―守護体制が本所領に介入しつつ、その保全も果たすようになるさまも具体的に捉えられている(1)。このように各層が絡みあいながら荘園が再編された過程とその構造が、長期的かつ立体的に描き出せる稀有な場となっている。

そして二〇〇〇年代における私の一連の作業も、その一角を占めるものだった。ただしそれは当時の動向と関心にもとづき、それぞれ独立したものとして執筆されている。ゆえに考察の前提となる基礎的事実の叙述には、どうしても重複が避けられなかった。また、全体像も結びにくくなっているだろう。そして再考の結果や後の批判により、補足・訂正を要する点もある。

そこでこの第一章では、成立から南北朝期に至る矢野荘の基礎的事実過程を整理しつつ、論点の提示・解決を図っていこう。そのうえで第二章では海老名氏、第三章では寺田氏家伝文書の史料論的考察を行うことにしたい。

一　矢野荘の伝領と枠組

矢野荘は保延二年（一一三六）に国領・久富保の公験をもとに美福門院領として立荘された。その在畠等は延久三年（一〇七一）に大掾・秦為辰の先祖相伝私領として初見する。だが一一世紀末には経営破綻して、その権利文書群は播磨守だった藤原顕季に寄せられた。この頃から播磨守と伊予守は、顕季をはじめ末茂流藤原氏と道隆流藤原氏とが互い違いに務めるようになる。そのもとでは京都・播磨・伊予を結ぶ人的関係のもとに登用された人々が有力在庁となっていき、秦氏のような任用国司層を没落させていく。また両受領家は連携しつつ、かかる在庁を保・別符のかたちで確保した家領の下司等に登用し、自家が受領ではない間にもその支配を維持していった。久富保でも秦氏は姿を消して、下司には有力在庁となっていく惟宗氏、公文には播磨氏が登用されている。

ところが保延二年に家成（美福門院の従兄弟）が従三位に昇進して、翌年初頭には播磨守を離任せねばならなくなった。だが両家には適当な候補者が欠けており、良門流藤原氏の清隆が後任となる。同年の立荘は、かかる状況で進められたものだった。だがその領域は、和名抄郷・八野郷のほぼ全域にまで拡大される。それが在庁や地域社会との関係を損ねたためか、同年一〇月の院宣にもとづく牓示打ちは現地の協力を得られず立券に至らなかった。そして翌年九月の本家下文で督促することで、翌一〇月ようやく立荘が完了したのだった。(2)

その後矢野荘の本家は八条院―春華門院―順徳院と継承されるが、承久の乱で幕府に没収された後に後高倉院に返付され、安嘉門院を経て大覚寺統の王家領集積によって亀山院・後宇多院のものとなる。また仁安二年（一一六七）には種友名四三町余が美福門院御願寺の歓喜光院用途に充てられて別名と称された。一方で例名と称することとなった残余も後には「歓喜光院領」として現れる。さらに正安二年（一三〇〇）に別名は亀山院により南禅寺に寄せられた。(3)

また例名の荘務を担う預所職は美福門院の乳母・伯耆局から孫の藤原隆信―隆範―為綱―範親―冬綱と伝えられ、鎌倉後期には彼ら自身は領家を称して実務を担う預所を補任するようになった。ただしそのうち浦分（那波浦、後に佐方浦も分出）は、建長三年（一二五一）に隆範から孫・宇曾御前に譲られて別相伝となっていく。(4)ところが弘安七年（一二八四）に幕府の口入によって、例名のうち重藤は公文・寺田法念の別納による二〇〇〇疋、残余は領家が三〇〇〇疋という定額負担と定められ、まず重藤が領家の支配を離れた。(5)さらに永仁五年（一二九七）に決定した地頭海老名氏との下地中分が正安元年までの検注により完了し、重藤・浦分を除く例名は領家領・西方と地頭領・東方とに分割された。またこの際、地頭方に分布した重藤の筆は失われた一方、領家方一六名が重藤に取り込まれている。(6)

二　東寺への寄進と矢野荘「悪党」

1　沿革と論点

かかる重藤別納化から下地中分に至る動きの要因は、相模国下海老名郷を本領とする西遷地頭・海老名氏の圧迫であった。そして領家方としてその矢面に立った在来の公文・寺田氏は重藤の別納で本家年貢を確保することになり、さらには下地中分の成功を導いたのだ。だがそれは重藤を確保した寺田法念と例名東方を確保した海老名氏との融和をもたらす一方、中分に際して重藤の拡大を図った法念と所領の細分・流出で先細る領家との対立を顕在化させた。領家・冬綱は法念の濫妨を後宇多院に訴えるも、紆余曲折を経て改替されてしまう。そして領家は正和二年（一三一三）に本家の権限とともに東寺へと寄進されたのであった。(7)

ところが翌正和三年から翌年にかけて、法念・海老名氏らを構成員とする集団が三回に渡り南禅寺領別名に侵攻し「悪党」として糾弾されるに至る。それを経て文保元年（一三一七）に後宇多院は浦分・重藤をも東寺に寄進した。(8) これを受けた東寺は法念の排除に舵を切り、有力名主を組織した数度の戦闘を経て元亨三年（一三二三）頃に法念一党を撤退させる。(9) だが法念はかつての敵・冬綱と結んで反撃をした。嘉暦三年（一三二八）に冬綱は後醍醐天皇に働きかけて返付を実現し、重藤・浦分をも掌握しようとして東寺と激しい対立を展開することになる。またそれは、法念による重藤現地の軍事占領行為と歩調をあわせたものだったのだ。(10)

かくして東寺の矢野荘支配は危機に陥ったが、元弘三年（一三三三）には幕府滅亡で京都に復帰した後醍醐天皇から西方の返付を受ける。(11) これを経て始まった武力抗争の末、ようやく建武二年（一三三五）に法念一党を排

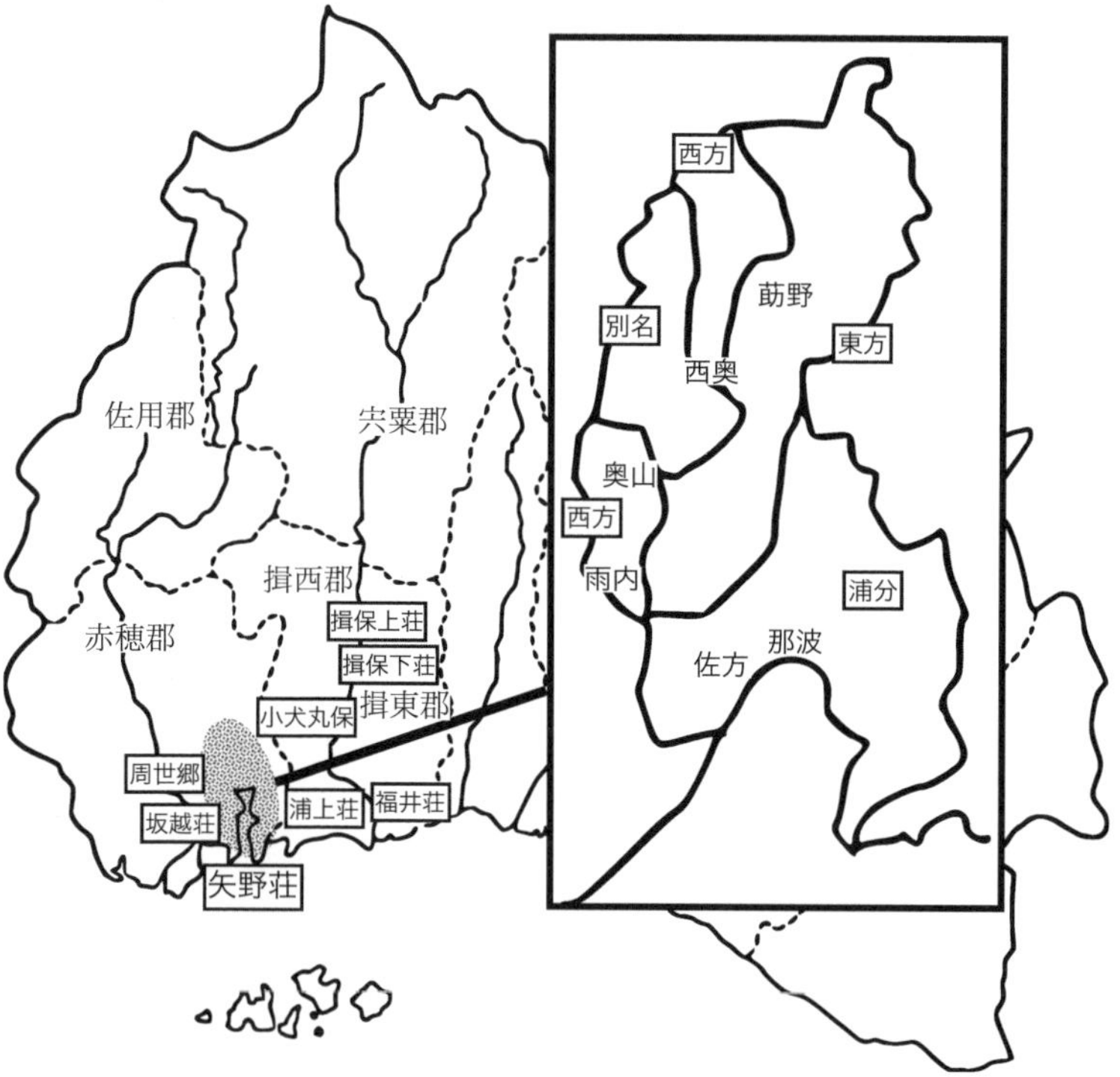

図1　播磨国矢野荘とその周辺

除したのだった(12)。

ところで①矢野荘「悪党」の中心は一貫して寺田法念であり、②その排除で寺田一族は全体が没落し、③新興の名主層を登用・組織することで東寺の支配体制が樹立されるというのが従来の通説であった(13)。だが事実は以下のようであったと考える。①については、当初の「悪党」の実像は主には海老名氏の別名当知行を実現しようとする領主一揆であったが、彼らは法念と東寺との対立は静観したため法念一党は孤立に至った。③は、寺田氏は荘内有力名主との姻戚関係を形成していた。東寺が編成したのはかかる人々であるから、それを「新興」勢力とみることはできない。また②は、法念一党排除後にも例名西方内に残った一族がおり、その存在は地域社会と東寺の矢野荘支配を規定したと考えられる。このうち②・③は南北朝期にまたがる問題であるので後に扱うこととし、まず①から検討しよう。

2　地頭海老名氏と西遷御家人

海老名氏との紛争と下地中分は長らく、関心が集中する東寺と寺田氏との戦いの前史程度の扱いしかされてこなかった。また史料の不足も海老名氏の検討を阻んできた要因だ。だが『相生市史　第五巻』に既知の「海老名文書」が全て、『兵庫県史　史料編　中世三』に新出文書が翻刻・紹介されたことでその検討は容易となった。それを踏まえて「東寺百合文書」をさらに読み込むことも可能になったのである。そこで私は「海老名文書」本来の構成と伝来過程を復原したうえで、海老名氏の沿革と矢野荘での位置を検討した。その考証は第二章で行うので、ここでは「悪党」の実態理解に関わる点のみ述べておこう。

矢野荘の地頭職は、惟宗氏が有した浦分も含む例名下司職が承久没収により、地頭職に切り替えられて海老名氏に与えられたとみるのが定説であった[14]。確かに後世になると、海老名氏自身も「当庄者、先祖家季為承久□之賞、一円当知行之間」と主張する[15]。また例名「地頭」の初見は「承久田畠官物事地頭連署状」という文書であり、その直後の貞応二年（一二二三）には「地頭」による内検がなされている。

そして仁治二年（一二四一）の「犯過人事」と「公文職事」をめぐる相論、寛元二年（一二四四）の海老名季景と領家との「所務条々事」をめぐる相論を経て、正嘉二年（一二五八）には季景と「地頭」泰季父子により正検が行われた。さらに弘安三年にも正検をめぐって六波羅の下知を要する事態となり、永仁三年には年貢抑留に関して六波羅の下知が出るに至っている。[16]同五年に決した下地中分はかかる経緯を踏まえたものであり、それは承久新補地頭に典型的なものといえるだろう。

一方、実は那波浦ではすでに建仁年間（一二〇一〜〇四）から元久年間（一二〇四〜〇六）にかけて、「地頭」との間で田数確定作業が行われていた。[17]それが那波浦でのみ「地頭」との間で行われていることは、治承・寿永内乱中の軍事行動の結果として東国御家人が那波浦に限って地頭職を獲得したことを示唆している。

文治二年（一一八六）に海老名能季は別名下司の矢野盛重に対する押領行為を停止するよう、院宣を受けた源頼朝下文により命じられた。[18]寿永三年（一一八四）には平家追討のため梶原景時が播磨に派遣されており、[19]海老名氏の矢野荘域での軍事行動は本国を同じくする景時に従ったものと理解できる。よって那波浦地頭職はかかる軍事行動の結果、海老名氏が獲得したものとみるのが妥当だろう。

ところで「那波」という地名の初見は保延三年の立荘時だが、その際は「雨打（内）野」「佐方野」「茄（苽）野」とともに「那波野」として現れる、田畠とは別枠の未開発地であった。[20]その「浦」としての初見は建仁・元久の検注であるから、那波の「野」から「浦」への発展は海老名氏による開発が担ったものと考えられる。かかる地であるゆえ本家・領家も地頭職成立を許容し、また別相伝としての浦分成立も海老名氏による所領単位・那波浦の確立を前提としたのだろう。

よって承久新補の地頭職は、かかる浦分を除外した例名部分のものであったと考えられる。それに海老名氏が選ばれたのも、すでに那波浦地頭の実績があったからだろう。こうして矢野荘域での権益を拡大した海老名氏は、かつては失敗した別名の獲得も図っていく。別名分出時の請文発給者・左馬允菅原[21]と同一人物と思しき矢野右馬允盛景から盛重へと譲られた下司職は、嘉禎元年（一二三五）に美濃源氏の上有智頼保へと譲られた。そして弘安二年には彼から養子・海老名袈裟王丸（季茂）へと譲られることで遂に海老名氏のものとなったのだ。これにもとづき弘安五年に袈裟王丸は幕府に譲与安堵を求めたが、別名雑掌から異議が申し立てられた。だが「当知行之条無異儀」とする「御家人等連署状」などにより安堵を得るに至ったのである。(22)

かくして第二章で詳述するように、浦分地頭職は後に「貞（定）」を通字とする嫡流家、例名地頭職は泰季を祖に「季」を通字とする家系、そして別名下司職は季茂の家系に分割相続されていく。だが正和三年九月の第一次別名侵攻は、具体的には「矢野太郎兵衛尉清俊住宅」を攻撃対象とした。(23)また翌四年九月の第二次侵攻は「得謀書人季茂語」たうえで決行されたと糾弾されている。(24)つまり海老名氏は権利文書は手に入れたものの、依然健在な矢野氏に阻まれて別名の実効支配を実現できていなかった。よって三次に渡った「悪党」の別名侵攻も、かかる海老名氏の利害実現を主目的としたとみるのが自然だろう。(25)

ところで弘安五年安堵の際、近隣御家人たちは事実に反して海老名氏の当知行を保証した。また矢野荘「悪党」は、海老名氏の当知行を実力で実現しようとした。そして第一次侵攻には「近隣・地頭御家人等」(26)、第三次侵攻には那波浦地頭海老名孫太郎・坂越荘地頭飽間泰継代親性・下揖保荘東方地頭周防三郎入道といった、西播磨沿岸部の西遷御家人たちが加わっている。(27)ここには共同して西国への定着を図ろうと努める、東国御家人集団の一貫した意思をみるべきなのだ。

3　公文寺田氏と「悪党」認識

それでは、そこに寺田法念が合流するに至ったのはなぜだろうか。寺田氏は、久富保の開発領主・秦為辰の関係文書を含む「開発相承文書等案」を所持してその後裔を称していた。だが前述のように立荘時の公文は播磨氏であった。第三章で詳述するが「開発相承文書等案」は前半の為辰関係文書群と後半の領家所持文書群を、偽作した為辰名義の公文職等譲状で接続したものと考えられる。その後半部に含まれる建仁三年の北条時政書状では、公文だった牛窓庄司六郎範国の孫・左兵衛尉親家の蟄居を解き、範国跡を継がせるよう領家に求めている。「家」「範」は寺田氏の実名に見られる字で、特に「範」は頻出する。また寺田氏には牛窓荘と同じ備前の光延・国冨両名内の屋敷田畠や、摂津頭陀寺地頭職内友定・四郎両名などを所持した徴証がある。(28)範国・親家と寺田氏に系譜関係をみても問題ないだろう。よって、もとは牛窓荘を拠点とした寺田氏が瀬戸内海に沿った活動をするなかで、平安末頃に例名公文職も新たに得たものと考えられる。

また北条時政の口入や「梶原平三景時文治状」(29)を得ているように、寺田氏は国御家人とされていた。だが本家・領家と海老名氏との対立のなかで争われた「公文職事」が公文の進止権をめぐるものだったと思われるように、その立場は西遷御家人海老名氏とは対立するものだった。ところが弘安七年に重藤が請所となると寺田氏は、まず嘉元四年（一三〇六）に重藤名と公文職を「相伝御家人所帯」つまり武家領と認める六波羅下知状を得た。(30)さらに正和二年に法念の息子・範兼は範長への譲状中で、これを「矢野庄重藤名地頭職」と称するに至る。そしてそれは正中二年に外題安堵を得ることで、幕府公認の呼称と主張し得るものとなった。(31)一方この頃に、寺田氏は飽間氏との姻戚関係を結んでいる。(32)ここに武家領知行の御家人の地位を樹立した寺田氏が、定着を進める西遷御家人集団に接近していくさまが窺えるのである。

一方、例名では別名との間に耕地数片をめぐる係争を抱えており、(33)法念自身も「あんし左衛門」なる人物による公文職奪取工作を受けるに至っていた。(34)また現存最初の訴状提出者である摂津国御家人の安威勝王丸(35)には、後世の一族中に例名からの段銭徴収などに関わった者がいる。よって安威氏は別名に何らかの権益を有していたのではないかという指摘もある。(36)逆に前述のように寺田氏自身も摂津に所領を有していたから、両者の利害対立は想定されてよい。かかる課題の解決を西遷御家人集団への接近で図ろうとしたことが、法念一党を「悪党」に合流させたのだろう。

また国御家人の法念のみならず上揖保荘の揖保七郎や浦上誓願といった西播磨の地名を名字とする非御家人と思しき面々の参加がみられるように、矢野荘「悪党」の構成には御家人・非御家人や西遷・在来の枠を越えるところもあった。(37)つまりこの集団は、実力行使によって構成員の当知行を実現する地域的連合体たる領主一揆(38)の性格を備え始めていたのである。それだけではなく、そこには東寺が任命した雑掌・石見坊覚海すら引き込まれていた。

以上から、彼らが実現しようとした直接の利害は第一には海老名氏の別名当知行だが、第二には法念の別名関係紛争の決着なのであったと考えられる。その意味では法念もまた、その中核的存在であった。そして海老名氏とともに矢野荘現地の勢力であったから、現場では法念が侵攻を先導する局面もあり得ただろう。安威方の申状に法念が「引率近隣地頭御家人等」と記すのには、その反映があると思われる。だからといって、それは矢野荘「悪党」が法念を盟主とする集団だったことを意味するわけではないのである。

また安威方の申状は実は、以前に地頭方の所管ではないと海老名季通に召進を突っぱねられた法念やその孫・範長など寺田氏の一族・縁者を中心とする例名西方住人に限定して、その名を列挙しつつ東寺による断罪を求めた重訴状であった。かかる性質と安威方自身が法念を強く敵視していたことも、実態を越えて法念を盟主のように強調することにつながったのではないか。

これに続き正和四年一一月には南禅寺も第二次・第三次侵攻を訴えて、武家による「悪党」の城郭破砕を強く要請した。その申状は前述のように具体的に周辺地域の西遷御家人などを挙げるものの、添付された悪党人交名は「於与力同心地頭・御家人等者、各別訴申也」と注記しつつ、法念の一党・縁者ばかりを示したものだ。(39)つまり法念一党以外については、現存しない別の訴状があったのである。この訴状が法念を「悪党」全体の引率者のように記すのも、安威方訴状と同様の事情によるのだろう。

この訴えには直ちに後宇多院宣が下されており、(40)それを受けて同月のうちに六波羅は両使派遣による「悪党」排除を決定しているが、(41)それが実行された形跡はない。そもそも播磨守護職は六波羅北方が兼帯しており、(42)対象が西遷御家人ゆえに追及の手が鈍ったのか。それともその勢いにおされて鎮圧実行は不可能であったのか定かではない。いずれにせよ、その結果は黙認に等しいものだった。

そのようなか、文保元年に後宇多院は東寺への浦分・重藤の追加寄進に踏み切った。これは武家による問題解決が進展をみぬなかで、雑掌の与同すら許した東寺に対して、自身による法念排除を迫ったものだったのではないか。そもそもこれまで東寺自身が法念と対立した形跡はない。また追加寄進後も法念はすかさずそれに従う旨を東寺に言上しており、(43)新たな対立が惹起されたとも思われない。だがほぼ一年後に東寺は信性を「矢野例名・重藤等預所職」に任命し、その請文のなかに「且又得法念已下悪党之語、不可有内通」と記させた。[44] ここで初めて法念を「悪党」と断じた東寺は、後宇多院の意向に従い法念一党のみを切り捨てることで事態を収拾しようと決断したのだろう。

そしてこの後、前述のように抗争が繰り返された果てに、遂に建武二年に法念一党は排除された。またその間に御家人集団には、どちらにも与した形跡がない。武家による解決不調を踏まえた法念一党排除は、一方で他の「悪党」構成員を不問に付すものだった。これを踏まえて海老名氏らは、事態を静観したのだと思われる。またこの頃に海老名氏は、別名と東方とに挟まれた西方の西奥村に一分地頭職を確保している。[45] これは法念に与しないことを条件に東寺に容認されたものだったのかもしれない。

法念は、別名侵攻の主要構成員ではあれども結集核のような存在ではなかった。だが現場での役割と訴訟枠組によって、あたかも盟主かのように語られた。そして東寺との抗争では御家人集団の静観により孤立したために、文字通り「悪党」の盟主となった。かかる経緯が法念こそが「国中名誉大悪党」であったという後の認識[46]を生成したのである。

三　南北朝内乱と矢野荘

1　沿革と論点

有力名主たちの武力をもって法念を排除した東寺はその功として、建武二年に藤原清胤を公文職に、また暦応二年（一三三九）には脇田昌範を新設の田所職に任じた。(47)「両沙汰人」と呼ばれた両職(48)は公文職補任状にみえる荘内警固の他、代官とともに算用状の作成・署名を行うものとされ、(49)また百姓から東寺への申状提出にはその挙状が必須とされた。(50)東寺は得分を供僧方と学衆方に分割し、それぞれの僧が給主となり代官を派遣した。そのもとで両沙汰人は、現地支配の要に位置づけられたのだ。

だが南北朝内乱は再び各種勢力の介入・侵攻を誘発した。康永三年（一三四四）には播磨国福井荘の地頭一族・吉川孫太郎の侵攻に対し、重藤の城郭施設再建が論じられている。(51)また貞和二年（一三四六）にも、その侵攻の風聞が流れた。(52)

そのようななかでも東寺は、貞和元年末には実検を完了させた。また重藤方は本来の重藤名と下地中分の際に取り込まれた一六名からなっていたが、この際に本来の重藤部分を解体して名主たちの名請地に再編させている。(53)そしてこれを受け翌二年三月付で、規定にもとづく算用状が初めて作成された。(54)かくしてその支配は軌道に乗るかに思われた。だが翌三年に勃発した給主職相論が、その体制を大きく方向転換させるのである。

学衆方給主職を辞した良朝の後継をめぐる杲宝と深源の対立から生じたこの相論は、守護赤松氏や諸権門を巻き込んだ一大争乱に発展。また折しも勃発した観応の擾乱とも連動して、現地では深源と呼応した諸勢力の侵攻が繰り返された。東寺は現地の混乱解決を守護方勢力の福井房に依頼、その斡旋で派遣された撫川伊勢房なる人物が観応元年（一三五〇）一〇月に現地を沈静化させ、それにともない事態は収束していったのだった。(55)

ところがその間に公文・藤原清胤が足利直義方に走っており、(56)翌観応二年には飽間光泰による重藤・公文職の押領が発生する。(57)守護方からの打ち渡しによる重藤の返還実現は延文四年（一三五九）、公文職に至っては応安七年（一三七四）のことだった。(58) また脇田昌範の田所職も敵方引汲を理由に剝奪されたが、後任の人選は遅延した。(59)

かかる両沙汰人不在という空白を突いて文和二年（一三五三）には地頭海老名氏の一族・那波源三郎景知が、守護赤松方より預所を拝領したと号して例名西方に侵攻。これは現地で供僧方代官・秀恵が、福井後室なる女性を介して解決に努めて撤退に導いた。彼女の子・久定は守護方の有元佐久の養子となっており、その縁によって有元方に景知との交渉を依頼したのだ。

だが事後に有元方は景知の再侵攻に備えるためとして、西方所務職の請負契約を迫ってきた。逡巡の末に東寺では供僧方・学衆方の一同評議にて、両方給主・興雅のもとで久定に所務を請け負わせることにしたのだった。(60)

こうして小康状態を得た東寺は延文二年、秀恵を請人に兵衛尉家兼を田所職に補任して、その実務は田所代・秀恵に担わせた。(61) 徐々に現地支配を回復した東寺は延文五年頃には有元方との請負契約を終了し、(62) 応安三年には昌範の息子・本位田法師丸（家久）が補任されてこの一族が田所職に復帰する。(63) そしてこの後、表1のように田所家久と祐尊・明済ら歴代の政所（寺家代官）の二名が算用状に署名する体制が、長く続いていくことになるのだ。

また明徳五年（一三九四）には秀恵の縁者・武市了済が、代官明済の又代官として現れる。(64) 恐らくこの又代官の地位を媒介に、武市一族は応永一〇年（一四〇三）頃から供僧方代官、同二八年からは両方代官職を兼帯して、その地位を世襲した。また本位田氏も田所職を世襲して、両氏は荘務を支えつつ荘内で勢力を二分していくことになる。(65)

つまり給主職相論とその余波たる景知侵攻事件は、南北朝・室町期を通して維持される現地の支配体制を決定づける画期だったのだ。また、これを最後に諸勢力の侵攻も抑止されていく。ただしそれは福井・有元諸氏のよ

表1　14世紀の年貢算用状（至応安年間）

年号	西暦	作成日付	内容	署名	相文No.
貞和元	1345	貞和2.3.27	学衆方公田・重藤混合	田所(昌範)・政所(成円)	140
貞和2	1346	貞和2.12.13	学衆方公田・重藤混合	田所(昌範)・公文(清胤)・政所(成円)	151
貞和3	1347	貞和3.12.19	学衆方公田・重藤混合	田所(昌範)・公文代(道引)・政所(成円)	156
貞和4	1348	貞和4.12.14	学衆方公田・重藤混合	田所(昌範)・公文(清胤)・政所(成円)	160
観応元	1350	観応2.4.27	学衆方公田・重藤混合	田所(昌範)・公文(清胤)・政所代(成円)・上御使	180
観応元	1350	観応2.5.2	学衆方公田・重藤混合	成円	183
観応2	1351	観応3.6.27	学衆方公田	田所政範・公文代源来・政所成円	192
文和元	1352	文和2.4.13	学衆方公田	祐尊	195
文和3	1354	文和4.3.26	供僧・学衆両方公田	宗広	207
文和4	1355	延文元.8	供僧・学衆両方公田	信広	215
延文元	1356	延文2.4	供僧・学衆両方公田	祐尊	219
延文3	1358	延文4.4	供僧・学衆両方公田	秀恵・信広	237
延文5	1360	延文6.4	学衆方公田	田所代秀恵・政所祐尊	250
延文5	1360	延文6.4	学衆方重藤名	田所代秀恵・政所祐尊	251
康安元	1361	貞治2.2	学衆方公田	田所代秀恵・政所祐尊	260
康安元	1361	貞治2.2	学衆方重藤名	田所代秀恵・政所代祐尊	261
貞治元	1362	貞治2.2	学衆方公田	田所代秀恵・政所祐尊	262
貞治元	1362	貞治2.2	学衆方重藤名	田所代秀恵・政所祐尊	263
貞治2	1363	貞治3.9	学衆方公田	田所代秀恵・政所祐尊	271
貞治2	1363	貞治3.9	学衆方重藤十六名	田所代秀恵・政所祐尊	272
貞治3	1364	貞治4.3	学衆方公田・重藤併記	秀恵・祐尊	276
貞治4	1365	貞治4.12	学衆方公田・重藤併記	秀恵・祐尊	284
貞治5	1366	貞治5.12	学衆方公田・重藤併記	秀恵・祐尊	288
貞治5	1366	貞治6.3	未進年貢算用状	秀恵・祐尊	291
貞治5	1366	貞治7.2	未進年貢算用状	田所代秀恵・政所祐尊	302
応安2	1369	応安3.12	学衆方公田・重藤併記	田所代秀恵・政所祐尊	324
応安3	1370	応安4.3	学衆方公田・重藤併記	田所家久・政所祐尊	325
応安4	1371	応安5.2	学衆方公田・重藤併記	田所家久・政所祐尊	327
応安5	1372	応安5.12	学衆方公田・重藤併記	田所家久・政所祐尊	328
応安6	1373	応安7.3	学衆方公田・重藤併記	田所家久・政所祐尊	341
応安7	1374	応安8.2	学衆方公田・重藤併記	政所祐尊	348

＊作成日付は必ずしも実際の作製期日とは一致しない。

うな守護方武家勢力への依存も決定づけるものだった。それは室町幕府―守護体制のもとに荘園制の枠組が保全されるという構造が、矢野荘域で樹立される画期でもあったのだ。

かかる展開を基礎づけたのは、給主職相論の最中に現地で侵攻・抗争を繰り返した諸主体であろう。よってその動向と性質の具体的検証が求められることとなる。また、それは前掲した②・③の論点とも密接な関係がある。そこで続いてはその検討を行いたい。

2　寺田氏と有力名主たち

実は康永三年の吉川孫太郎侵攻の際には「田所甥当庄名主寺田孫太郎」の「悪党内通」が問題視されて、起請文の提出が求められていた。(66) 彼は寺田法念の孫・範長その人、東寺との抗争で追われたはずの人物である。その彼がいまだ名主職を保持して在荘し、また田所脇田昌範の甥でもあるという。それは範長の母が昌範の姉妹であるか、あるいは昌範の妻が範長の父・範兼の姉妹であることを意味している。その関係形成はほぼ間違いなく、西方の東寺領化以前に遡るだろう。東寺はかかる昌範を誘引して寺田氏との分断・抗争に導いたはずだった。それにもかかわらず範長は、根強い昌範との縁に助けられて命脈を保ったのだと考えられる。

続く給主職相論最中の貞和四年五月、東寺は範長から法念跡所領所職に関する文書群を買得して、その権利根拠を封じようとした。(67) ところが八月になると範長は、西方に侵攻した「悪党」として糾弾されている。(68) 結局は東寺との対立を深めてひとまず荘内を退去した彼は、周辺武家と協調して再起を図ろうとしたのだろう。また観応二年には甥で養子にもした飽間光泰に重藤・公文職以下の譲状を与えており、(69) それが光泰による押領の前提となった。

こうして範長は姿を消してその活動は飽間光泰に引き継がれたが、驚くことに貞治四年（一三六五）には田所正員として「寺田兵衛入道浄信」なる者が存在していた。(70)彼の所見はこの一点のみだが、これは秀恵が正員・兵衛尉家兼の田所代であった期間にあたる。兵衛という名乗りの一致、「家」「兼」ともに寺田氏の実名に散見される字であること。そして所職の任免に関する文書・引付記述を詳細に残すこの時期に、彼の補任に関わるものが全くないこと。これらは浄信と家兼とが同一人物であることを強く示唆している。

前述のようにこの田所職補任は空洞化した現地支配回復の鍵だった。ところがそこで選ばれた家兼には、何の実務の形跡もない。ここにはかなり特殊な事情が作用したものと、考えざるを得ないだろう。補任時の家兼請文の第六条は「得飽間九郎以下悪党等語、不可違背申寺家、又得百姓等語、不可存不忠私曲事」というものだった。(71)まだ飽間光泰の重藤知行が続くなか、その姻戚・寺田氏である家兼に求められたこの約諾には、一般的な悪党非与同条項を越えた危機意識を読みとらざるを得ない。

東寺としてはそんな人物の補任は避けたいところだろう。この補任は家兼の側から脇田氏との姻戚関係によって、縁者が優先される闕所地給与原則(72)を楯に強く求めたものだったのではないか。そして東寺もそれを認めざるを得なかったのは彼の飽間与同を警戒したように、これを拒否して家兼と対立したら「悪党」侵攻が再燃することを恐れたから。つまり、いまだ寺田氏には荘の内・外に渡る存在感と影響力が保持されていたからであろう。

そしてこの田所職は家兼に実子・義久がいるにもかかわらず、(73)その成人の頃を見計らったようにして本位田家久に継承された。かかる家兼の位置は本位田氏復権のための中継ぎのようだ。またこの補任は秀恵が「聊依有難見放之子細、所執申之」によって、[74]そして田所代をも務めることで実現させたものでもあった。

見放せない事情とは何か具体的には定かでないが、ここには現地の安定を図ろうという配慮だけには収まらない、彼と家兼との関係を推測させるものがある。少なくともこの補任劇が、家兼・昌範後室・秀恵の結束のもとに推進されたものであることは認めてよい。[75]そして、それを拒絶できなかった東寺との妥協のかたちが、その働きで信任を得ていた秀恵を田所代とする実務体制だったのだろう。

またこの体制は本位田氏の田所職世襲とともに、約一〇年に渡る田所代としての在荘により秀恵一族が現地に定着し、代官・武市一族となっていく道も拓いた。つまり法念一党排除後も残った寺田氏の影響力は、南北朝・室町期の矢野荘東寺方を規定したのだ。

ところで本位田氏は荘内奥山を拠点としたが、同じく奥山を拠点とした有力名主に日替田真阿・実円兄弟がいる。彼らは一貫して東寺与党の最右翼を担っていた。[76]恐らく本位田氏と日替田氏には同一地域での競合があり、それが本位田氏を寺田氏に接近させた。また日替田氏には対抗上、東寺領化に際してそちらを選ばせたのだろう。

かかる競合を抱える本位田氏への東寺による最初の誘引は、軍事衝突が繰り返される最中の元亨二年、昌範の父・政範に重藤名内福勝寺修理田畠等を宛て行ったものだった。[77]また法念が旧領家と結んで軍事占領を決行する嘉暦三年には、政範に福勝寺免田・延里名田畠・得善名田名主職が与えられている。[78]その時期は特定できないものの、こうして本位田氏は寺田方から切り崩されて東寺方に転じていった。

一方、法念一党が排除された建武二年紛争時にも、寺田方であったのが真殿守高だ。彼が保持した是藤名はそれゆえに没収されて、日替田実円に宛て行われた。だが守高は給主職相論の最中にも「悪党」の一角をなしつつ名主職回復相論をしかけて復権を図ろうとした。しかもその侵攻を手引きしたのが寺田氏との縁を断ち切りきっていなかった、公文・脇田昌範だったのだ。(79)

守高は「坂越浦海賊人」ともいわれた城重末の子で、姉「千世鶴」を経て是藤名を継承した。(80) 一方、正和二年に寺田範兼が息子・範長に所領を譲った際、重藤名地頭職・公文職の三分の一を分与されたのは「姪源氏字千代」であった。(81) もし両者が同一人物ならば真殿氏も寺田氏の姻戚だったことになるが、それは措いても寺田・本位田・真殿各氏の強い結びつきは了解される。

また実円との名主職相論では、城重末は海老名氏の「重代下人」であり父子ともにその「中間」であった。その名字の地・播磨周世郷真殿村では同郷預所だった真阿に召し使われる「百姓職」の身であったのに、その弟・実円に悪口狼藉をしかけるとはけしからぬと糾弾されている。(82)

このように有力名主は荘の内・外に渡る活動のなかで連携・対立を織りなしつつ、公文寺田氏や地頭海老名氏との関係を形成していた。そしてそれは、下地中分によっても断ち切られることのないものだった。

また給主職相論や景知侵攻事件の際に現地の混乱を収拾した福井氏も、近隣荘郷の有力名主だったと思われる。前述のように福井氏は足法師丸を養子に入れて、有元氏との結合を図っていた。守護赤松氏の内奉行を務めるなど「著名な在地領主」と評価される有元氏(83)に対して、その実態は不明である。だが秀恵らが直ちに談合し得たことからみて、福井氏は矢野荘の有力名主たちとも荘域を越えて日常的関係をもつ有力名主だったのではないか。そうであれば有元と福井の関係は、寺田・海老名と本位田・真殿などとの関係に比することができる。

寺田氏はかかる有力名主の競合にも規定されつつ、その編成を進めていった。東寺も同様にして、また敵方からの誘引も図ってその編成を試みた。かかる両者の編成の競合と衝突が、鎌倉末に急に彼らを文字史料に表出させたのだ。それは彼らがこの頃の新興勢力であるのと同義ではなく、むしろ鎌倉時代を通して現地社会を支えた勢力であったことを示唆している。

そしてかかる編成競争の勝利によって、東寺はひとまずは寺田氏を排除した。だがそれは彼らの荘内・外に渡るつながりを介して、むしろ競合を深化させつつ外部からの介入・侵攻を余儀なくしたのである。そこで次に地頭海老名氏に視点を移して、そのつながりの射程をみてみよう。

3　海老名氏と武家方諸勢力

第二章で詳述するように南北朝期の海老名氏では、当初幼少だった嫡流家当主・知定を支えた那波景知が一族の中心として一三七〇年代前半まで活動した。そこでは分割相続されていた浦分・例名東方・別名の嫡流家への再統合も進められて、その所領が確立していく。そして、それは給主職相論を機に形成された幕府—守護体制と西播武家との関係枠組に支えられたものだったのである。

そもそも給主職相論の現地での伏線は、海老名氏が用意したものだった。貞和三年二月に守護赤松氏は法念跡の例名公文職・重藤について「国□段無相違」という報告を幕府に対して行っている。これは景知が幕府に法念跡を所望したことを受けたものらしい(84)。また同年九月には東方地頭家の季康による重藤押領が問題となっていた(85)。給主職相論のもとでの法念跡競望のかたちをとる軍事侵攻は、これを前提に始まっていく。

前述のように翌四年八月には、ひとたび荘内から退去した寺田範長の侵攻で給主職相論のもとでの地域紛争の口火が切られた。そして翌五年四月から五月頃には、以前にも範長に与同した吉川孫太郎が、範長の甥・飽間光泰や守護・赤松則祐と連携して侵攻を企てていることが警戒されている。[86]また九月初頭には、南禅寺領別名に侵攻した景知勢が「相語守護方」りつつ東寺領域にも乱入せんとしているという報ももたらされている。[87]

このように深源と呼応した勢力の様相は、もはや正和年間の矢野荘「悪党」の再来というべき組織的なものとなっていた。そしてその結節点にあったのが、守護赤松氏だったのだ。つまり学衆の内部分裂に端を発したこの事態は、幕府―守護体制のもとに西播地域の武家領主たちを組織する格好の機会となったのである。

そして翌観応元年六月末には深源が代官垂水法橋を矢野荘に入部させたのに呼応して、景知や真殿守高らが脇田昌範に手引きされつつ侵攻を開始した。[88]これに対して学衆方では福井房との談合による解決を進めて、そのもとで「守護方有縁之仁」撫川伊勢房の派遣が決定された。そしてようやく一〇月に至って垂水法橋らを撤退させて、事態は決着をみたのであった。[89]

守護を結節点とした武家領主たちによる波状的軍事侵攻が、同じ守護方勢力の口入によって終結する。この構図が文和二年の景知侵攻事件でより縮小して繰り返されたのを最後に、例名西方や南禅寺領別名では、これほど組織的な軍事侵攻事件は二度と勃発しなかった。それは東寺・南禅寺ら権門領主の権利安定を意味したが、同時に守護方への依存を決定づけるものでもあった。

またそれは幕府―守護体制による武家領主編成の達成と、そのもとでの彼らの権益整序と表裏一体だったと考えられる。守護赤松氏を結節点として浮上させた観応給主職相論の状況を経て、播磨ではその遵行体制と闕所地処分権が確立した。そのため海老名氏のように将軍直臣を出して幕府に権利保証を求め得た者を除けば、武家領主は守護のもとに編成されていったのだ。[90]海老名氏に即してみるならば、東寺領や長年当知行を試みた別名への干渉は、ぴたりと止んでいくのである。[91]それは海老名氏が幕府―守護体制のもとで、周辺武家と権益を相互に承認して共存することを選んだからだろう。

そのなかで唯一矢野荘域において長く続いたのが、海老名氏の浦分押領を東寺が糾弾した訴訟であった。だが暦応三年以来という押領をようやく貞和五年になって訴えるそれは、時期からみて給主職相論最中の反撃として仕掛けられたものと考えられる。[92]そしてこの訴訟はかたちのうえでは東寺の勝訴が応永七年まで繰り返されたにもかかわらず、東寺には何ももたらさなかった。

この最後の訴訟では浦分は下地中分対象外とする東寺方と、東方内とする地頭方の主張が対立している。事実は前者が正しいのだが、ここで地頭方が提出した正和三年正月二四日公田々数注文案は東寺方が西方三七丁五反、地頭方が東方三七丁五反とされたうえ、東方の内訳として那波分一一丁四反三〇・佐方分四丁一反二〇・残田二一丁八反四〇（下村一四丁六反三分二・上村七丁三反三分一）が挙げられるものとなっている。そしてこの枠組・田数を踏まえて徴収された至徳三年（一三八六）一〇月八日例名那波方春日社等段銭請取案も、例名内那波方として上村分・佐方分・那波分が一括徴収されたものだった。[93]

恐らくは下地中分の対象とされなかったこと自体が浦分を、御家人知行の武家領とみなす根拠となった。その結果、一国平均役は海老名氏が東方・浦分を一括して収めるべきものとされた。それが正和の田数注文作成の背景だと考えられる。そして南北朝期の段銭徴収も、これにもとづいた。かくして海老名氏の拠点・那波と東方との一体化が事実上、公権による承認のもとで進行していったのだろう。海老名氏が幕府―守護体制のもとで周辺武家に相互承認された所領とは、かかるものだったのである。

こうして所領の一体化と一族結合形態再編を実現しつつ定着を遂げた海老名氏は、東寺の西方支配にも一定の影響を及ぼした。たとえば著名な永和の惣荘一揆の際、東寺は味方編成のために「守護方書下」とともに「海老名状」をも求めようとした。それは名主のうち船曳太郎・衛門三郎らは「地頭方中」だったからだ。(94)

矢野荘域は南・北に分断された例名西方に別名が挟まれ、また上村・下村が西方・東方にまたがるという複雑な空間構成をとっていた。(95)それにも規定されたため、再編後の各領域もそれぞれ単独で完結し得るものではなかったのだ。そしてそれは根底では、有力名主の各領域内・外にまたがる活動と相互関係に規定されていた。

それゆえ東寺が当初にとった荘内有力名主の競合に依拠した敵対勢力排除策は、かかるつながりを媒介に周辺武家をも紛争に呼び込む悪循環に陥らざるを得なかった。(96)その帰結が観応給主職相論であり、それを通して幕府―守護体制は武家領主編成を実現した。その後の東寺はそれに依存する方向に、転換せざるを得なかったのである。(97)

おわりに

鳥羽院政期に立荘された矢野荘では、後白河院政期に別名が切り出された。残る例名では領家・隆信流藤原氏のもとに、下司・公文が荘務を分掌した。公文職には平安末頃に寺田氏が任じられ、巨大な給名・重藤を確保した。一方の下司職は立荘以来惟宗氏が務めたが、治承・寿永内乱で駐留した東国御家人・海老名氏が浦分の地頭職を獲得。下司職の承久没収により例名地頭職をも入手した。それに規定され領家も浦分が分出し、別相伝となっていく。

後に領家・公文と地頭との軋轢・対立から、まず重藤が領家支配を離れた請所となった。寺田氏はこれを武家領として確保して、地頭職を称するに至る。さらに寺田氏は重藤・浦分を除く例名の下地中分を導くが、その過程で海老名氏ら西遷御家人たちと融和した。一方で下地中分に際して重藤の拡大を図った寺田氏は、領家との対立を深めていった。また浦分は中分対象とならなかったがゆえに武家領とみなされ、海老名氏は浦分と例名東方との一体化を進めていくことになる。

かくして領家・地頭・公文の競合から矢野荘例名は、一つの本所領と二つの武家領へと再編された。その背景には海老名氏ら西播一帯の西遷御家人たちが定着を図るべく、共同に向かう動きがあった。こうして地域での存在感を高める西遷集団に、寺田氏のような国御家人も接近・合流していったのである。そしてそれに規定されたため、その再編も幕府の調停・口入を軸に進まざるを得なかったのだ。

しかし矢野荘の再編は、地域秩序を安定させるものとはならなかった。かかる再編を規定し実現させた西遷集団は、別名の南禅寺・例名西方の東寺への寄進という変動を突いた。彼らは国御家人・非御家人も加えつつ領主一揆を形成し、別名に侵攻して海老名氏の当知行を実現しようという挙に出たのである。

これに対して南禅寺は、院を介して幕府の「悪党召し捕り」システム発動を求めたのだった(98)。地域的な武家集団の軍事行動は幕府―守護体制に依拠してのみ抑止し得るというこの構図は、室町期の歴史的前提をなしている。だがそれは不発に終わっており、この段階での限界が示される。

その限界は、南北朝の戦争状況でこそ突破されるものだった。観応給主職相論では、建武年間に排除された寺田法念跡の競望のかたちで、周辺武家領主の侵攻が波状的に繰り返された。そしてその結節点となったのが、守護赤松氏であったのだ。これを経て、かかる西播武家たちは室町幕府―守護体制に編成されていく。そしてそれに依存し相互協調することで、武家領・本所領の枠組・権益は固定・保全に至ったのだ。

こうして樹立された矢野荘域の枠組のもとでも、各所領の社会と領主支配は単体では完結し得ないものだった。それを規定したのは有力名主たちの、内・外に渡る活動とつながりである。彼らは鎌倉時代以来、地頭・公文ら荘官のもとで名と集落現地の実務・生業を支えた存在であったと推測される。その存在は領家・公文による編成が競合することで、鎌倉末に文字史料上に表出した。そして東寺による法念一党排除の後は、田所などの「沙汰人」に位置づけられていったのだ。

「悪党召し捕り」不発後の重藤・浦分追加寄進を機に東寺は法念一党の排除へと舵を切り、そこでは有力名主の編成が争われた。これを西遷御家人集団が静観したこともあり、法念たちは排除されていった。ここには構成員の個別利害に左右された、この段階の領主一揆の流動性・臨時性も示されている。

だが有力名主の競合も利用した荘内編成は、それを深化することも避けられないものだった。そしてそれは彼らの近隣荘郷名主や武家領主との縁を介して、より激しい侵攻を呼び込むことになる。その帰結が観応給主職相論であったが、そこでは法念方から分断・誘引したはずの田所・脇田昌範が敵方を手引きする事態すら生じた。

それにより昌範は失脚するが、なお西方内に残った寺田一族・浄信や代官経験者・秀恵との縁により、浄信を中継ぎにこの一族は田所に復帰した。そして秀恵の後裔・代官武市一族とともにその後の荘務を支え、勢力を二分するようになっていく。つまり法念一党排除後もなお寺田氏は西方に影響を残し、室町期のあり方を規定したのだった。それは領主にも断ち切り得ない、有力名主の縁のあり方を尖鋭的に示している。かかる事態こそ、公・武を越えて諸領主が室町幕府―守護体制に寄りあい協調せねばならないというあり方を、根底で規定したものだった。

またそこでは鎌倉後期の再編による各所領を東寺・南禅寺が与えられ、内乱を潜り抜けつつそれぞれの支配体制を樹立した。そのため地域社会の連続性にも規定された、再編の連続面が際立つように思われる。幕府・守護の立ち位置や武家領主の集団性も、鎌倉後期に端緒はあった。だが領主一揆は臨機にとどまり、幕府の介入も不発に終わる。そこには激しい内乱を通して守護が武家領主集団の編成を実現した室町期とは、決定的な違いも存するのだ。

そして法念跡の武家領・重藤に縁者が繰り返した押領を打ち切って、東寺領に固定したのは守護の打ち渡しと統制力だった。ここには鎌倉後期の再編の規定性と、それを断ち切る室町幕府―守護体制という、連続・断絶両面のせめぎあいがある。それを長期に渡って観測し得る、稀有のフィールドが矢野荘域なのだ。

註

（1）　赤松秀亮「播磨国矢野荘研究の軌跡と展望（一九三二～二〇一九）」（『国立歴史民俗博物館研究報告』二四〇集、二〇二三年）が詳細・明解に研究史を整理する。なお図1のベースには小西瑞恵・櫻井彦「播磨国」（網野善彦・石井進・稲垣泰彦・永原慶二編『講座日本荘園史8　近畿地方の荘園Ⅲ』吉川弘文館、二〇〇一年）の図を利用した。

（2）以上の立荘までの叙述は小川弘和「院政期播磨の受領と国衙領」（『熊本史学』九八号、二〇一七年）による。また久富保・秦為辰の基本史料である「開発相承文書等案」（「東寺百合文書キ五」相文七）については第三章で考証する。立荘関係文書は保延二年二月一一日鳥羽院庁牒案（「白河本東寺百合古文書八六」相文一）、同三年一〇月二三日矢野荘立券文案（「白河本東寺百合古文書八六」相文二）。また例名西方が東寺領となった際に引き渡されたと思われる二通の文書目録（「教王護国寺文書二五一」相文三一〈以下「目録ⓐ」〉、「教王護国寺文書二五〇」相文四五〈以下「目録ⓑ」〉）には現存しない文書も多く挙げられており、本章での沿革把握も多くがこれによっている。

（3）この段落の関連文書は矢野例名相伝院宣幷庁御下文目録（「東寺百合文書カ二三九」相文三〇—1）、仁安二年一二月日左馬允菅原某請文案（「白河本東寺百合古文書八六」相文三）、建長五年四月一二日藤原隆範袖判譲状（「松雲寺文書」相文九）、正安二年七月二五日亀山法皇院宣案（「南禅寺文書一二五（二）」相文二五）など。榎原雅治「汎・矢野庄の空間構成」（同著『日本中世地域社会の構造』校倉書房、二〇〇〇年。初出は一九九九年）は西方・東方・浦分・別名の空間構成を明らかにした。それによれば別名は、例名の西側中央部を切り出したかたちで設定されている。そのため下地中分によって西方は南・北二つの領域に分断されることになった。

（4）前掲註（3）正安二年七月二五日亀山法皇院宣案、建長三年八月日藤原隆範袖判譲状（「東寺百合文書ホ三」相文一二—1）など。預所と領家については赤松秀亮「鎌倉末期東寺領播磨国矢野荘の成立——後宇多法皇による寄進理由を再考する——」（『古文書研究』八四号、二〇一七年）参照。

（5）嘉元四年六月一二日昭慶門院所領目録（「竹内文平氏所蔵文書」相文二八）、（嘉暦三年）藤原寂願冬綱事書案（「東寺百合文書み九四」相文八一—1）。

（6）貞和三年一一月日東寺申状案（「東寺百合文書テ二七」相文一五五）など。赤松秀亮「鎌倉末期播磨国矢野荘の領域構成——重藤名に注目して——」（『鎌倉遺文研究』三五号、二〇一五年）参照。

（7）同年一二月七日後宇多法皇宸筆荘園・敷地等施入状（「東寺文書御宸翰四」相文四七）など。なお冬綱改替・

東寺への寄進経緯については大覚寺統による集積所領の知行者変更のなかに位置づけつつ、訴訟に関与した東寺僧・長恵の存在に着目した前掲註（4）赤松論文がある。

（8）同年三月一八日後宇多法皇院宣（「東寺百合文書こ四五」相文五七）など。

（9）元亨三年一〇月日例名西方有光名名主職宛行状案（「東寺百合文書み一七」相文一〇四―2）、永和元年一〇月日例名西方住人兵衛五郎実長申状（「東寺百合文書み四三」相文三七八）、康暦元年八月日例名内是藤名名主実長申状（「東寺百合文書よ六六」相文四〇七―1）など。

（10）前掲註（5）藤原寂願冬綱事書案、前掲註（9）文書群など。

（11）同年七月二日後醍醐天皇綸旨（「東寺文書数二―七」相文九四）。

（12）前掲註（9）文書群。

（13）佐藤和彦「惣荘一揆の基盤と展開――播磨国矢野荘――」（稲垣泰彦編『荘園の世界』東京大学出版会、一九七三年）。佐藤の見解は同著『南北朝内乱史論』（東京大学出版会、一九七九年）に詳しいが、その成果はこの論文に簡潔にまとめられている。また名主層の新興性を強調する見解に、馬田綾子「荘園の寺社と在地勢力――東寺領矢野庄大僻宮をめぐって――」（中世寺院史研究会編『中世寺院史の研究　上』法藏館、一九八八年）がある。

（14）網野善彦「悪党・代官・有力名主」（同著『中世東寺と東寺領荘園』東京大学出版会、一九七八年。初出は一九六五年）。

（15）応永一〇年一二月日沙弥某言上状（「京都大学文学部博物館所蔵海老名文書」相古中九三）。

（16）目録ⓐに「承久田畠官物事地頭連署状」「貞応検注田数目録同」「同地頭内検田坪寄沙汰人加署」「同地頭内検畠坪寄同」「正嘉正検田数幷畠・在家等目録地頭連署状」。目録ⓑに「例名地頭内検畠目六貞応二年三月日」「公文職事、六波羅御下知仁治二年十二月十九日」「犯過人事、領家参分二事、六波羅御下知□(仁)治二年八月十□□(五日)」「預所祐賢法橋与□(季)景相論所務条々事関東御下知寛元二年七月五日」「正検勘料事、仏然状正嘉二年八月十八□(日)」「正検事、地頭泰季状十一月廿七□(日)」「正検事、六波羅御下知弘安三年三月十□□」「年貢抑留事、六波羅御下知永仁三年二月二日」がある。

(17) 目録ⓐに「建仁那波浦検注名寄坪々取帳沙汰人加署」に続き、「元久同浦本田・無足田・新田等員数地頭連署状」とある。
(18) 同年六月日源頼朝袖判下文案。この文書を含む別名関係案文群（「京都大学文学部博物館所蔵海老名文書」相古中八八）の問題と信頼性は第二章で論じる。
(19) 『玉葉』同年六月一六日条。
(20) 前掲註（2）同年一〇月二三日矢野荘立券文案。
(21) 前掲註（3）仁安二年一二月日左馬允菅原某請文案。
(22) 前掲註（18）別名関係案文群。
(23) 同四年七月日摂津国御家人安威勝王丸代覚忍重申状案（「東寺百合文書カ二九」相文五一）。
(24) 同年一一月日南禅寺領別名雑掌覚真申状案（「東寺百合文書ヲ二」相文五三）。
(25) 前掲註（13）佐藤論文は矢野荘「悪党」を、那波浦確保による瀬戸内海交通掌握を目指して寺田法念に周辺勢力が与同したものと捉えた。しかし、すでに那波浦は構成員でもある海老名氏が掌握していることや、その攻撃対象はあくまで別名に限られることからみて佐藤説は成り立たない。また櫻井彦「矢野荘における寺田法念の立場」（同著『悪党と地域社会の研究』校倉書房、二〇〇六年）は寺田氏の公文職を独自に創出したものとしたうえで、かかる実力を有する寺田氏が「悪党」の中心であることを改めて主張した。だが本章と第三章から、公文職が領家進止であることは明らかだ。櫻井説は誤った寺出氏像のうえに構築されている。
(26) 前掲註（23）文書。
(27) 前掲註（24）文書。小犬丸地頭岩間三郎入道道貴は、西遷御家人か国御家人か判断しがたい。
(28) 正和二年九月一二日寺田範兼譲状（「東寺百合文書せ武家御教書幷達八」相文四二）。
(29) 嘉元四年一一月七日六波羅下知状（「東寺百合文書せ武家御教書幷達六」相文二七）。
(30) 前掲註（29）文書。七海雅人「寺田法念の「遺産」——鎌倉幕府御家人制のゆくえに関する一事例——」（入間田宣夫編『日本・東アジアの国家・地域・人間——歴史学と文化人類学の方法から——』入間田宣夫先生還暦記念論集編集委員会、二〇〇二年）参照。
（31）前掲註（28）文書。
（32）観応二年三月二一日寺田範長譲状案（「東寺百合文書さ一九」相文一七九―2）に飽間光泰が範長の甥・養子として現れる。その母が範長の姉妹ないし、範長の妻が光泰の父の姉妹と考えられる。よって婚姻の時期は範兼から範長への所領譲与と大きくは離れまい。なお飽間氏については櫻井彦「悪党与同人の一形態」（前掲註（25）同著書。初出は一九九一年）が詳しく検討している。
（33）正安元年一一月五日例名実検取帳案（「東寺百合文書テ八」相文二一）。
（34）年月日欠某書状（「東寺百合文書テ二〇三」相文九二）。
（35）前掲註（23）文書。
（36）前掲註（32）櫻井論文。
（37）前掲註（24）文書。
（38）小林一岳「鎌倉～南北朝期の領主一揆と当知行」（同著『日本中世の一揆と戦争』校倉書房、二〇〇一年。初出は一九九二年）。
（39）前掲註（24）文書。
（40）同年月六日後宇多法皇院宣案（「東寺百合文書ヲ二」相文五三―3）。
（41）同年月二三日六波羅御教書案（「東寺百合文書ノ五」相文五四）。
（42）佐藤進一著『増訂鎌倉幕府守護制度の研究――諸国守護沿革考証編――』（東京大学出版会、一九七一年）。
（43）（同年）六月二〇日例名公文寺田法念書状（「東寺百合文書ヌ三四三・京一三〇」相文五九）。
（44）文保二年二月四日信性例名・重藤名等預所職請文（「東寺百合文書ヨ七九」相文六三）。
（45）建武二年五月一七日雑訴決断所牒（「南禅寺文書三四」相文一〇三）の「矢野荘例名内西奥村海老名七郎跡」、暦応四年六月日西方田所昌範陳状（「東寺百合文書ヤ一三」相文一二九）の「東方一分地頭西奥七郎」など。なお目録ⓑに「苽（瓜）生村地頭海老名明智陳状正安三年三月日在■（具）書二通、」がみえる。瓜生村は西奥村に包含されるので、これが西奥村地頭職の前提かもしれない。

(46)　前掲註（6）文書。

(47)　建武二年二月二九日公文職補任状案（「教王護国寺文書三四〇」相文一〇〇）、前掲註（45）暦応四年六月日西方田所昌範陳状。

(48)　学衆評定引付（相引一）康永三年閏二月二六日条など。

(49)　康永四年四月二日公文藤原清胤・田所脇田昌範連署未進年貢請文（「東寺百合文書テ二四」相文一三四）など。

(50)　学衆方評定引付（相引一〇）観応元年二月二八日条。

(51)　学衆評定引付（相引二）同年八月一一日条。

(52)　学衆評定引付（相引四）同年八月一九日条。

(53)　山本浩樹「南北朝期荘園における権力編成――東寺領播磨国矢野荘を素材に――」（『史学研究』一八七・一八八合併号、一九九〇年）。

(54)　貞和二年三月二七日西方学衆方年貢算用状（「東寺百合文書ノ一二」相文一四〇）。当該期の算用状については高橋典幸「年貢算用状ノート――東寺領播磨国矢野荘形成期を事例に――」（悪党研究会編『中世荘園の基層』岩田書院、二〇一三年）参照。

(55)　網野善彦「東寺における自治の発展」（前掲註（14）同著書。初出は一九六八年）、佐藤和彦「南北朝内乱と悪党」（前掲註（13）同著書。初出は一九六九年）、金子拓「南北朝期矢野荘をめぐる東寺学衆方と守護権力――貞和～観応年間の給主職相論――」（『ヒストリア』一六一号、一九九八年）。

(56)　学衆評定引付（相引一三）文和元年三月六日条。

(57)　（正平六年）九月二八日後村上天皇綸旨（「松雲寺文書」相文一八八）。

(58)　学衆方評定引付（相引二〇）延文四年八月二一日条、応安七年五月一四日守護赤松義則奉行人連署奉書（「東寺文書射一四―三」相文三四二）。表1が示すように観応三年分から延文三年分までの算用状が重藤分を欠く。つまり飽間光泰の重藤知行には実効性があった。

(59) 前掲註（56）学衆評定引付文和元年三月六日条など。

(60) 学衆評定引付（相引一五）同年七月七日、二三日、八月九日条。これと対応して表1のように、文和三年分から延文三年分までの算用状は供僧・学衆両方公田分としてまとめられている。なお貞和四年の供僧方政所としての活動を初見とする秀恵の事跡については、前掲註（13）馬田論文が詳しい。

(61) 同年五月一八日兵衛尉家兼田所職請文（「東寺百合文書テ三三」相文二二〇）、同年月日兵衛尉家兼田所職請文土代（「東寺百合文書テ三九」相文二二一）、同年月日兵衛尉家兼公田方種近名名主職請文（「東寺百合文書テ三四」相文二二二）、同年月日兵衛尉家兼公田方種近名名主職請文土代（「東寺百合文書テ三五」相文二二三）、同年月日僧秀恵田所職幷種近名名主職請人請文（「東寺百合文書テ三六」相文二二四）、同年月日田所兵衛尉家兼子息義久請文案（「東寺百合文書テ三七」相文二二六）。表1のように延文三年分から応安二年分の算用状では秀恵が田所代として署名しており、その実務を担ったことがわかる。

(62) 表1のように文和三年分算用状には有元方と思しき宗広が単独で、同四年分には同じく信広が単独で署名する。だが延文元年分には政所（代官）祐尊が単独で署名、同二年分は秀恵と信広の連署。そして同五年分からは田所代を肩書とする秀恵と政所祐尊との連署となっていく。これは東寺が徐々に現地支配を回復して、有元方との契約を終了させた経緯を示そう。

(63) 同年五月二六日法師丸家久田所職請文（「東寺百合文書テ五二」相文三一五）。学衆方評定引付（相引二〇）延文四年四月二二日条での昌範後室老尼の所望を受けて、五月二日には法師丸に成恒名名主職が宛て行われた。よって法師丸家久は脇田氏であり、昌範とその後室との子であろうと判断できる。また昌範はすでに他界していたのであろう。なお脇田氏・本位田氏の沿革は赤松秀亮「在地荘官の活動からみた室町期荘園制の変容――播磨国矢野荘田所、本位田家盛に注目して――」（『ヒストリア』二七三号、二〇一九年）が詳細に整理している。

(64) 二十一口方評定引付（相引五五）同年三月二〇日条。

(65) 榎原雅治「十五世紀東寺領矢野庄の荘官層と村」（前掲註（3）同著書。初出は一九八五年）。

(66) 前掲註（51）学衆評定引付同年八月一一日条、九月二五日条。

(67) 同年月三日寺田範長利銭借状（「白河本東寺百合古文書一三五」相文一五八）。
(68) 学衆方細々引付（相引八）所引同月一四日尭宝書状、一八日尭宝書状。
(69) 前掲註（32）文書。
(70) 学衆評定引付（相引二六）同年七月二一日条。その去年分の未進が他の百姓等と同列に処理されている。同年四月二五日条の「田所拝領国述名□□□□《（去年々貢）》一石五斗」、五月二一日条の「矢野庄田所国宣名土貢一石五斗去年未進」の田所も浄信を指すとみなせる。また国延名は田所給とは別の、浄信個人の名田と考え得る。
(71) 前掲註（61）兵衛尉家兼田所職請文。
(72) 笠松宏至「中世闕所地給与に関する一考察」（同著『日本中世法史論』東京大学出版会、一九七九年。初出は一九六〇年）。なお国延名も貞和四年九月二三日山本台阿申状（「東寺百合文書せ一三」相文一五九）によれば、台阿が脇田昌範に掠め取られたものだという。ここにも昌範から家兼への権利継承がみられるのだ。
(73) 前掲註（61）兵衛尉家兼子息義久請文案。
(74) 前掲註（61）僧秀恵田所職幷種近名名主職請人請文。
(75) 荘内の大避宮別当・神主・祝師職は前掲註（28）文書にも挙がるように、寺田氏の権力基盤の一つであった。前掲註（50）学衆方評定引付観応元年四月一八日条では、その別当職を秀恵が望んだことについて職称は住持職が適当であるとしたうえでなお議論を必要としている。学衆奉行引付（相引一一）所引同年五月二四日禅瑜書状は秀恵に同宮大般若田等奉行が仰せつけられたとするから、その希望は叶ったのだろう。この所望の背景に秀恵と寺田氏との縁を想定できる余地はある。また註（63）で触れた昌範後室による法師丸への成恒名宛行申請は、この田所職補任の二年後である。かかる申請には田所の挙状が必要であることを踏まえると、これも昌範後室・秀恵・家兼の連携による本位田氏復権運動のなかに位置づけられる。
(76) 前掲註（14）網野論文。
(77) 同年六月日例名西方重藤名内福勝寺修理別当職補任状案（「東寺百合文書し一六」相文七四）。
(78) 同年二月日例名福勝寺免田幷延里・得善名名主職補任状案（「教王護国寺文書三〇九」相文七九）。

(79)　観応元年六月日例名内是藤名名主実円陳状（「東寺百合文書ケ三六」相文一七七―1）、前掲註（75）学衆奉行引付所引（観応元年）七月三日法橋祐実書状。
(80)　前掲註（79）例名内是藤名名主実円陳状、名主真殿守高子息慶若丸申状幷具書案（「東寺百合文書み二八」相文一七三）。
(81)　前掲註（28）文書。
(82)　前掲註（79）例名内是藤名名主実円陳状。
(83)　前掲註（14）網野論文。
(84)　同年月三日守護赤松円心請文案（「松雲寺文書」相文一五二）。堀川康史「南北朝期播磨における守護・国人と悪党事件」（『史学雑誌』一二二編七号、二〇一三年）参照。
(85)　学衆評定引付（相引五）同年月四日条、前掲註（6）文書。
(86)　学衆方評定引付（相引九）同年四月一〇日条。
(87)　前掲註（86）学衆方評定引付同年月一日条、某書状（「黒川古文化研究所所蔵文書」相文四九六）。
(88)　前掲註（50）学衆方評定引付同年七月二二日条、前掲註（75）学衆奉行引付所引（同年）七月三日法橋祐実書状、（同年）八月九日法印清我書状。
(89)　前掲註（50）学衆方評定引付同年七月二二日条、九月一五日条、前掲註（75）学衆奉行引付所引（同年）一〇月二〇日法橋祐実書状。
(90)　前掲註（84）堀川論文。
(91)　その唯一の例外が、降って応安三年一一月晦日室町幕府御教書案（「南禅寺文書七二」相文三二三）。景知が別名の押領を訴えられているが、これは第二章で検討する。また同年一〇月日小河顕長申状（「東寺百合文書よ四四」相文三二二）は前年に拝領したという藤原清胤跡（重藤・公文職・真蔵名）の知行を東寺方が認めないことを訴えたもの。同二年には代官祐尊と有力名主たちとの対立である十三日講事件が起きている。よってかかる動きはそれに触発されたものかもしれないが、いずれも散発的なものにとどまった。

(92) 同年閏六月二七日足利直義裁許状（「東寺百合文書せ足利将軍家下文三」相文一六三）。押領期間とされる康永四年の二月五日惣領代官泰知宛行状（兵海四）は、海老名氏が領家公事弁済義務を明記して那波浦内助延名を宛て行ったものだ。ここからこの訴訟の虚偽性が窺える。

(93) 地頭海老名則貞陳状案幷具書案（「東寺百合文書よ九七」相文六〇一）。この一連の段銭請取については第二章で詳述する。また浦分訴訟については酒井紀美「南北朝・室町期の公田と農民――播磨国矢野荘を中心に――」（同著『日本中世の在地社会』吉川弘文館、一九九九年。初出は一九七六年）、上島有「南北朝時代における武士の庄園押領――播磨国矢野庄の場合――」（日本史研究会史料研究部会編『中世日本の歴史像』創元社、一九七八年）に詳しい。

(94) 学衆評定引付（相引三八）永和三年八月二八日条。赤松秀亮「南北朝期における広域的「村」の特質と機能――播磨国矢野荘の上村と下村に注目して――」（『歴史学研究』九九八号、二〇二〇年）参照。同論文では例名は鎌倉期以来水利などを別とした北の上村・南の下村に分かれており、西方・東方それぞれも両村にまたがったこと。また惣荘一揆においても、上村・下村それぞれの結束と利害の相違があったことを論じている。

(95) 前掲註（3）榎原論文、前掲註（94）赤松論文。

(96) 高橋典幸「荘園制と悪党」（『国立歴史民俗博物館研究報告』一〇四集、二〇〇三年）はかかる状況を荘内警固体制の観点から捉えて、そこに荘内・外の悪党を取り込んだものと評価している。

(97) 前掲註（53）山本論文や伊藤俊一「高井法眼祐尊の一生――南北朝～室町前期における東寺の寺領経営と寺官――」（同著『室町期荘園制の研究』塙書房、二〇一〇年。初出は一九九二年）は、観応給主職相論以後には東寺は膨大な「国秘計」（守護方への種々の供応・奉仕）によって権益保全を図るようになったことを指摘している。

(98) 近藤成一「悪党召し捕りの構造」（同著『鎌倉時代政治構造の研究』校倉書房、二〇一六年。初出は一九九三年）。

第二章　家伝文書と海老名氏

はじめに

第一章で述べたように矢野荘では、浦分・例名地頭の海老名氏が例名の下地中分を導く要因となった。また正和年間の「悪党」事件も、その別名当知行実現活動のなかに位置づけられる。そして観応給主職相論中にも東寺方侵攻勢力の一翼を担い、南北朝期を通して東寺との浦分帰属相論を続けながら、浦分・東方を一体化した武家領知行者の地位を確立していったのだった。

このように海老名氏は矢野荘の地域史に重要な位置を占めたが、その研究史は長らく寺田法念一党を「悪党」の中心とみなしつつ、その排除後の東寺領西方情勢に関心を集中させてきた。かかる視座と史料的制約に規定されて、海老名氏は十分な注目を浴びてこなかったのである。

このような状況を転換させる契機となったのは、東西例名・浦分・重藤・別名からなる荘域の空間構成を復原しつつ、東寺領の考察のみでは矢野荘情勢を捉えられないことを示した榎原雅治の作業であろう(1)。第一章での海老名氏の考察も、その視座によって導かれたものであった。また史料的制約は『相生市史　第五巻』に既知の「海老名文書」が全て、『兵庫県史　史料編　中世三』に新出文書が翻刻・紹介されて克服された。

そこで本章では「海老名文書」全体の現況を整理したうえで、その原秩序や伝来過程の推定を試みる。また、そこから浮かびあがる海老名氏についての様々な基礎的事実を考証・提示しておきたい。

一　「海老名文書」各群の性格と伝来

現在「海老名文書」と呼ばれる播磨海老名氏関係文書群は、三系統に分かれて伝来している。また他に「東寺百合文書」に訴訟具書として残るものもある。表1は、それらを現在の表装・接続状況に即して整理したものである。まずその性格と相互関係を整理しておこう。

このうち『相生市史　第五巻』が翻刻するのがⅠ海老名源蔵氏旧蔵・京都大学博物館蔵文書群と、Ⅱ海老名甚平氏旧蔵・所在不明文書群である。これらは明治二一年（一八八八）に史料編纂所が採訪しており、Ⅰが「海老名文書」第一冊、Ⅱが第二冊として影写・架蔵されている。だがⅡは播磨海老名氏との直接の関係をみいだせない、性格・伝来事情ともに不明なものだ。よってここで検討する「海老名文書」からは除外しよう。一方、Ⅲ那波政良氏所蔵文書群は『兵庫県史』編纂時に新たに発見された。

まずⅠ・Ⅲの性格と相互関係については、それを伝える両家に、記載人名と相互関係・引用文書をほぼ同じく

表1　「海老名文書」群別分類

			年月日	文書名	系図利用	備考	No.
I	A	①	文永元.8.21	沙弥仏然所職･屋敷･田畠譲状	○		相古中83
		②	応永10.12	沙弥某言上状	○		相古中93
	B	①	弘安6.11.14	仏然田畠等譲状	○		相古中84
		②	弘安9.9.21	沙弥仏然屋敷・田畠譲状	○		相古中85
		③	応安元.11.19	山城守季有打渡状	○		相古中91
		④	長禄2.11.10	英椿・貫守連署下地宛行状	○		相古中94
		⑤	嘉慶2.8.29	新左衛門尉宗忠奉書	○		相古中92
	C（＊1）	①	建武3.11.20	菅原泰知軍忠状	○		相古中86
	D（＊2）	①	建武3.10.4	菅原泰満軍忠状・写	○		相古中87-1
		②	建武5.3.18	清原信氏軍忠状・写	○		相古中87-2
	E（＊3）	①	文治2.6	源頼朝袖判下文・案	○		相古中88-1
		②	弘安5.11.25	関東下知状・案	○		相古中88-2
		③		矢野庄別名下司職次第・案			相古中88-3
		④	嘉禎元.11.22	矢野盛重別名下司職譲状・案	○		相古中88-4
		⑤	弘安2.3.5	沙弥願念別名下司職譲状・案	○		相古中88-5
		⑥	正中元.12.20	源季茂別名下司職譲状・案	○		相古中88-6
		⑦	建武元.2.3	源頼重別名下司職譲状・案	○		相古中88-7
		⑧	康永2.8	海老名景知粉失状	○		相古中88-8
	F（＊4）	①	天正8.7.5	赤松広秀書下	○		相古中99
		②	大永6.8.9	赤松村秀書下	○		相古中97
		③	大永2.6.3	兼総下知状	○		相古中96
		④	永正12.4.16	赤松則貞書状	○		相古中95
	G	①	某2.8.1	相生浦入舟次第	○	現・所在不明	相古中82
	H	①	天正9.10	浅野長吉副状		現・所在不明	相古中101
II		①	正平6.12.23	足利義詮袖判下文		現・所在不明	相古中90
		②	天正元.12.10	陸地村六郎兵衛田地売券		現・所在不明	相古中98
III	A（＊5）	①	天文16.3.18	赤松政秀安堵状・写	○		兵海9
	B	①	暦応4.1.14	預所某下知状・写			兵海3
		②	延文4.11.8	某神田安堵状・写			兵海6
		③	明応3.9.23	小河香家開発田宛行状・写	○		兵海7
		④	元亀2.6.19	明石行雅等連署書状・写			兵海10
		⑤	天正17.1	宇喜多安心判物・写			兵海11
		⑥	某.9.3	高市家吉奉書・写			兵海12
	C	①	康永4.2.5	惣領代官泰知宛行状	○		兵海4
	D	①	延文4.3	海老名景知名田宛行状	○		兵海5
	E	①	明応4.11.10	小河香家書下・写			兵海8

Ⅳ	A（＊6）	①	文永元.8.21	沙弥仏然所職・屋敷・田畠譲状・案		Ⅰ-A-①と同	相文440-3-(3)
		②	弘安9.11.23	関東下知状・案			相文440-3-(4)
		③	建武元.12.13	源通貞所職等譲状・案			相文440-3-(5)
		④	元弘3.4.27	足利高氏軍勢催促状・案			相文440-3-(6)
		⑤	康暦元.6.21	足利義満袖判下文・案			相文440-3-(7)
	B（＊7）	①	康暦元.6.21	足利義満袖判下文・案		Ⅳ-A-⑤と同	相文601-2
		②	弘安9.11.23	関東下知状・案		Ⅳ-A-②と同	相文601-3
		③	至徳3.10.8	例名那波方春日社等段銭請取・案			相文601-4
		④	応安5.11.10	那波方地頭分日吉神輿造替料段銭請取・案			相文601-5
		⑤	永和2.5.2	例名那波方大嘗会米段銭請取・案			相文601-6
		⑥	正和3.1.24	公田々数注文・案			相文601-7

(註)＊1:軸装末尾・前文書欠　＊2:知季作成の写本群(奥書)　＊3:延宝5年、知季により同秩序写本(相古中89)作成
＊4:知季作成の写本群(奥書)　＊5:「系図」のみに見え原文書消失　＊6:至徳元年訴訟具書群
＊7:応永7年訴訟具書群　　アルファベットは表装・軸装等による一群であることを示す。

する系図が伝来していること(2)。またこの系図の引用文書としてⅠ・Ⅲのほとんどが利用されていることに着目しよう。Ⅰは浦分地頭職を中心とする所職の継承・訴訟に関わる文書を多く含んでおり、浦分地頭家の文書と考えられる。またEの写(3)は、延宝五年（一六七七）に「江戸御奉行所」に「改」申請のため海老名知季が作成したものである。Ⅰの整理・表装は、それと同時期であろう。

ここで興味深いのは、Ⅳの「東寺百合文書」に伝わる案文群がⅠと重複し、かつⅠには欠けているものを数点含んでいるという事実である。しかもⅣのみに含まれる文書は、系図作成には一切用いられていない。これはⅠの整理が系図作成と密接に関係するものであること。また、その時点ですでに、現在Ⅳにのみ残る文書がⅠより失われていたことを示している。系図の作成もこの家系の主導で進められたのだろう。

これに対してⅢは那波浦内助延名宛行関係文書を主要なものとし、地頭職など荘官的所職に関わる文書を一切含

まぬ、Ⅰとは明らかに性格を異にする文書群である。このうち康永四年（一三四五）の「惣領代官泰知」による「まこ三郎」に対する助延名宛行状（Ⅲ―C―①）の押紙には「従間三郎菅原泰知孫海老名三郎知興譲状」とある。この「菅原泰知」は尊楠丸知定の代官であった（Ⅰ―C―①）から、Ⅲは南北朝期に浦分の地頭家代官を務め、助延名を伝領した家系に伝わった文書群と考え得る。

そしてⅠ―Fがこれと同系統の文書群であるにもかかわらず、Ⅰに含まれ伝わっていること。またⅠを伝えた家系の作成になる系図にⅢも利用され、それとほぼ同じ系図がⅢを伝えた家系にも残ることからみて、浦分地頭家による系図作成事業に際して代官家の文書が借り受けられて参照され、その返却とともに系図も頒布されたと推定したい。Ⅰ―Fはその際、返却されないままになってしまったのだろう。

以上より、荘官的所職の継承にかかわる武家文書という意味での「海老名文書」の中核はⅠの大半とそこから失われたⅣからなり、Ⅱ・Ⅲは基本的にそれとは性格を異にする文書群であると結論できよう。そこで次に、Ⅰ・Ⅳから構成される文書群を便宜上「海老名嫡流文書」と呼称し、その内容から分類・考察を試みたい。

二　「海老名嫡流文書」伝来過程にみる所職継承

1　那波浦地頭職関係文書群

「海老名嫡流文書」はその内容よりα浦分地頭職関係文書群と、β別名下司職関係文書群とに大別される。表2はこれらを年代順に整理したものである。まずαについては浦分地頭職が季景―季直―通貞―知定―則定―兼

表2　「海老名嫡流文書」所職別編年表

	No.	年月日	西暦	文書名	内容	言及文書	表1No.
α	①	文永元・八・二二	一二六四	沙弥仏然所職・屋敷・田畠譲状	季景→季直、浦地頭職・下海老名郷内		I—A—①
	②	弘安六・一一・一四	一二八三	仏然田畠等譲状	季景→三郎（季直）、下海老名郷内		I—B—①
	③	弘安九・九・二一	一二八六	沙弥仏然屋敷・田畠譲状	季景→三郎景（季）直、下海老名郷内	α—①	I—B—②
	④	弘安九・一一・二三	一二八六	関東下知状	季景→季直、譲与安堵	α—①、α—③	IV—A—②
	⑤	正和三・一・二四	一三一四	公田々数注文	東寺方＝西方、地頭方＝東方・那波・佐方		IV—B—⑥
	⑥	元弘三・四・二七	一三三三	足利高氏軍勢催促状	海老名人々御中		IV—A—④
	⑦	建武元・一二・一三	一三三四	源通貞所職等譲状	通貞→尊楠丸（知定）、浦地頭職・下海老名郷内・鎌倉屋敷		IV—A—③
	⑧	建武三・一〇・四	一三三六	菅原泰満軍忠状	那波浦地頭尊楠丸（知定）代、同年軍忠		I—D—①
	⑨	建武三・一一・二〇	一三三六	菅原泰知軍忠状	那波浦地頭尊楠丸（知定）代、同年軍忠		I—C—①
	⑩	応安元・一一・一九	一三六八	山城守季有打渡状	知定、例名下村半分地頭職、打渡	貞治五・一二・二下文、同一二・一四施行、応安元・一〇・一九書下	I—B—③
	⑪	応安五・一一・一〇	一三七二	那波方地頭分日吉神輿造替料段銭請取			IV—B—④
	⑫	永和二・五・二	一三七六	例名那波方大嘗会米段請取			IV—B—⑤
	⑬	康暦元・六・二一	一三七九	足利義満袖判下文	源延（知定）、例名内浦分・下村半分地頭職	貞治五・一二・二下文、α—⑦	IV—A—⑤
	⑭	至徳三・一〇・八	一三八六	例名那波方春日社等段銭請取			IV—B—③
	⑮	嘉慶二・八・二九	一三八八	新左衛門尉宗忠奉書	義季・則定、下村那波・坂越堺相論		I—B—⑤

⑯	応永一〇・一二	一四〇三	沙弥某言上状	兼貞代源蔵、山堺相論	同・九・二六御書下、α—①、β—④	I—A—②
β						
①	文治二・六	一一八六	源頼朝袖判下文	海老名能季⇔下司盛重		I—E—①
②	嘉禎元・一一・二三	一二三五	矢野盛重別名下司職譲状	矢野盛重→上有智蔵人頼保、別名下司職	β—①	I—E—④
③	弘安二・三・五	一二七九	沙弥願念別名下司職譲状	頼保→「養子」海老名袈裟王丸（季茂）	β—①	I—E—⑤
④	弘安五・一一・二五	一二八二	関東下知状	季茂⇔領家方雑掌	β—①〜③	I—E—②
⑤	正中元・一二・二〇	一三二四	源季茂別名下司職譲状	季茂→「嫡子」頼重		I—E—⑥
⑥	建武元・一二・三	一三三四	源頼重別名下司職譲状	頼重→源三郎景知	大将家下文・手継証文（β—①〜⑤）	I—E—⑦
⑦			矢野庄別名下司職次第	盛景→盛重→頼保→季茂→頼重→景知、別名下司職		I—E—③
⑧	康永二・八	一三四三	海老名景知紛失状	β—①〜⑦、新田党類による那波浦大嶋城攻撃で焼失		I—E—⑧

貞の順に伝領され、通貞以降この家系は「貞（定）」を通字としていったことが確認される。

第一章で論じたように那波浦地頭職は海老名氏が最初に得た、矢野荘域での展開の橋頭堡となるものであった（①）。次の正和三年（一三一四）一月二四日田数注文（⑤）は、南北朝期の段銭徴収を規定したものである。そのうち応安五年（一三七二）の日吉神輿造替段銭（⑪）は室町幕府によって「大田文」記載の「公田」にもとづき賦課された(4)。よってこれは鎌倉末期に使われた田数帳簿の抜き書きとみてよいだろう。

矢野庄公田百伍十町内

別名方七十五丁
例名方七十五□(丁)
西方《東寺方》三十七丁五反
東方《地頭方》三十七丁五反
那波分□(十)一丁四反卅(代脱)
佐方分四丁一反廿
残田二十一丁八□(反)卅内
下村十□□(四丁)六反□□(三分)二、上□(村)七丁三反三分一

ここでは地頭方の東方とはいいながら、浦分と本来の東方とが一括されている。それは第一章でも述べたように、浦分は下地中分の対象とはならなかったがゆえに武家領とみなされて、一国平均役徴収は本来の東方と一括して海老名氏の責任とされたからであろう。それに加えてここで注目すべきは、その内訳において本来の東方は、那波・佐方からなる浦分に対して、残田という扱いになっていることである。これも浦分の優位性を示すものだ。加えて、この家系には本領・相模国下海老名郷内の地頭給一町および屋敷一所が伝領されている。以上からみて、この家系こそが播磨海老名氏の嫡流であったと思われる。

さらに注意を要するのは、貞治五年（一三六六）一二月二日「御下文」による知定に対する権利認定以降、「例名下村半分地頭職」までもがこの家系に伝領されていく（⑩・⑬）ことである。しかも至徳元年（一三八四）の東寺

との浦分帰属相論で浦分家当主源延（知定）代・性円は「地頭知行下地号東方、至上村・下村・那波・佐方四ヶ村田数卅七町五段者、源延等数代相伝当知行、于今、無相違者也」と述べている。(5) ここでは正和田数注文を踏襲しつつ、地頭領の全体について「源延等」の相伝・当知行が主張されるのだ。この「等」には知定に至る歴代浦分家と、知定を代表とする現在の各家との両様の含意があり得るが、どちらにせよ浦分家の優位性は否めない。

そこで現「海老名文書」群には現れぬ、知定以前の例名地頭職継承状況について確認しておこう。現存史料上の明確な初見は寛元二年（一二四四）の季景。続いて登場するのが正嘉二年（一二五八）の泰季だ。(6) なお「海老名荻野系図」(7) はこの泰季と季直を、季景の息子としている。さらに正和四年には季通が確認される。(8)

また南北朝期に入ると貞和二年（一三四六）時点の「地頭」として、四郎左衛門尉義季がみえる。(9) 彼は降って嘉慶二年（一三八八）には浦分家の則定と、下村幷那波と坂越との堺を争っている。榎原雅治はこの義季を、浦分家が地頭職を得た下村に対する、東方上村の地頭であろうと推定した。(10) ところが至徳三年の春日社段銭は例名那波方分として、上村分・佐方分・那波分が一括徴収されている⒁。つまり幕府・守護方からは上村も、那波方分の一部たる浦分家の管轄とみなされているのだ。

一方でここでは下村分を欠くことが不審だが、応安五年の日吉神輿造替⑪・永和二年（一三七六）の大嘗会米⑫は、ともに那波方一一丁四反余のみの請取となっている。貞和五年と観応元年（一三五〇）には那波浦地頭・海老名景知とともに浦分訴訟に当たった、佐方浦半分地頭・七沢左衛門太郎なる者を確認できる。(11) 彼は浦分家による佐方掌握を前提とした、その一分地頭だったのだろう。かかる存在が応安・永和の段階には佐方・上村・下村に、また至徳には下村にいて、段銭収取は彼らとの間でなされたのかもしれない。

そうであればなおのこと、上村をも一括した至徳請取のあり方は、地頭領全域の浦分家による掌握強化を示すことになるだろう。よって義季・則定の相論もそれぞれが独立した地頭家同士のものというよりも、同一家中の諍いに近いと考えねばならない。換言すれば例名家は浦分家の傘下に入りつつ、その一分地頭として上村を保持し存続したとみることができる。泰季以来の例名地頭職文書もこの家が持ち続けたのだろう。だがそれが系図作成に全く利用されていないことが暗示するように、この家系は近世には文書ごと所在不明になってしまったのだと思われる。そのため、その家伝文書も残らなかった。αの現況は、かかる経緯の集約的表現なのだろう。

浦分・例名両地頭職は、当初はともに季景が有していた。だが浦分地頭職は季直を始祖とし後に「貞」を通字とする嫡流家に、例名地頭職は泰季を始祖とし「季」を通字とする家に分割相続されていく。ところが南北朝期には例名地頭職までもが事実上、嫡流家に掌握されたと考え得るのである。

2　別名下司職関係文書群

βのうち康永二年の年記を有する海老名景知紛失状（⑧）は、建武三年（一三三六）新田義貞軍の攻撃により「那波浦大嶋城」近隣の「景知宿所」とともに焼失した別名下司職関係文書群に対する紛失安堵を、当該文書群の案文を副えて求めたものである。しかしまだ同年には存命の赤松円心が「故赤松殿」と表記される錯誤から、この文書については円心が没する観応元年以降、康永二年に仮託して作成された可能性が指摘されている。[12]

それが事実であるならば、この仮託作成は景知による権利獲得工作を意味している。よって頼重から景知への譲与を示す建武元年の譲状（⑥）と、景知に至る系譜を示した相伝次第（⑦）についても同様の疑義が発生することになる。しかもこの文書群から下司職の矢野氏から海老名氏への移動という問題が浮上する以上、この疑念は景知以前の文書群にも及ぶ可能性が生じてしまう。そこでまずその真偽を「海老名嫡流文書」以外から判明する事実と照合することで確認しておきたい。

まず、別名下司職をめぐる海老名季茂と領家方雑掌との相論を示す弘安五年（一二八二）関東下知状（④）より検討しよう。ここでは雑掌方が、季茂が権利文書として提示した文治二年（一一八六）頼朝袖判下文（①）を「謀書」と主張している。そして正和四年（一三一五）に別名領家が「悪党」の侵攻を「得謀書人季茂語」て実行されたと糾弾することは[13]、その主張と符合するものだ。

また④によれば、「正文」保有を主張する領家方にその提出を求めたものの、それは実現されなかった。そしてこれが①を「実書」とみなす主要な論拠となったのだった。この訴訟の存在が事実ならば、この時点の幕府は①の真偽を判断するための案文などを有していなかったことになる。

ここで『吾妻鏡』文治二年六月二五日条の記載が、①を原史料としたとしか思われぬものであることに着目したい。ならばその入手契機として、当該訴訟の実在を想定するしかないであろう。よって④は確かなものと判断できる。また①も弘安時点に実在した文書であることは明らかだ。しかもそれは海老名氏の別名侵攻停止命令であり、単体では決して海老名氏に有利なものではない。これを「実書」とした幕府の判断には信頼がおけるだろう。ならばこの訴訟で具書として提出された嘉禎元年（一二三五）（②）・弘安二年の譲状（③）も同じく信頼できる。さらに、この訴訟で権利を認められた季茂から嫡子・頼重への譲与を示す正中元年（一三二四）譲状（⑤）の信頼性も高いだろう。

また相伝次第（⑦）にのみ現れる盛重先代「矢野右馬允盛景」も、その他の人物がここで信頼性を確認した文書群と一致するから疑う必要はないものだ。矢野氏については網野善彦が、仁安二年（一一六七）の別名成立時に領家に年貢進上を請け負った「左馬允菅原」なる人物[14]と同族であると推定している[15]。時期からみてこの人物と「右馬允盛景」とは同一人物であろう。よって別名下司家矢野氏は本姓を菅原とする、在来勢力であると判断し得る。

以上から別名下司職は、矢野右馬允盛景―同馬次郎盛重―上有智蔵人頼保―養子・海老名源太季茂―嫡子・彦五郎頼重の順に継承されたと整理できる。つまり在来勢力矢野氏の下司職が、美濃源氏の頼保[16]を媒介として弘安二年に海老名氏に移動したのである。季茂は「海老名荻野系図」での記載を欠くが、弘安二年は童名「袈裟王丸」を名乗ること。「相伝次第」で「源太」とされること。さらに成人としての活動時期が例名地頭季通と重なることからみて、季通の父・泰季の弟である季直の長子である可能性が高い。いずれにせよ海老名氏入手後の別名下司職が、那波浦地頭職・例名地頭職を伝領した各家系とは別の家系に属したことは明らかだ。

ところがこの文書群は現在「海老名嫡流文書」として伝わっている。そこで次に、この問題を検討したい。

三　那波源三郎景知と所職統合

建武二年に南禅寺は西奥村および那波浦を別名内と主張して、その遵行を雑訴決断所に求めたが、そこには「同那波浦置塩彦五郎 同孫太郎等跡」と記される[17]。その名字が播磨国飾西郡の置塩とされている理由は不明だが[18]、「彦五郎」は別名家の彦五郎頼重に比定できる。「孫太郎」も嫡流・浦分家の通貞としてよいだろう。そしてかかる記法は、南禅寺には両者がともに那波浦を知行しているようにみえていたことを示す。第一章でみたように海老名氏は別名当知行を実現できていなかったから、これは別名家が嫡流家に身を寄せていたことを暗示する。それが嫡流家による別名文書入手の前提となるのだろう。

ところで通貞は建武元年一二月に尊楠丸（知定・源延）に所職を譲与した（表2―α―⑦）が、同三年一一月には尊楠丸代官・菅原三郎泰知（表1―I―C―①）が登場する。そして南禅寺の遵行申請は、通貞が戦死したとみられるこの間にあたるのだ。第一章でみたように鎌倉末期に海老名氏は、別名と東方に挟まれた位置を占める西方西奥村を掌握していた。それを橋頭堡とする干渉を恐れた南禅寺は、鎌倉幕府滅亡の混乱と通貞の死に乗じて反撃に出たのだろう。

一方、海老名氏の側では暦応元年（一三三八）に海老名七郎が、西奥村の外題状を持つと称して異議を申し立て、(19)また同二年には海老名景知（源三郎・甲斐入道浄賀）の「別名内那波浦」に関する申し立てが始まる。(20)そしてどちらも翌年の遵行再令を最後に、史料は途絶えてしまうのだ。(21)これは実効支配・権利文書の両面において南禅寺には理のないものであったから、うやむやになってしまったのだろう。また別名への干渉抑止が果たせれば、南禅寺には十分だったのかもしれない。

これに対して海老名氏は、第一章でみたように給主職相論最中の貞和五年に景知が別名に侵攻したものの、その後は室町幕府―守護体制のもとに当該地域の紛争は抑止されていく。ところが応安三年には景知が別名下司職について、すでに南禅寺に遵行したはずのところを立ち還って押領・狼藉をしていると糾弾されるに至っているのだ。(22)前節でみたように紛失安堵のかたちをとった景知の別名下司職文書獲得工作は、観応以降と目されるものだった。この訴訟が下司職をめぐるかたちをとることからみても、この押領はこのときまでには入手されていた紛失安堵済案文群（表1―I―E）を楯とする権利主張にもとづくものだったと考えられる。

　そしてこの景知こそ、嫡流家当主・尊楠丸が幼少のなかで当該期の海老名氏の中心的位置を占めた人物であった。この時期の海老名氏は南禅寺との紛争の他に、東寺との浦分訴訟や西方・重藤侵攻を経験している。それぞれの関係史料を整理した表3・4・5からは、かかる彼の活動のさまが浮かびあがってくるだろう。

表3　南禅寺による那波浦・別名関係訴訟

No.	年月日	西暦	人物	立場	内容	出典
①	建武二・五・一七	一三三五	置塩彦五郎・同孫太郎	例名内那波浦跡	四・二三綸旨を受けた雑訴決断所沙汰付	相文一〇三
②	建武二・五・一七	一三三五	海老名七郎	例名内西奥村跡	四・二三綸旨を受けた雑訴決断所沙汰付	相文一〇三
③	暦応元・一〇・六	一三三八	海老名七三郎	西奥村外題保持者	②に対する異議申立	相文一一五
④	暦応二・三・一六	一三三九	海老名七郎	西奥村外題保持者	守護赤松円心に、③に関する陳述命令	相文一一八
⑤	暦応二・三・一六	一三三九	海老名源三郎	別名内那波浦異議申立人	守護赤松円心に、①に対する異議申立却下	相文一一九
⑥	暦応三・三・二一	一三四〇	海老名源三郎	別名内那波浦異議申立人	守護赤松円心に、①に対する異議申立再度却下	相文一二五
⑦	暦応三・三・二一	一三四〇	海老名七郎	西奥村外題保持者	守護赤松円心に、④に関する陳述再令	相文一二六
⑧	応安三・一一・晦	一三七〇	海老名甲斐入道浄賀	別名下司職押領者	守護赤松則祐に幕府、既遵行地押領排除命令	相文三一三
⑨	応安五・三・一七	一三七二	海老名甲斐入道源賀	別名下司職押領者	守護赤松義則に、⑧再令	相文補一三
⑩	応安六・閏一〇	一三七三	海老名甲斐入道浄賀 海老名新左衛門入道源延	別名下司職押領者	東寺、浦分訴訟のなかで⑧・⑨に触れる	相文三三四

表4　東寺による浦分関係訴訟

No.	年月日	西暦	人物	立場	内容	出典
①	貞和五・閏六・二七	一三四九	海老名源三郎 七沢左衛門太郎	那波浦地頭 佐方浦半分地頭	暦応三（一三四〇）より押領、足利直義より排除命令	相文一六三
②	観応元・三・四	一三五〇	海老名源三郎 七沢左衛門太郎	那波浦地頭 佐方浦半分地頭	幕府引付より、①再令	相文一七三
③	貞治三・一二・一八	一三六四	海老名甲斐入道浄賀		守護赤松則祐に、東寺へ沙汰付命令	相文二八二―3
④	貞治五・一二・二一	一三六六	海老名甲斐入道代僧源俊		③への異議申立（「正位在京之間」）	相文二九七―9
⑤	応安三・一〇	一三七〇	海老名甲斐入道浄賀 海老名新左衛門入道源延		東寺より排除要請	相文三二一
⑥	応安六・閏一〇	一三七三	海老名甲斐入道浄賀 海老名新左衛門入道源延	地頭	東寺より排除要請	相文三三四
⑦	永徳三・八・一八	一三八三	海老名新左衛門入道源延		守護赤松義則に、東寺へ沙汰付命令	相引四四
⑧	至徳元・四・七	一三八四	海老名新左衛門入道源延		⑦への異議申立	相文四四〇―1
⑨	応永七・九・二二	一四〇〇	海老名新左衛門尉則貞	地頭	守護赤松義則に、排除命令	相文五九九
⑩	応永七・一二	一四〇〇	新左衛門尉則貞	地頭	⑨への異議申立	相文六〇一―1

表5　海老名一族による例名・重藤押領

No.	年月日	西暦	人物	立場	内容	出典
①	貞和三・二・三	一三四七	海老名弾正忠景知		公文職・重藤名を武家に所望し認可	相文一五二
②	貞和三か	一三四七	海老名源三郎	那波地頭	重藤十六名を闕所として所望	相文五二一
③	貞和三・一一	一三四七	海老名四郎左衛門尉季康		重藤名地頭職所望	相文一五五

④	観応元・六・二七	一三五〇	海老名源三郎		給主職相論一方当事者深源と共謀し侵攻	相引一一
⑤	観応元・七・二六	一三五〇	那波源三郎		庄家侵攻	相引一一
⑥	文和二・七・七	一三五三	那波源三郎		公田方預所を赤松則祐より拝領と号し侵攻	相引一五
⑦	文和二・七・二一	一三五三	那波甲斐守		有元久定の所務職補任による那波侵攻抑止	相文一九九
⑧	康安元・五・二	一三六一	西奥弥七	当庄地頭	重藤名内善阿跡押領	相引二二

ところが景知は、別名文書獲得工作時の偽造の可能性が高い譲状（表2―β―⑥）に現れる他は、所職継承関係のなかに一切現れてこない。そのため彼は一族のなかでの位置・立場が全く不明な人物なのだ。浦分訴訟では那波浦地頭として現れるものの、前述の佐方浦半分地頭・七沢左衛門太郎と同様に一分地頭、実質的には地頭代に近いものと考えられる。そこでその足跡を洗い出してみよう。

彼は当主尊楠丸が幼少だった初期には単独（表3―⑤・⑥、表4―③、表5―①・②・④〜⑦）、あるいは佐方浦半分地頭・七沢左衛門太郎とともに（表4―①・②）現れる。ところが応安三年には知定が景知とともに「地頭」として活動（表3―⑩、表4―⑤・⑥）しており、この頃に彼は成人したものと思われる。そして永徳三年（一三八三）からは知定単独での活動に移行する（表4―⑦）から、その間に景知は引退ないし死没したのだろう。

このように景知は嫡流家当主・知定を支えつつ、本来は別名家が担う対南禅寺問題の前面にも出て活動した。また前述のように嫡流家の東方掌握もこの間であるから、それも景知の力が大きかったものと推察される。しかも彼は、それらの所領・文書を全て嫡流家に継承させた。那波浦大嶋城近隣に宿所を持ち（表2―β―⑧）「那波」を名字とした景知の立場は、徹底して知定の名代であったと考えねばならない。

　そこで想起されるのが同様に知定代官としての活動がみられる、菅原三郎泰知という人物だ。まず泰知による建武三年白旗城合戦の軍忠（表1―I―C―①）が景知の同合戦参加（表2―β―⑧）と符合すること。そして泰知が「惣領代官」とも称している事実（表1―III―C―①）は見逃せない。またその後裔が伝領した那波浦内助延名の権利文書群（表1―III）は現在、景知と同じく「那波」を姓とする一族に伝わっている。ここに意味をみいだすならば、実は菅原三郎泰知と那波源三郎景知とが同一人物であるとする推測は、あながち的外れでもなく思われる。「清和源氏海老名家系図」(23)では泰知について、海老名一族であるも故あって菅原姓を名乗ったとする。その真偽は不明なものの、知定代官たる人物が菅原姓である要因としては、菅原姓矢野氏との何らかの関係を想定せざるを得ない。憶測にとどまるものの、かかる人物がもし景知と同一人物であるならば、彼が別名下司職文書獲得工作の主体として現れる理由、そして突如現れた景知が、その家系を残すことなく消えてしまう理由も納得できるものとなろう。

　さて、景知の出自は措くとしても、南北朝期に嫡流家当主・知定の名代的地位にあったこの人物を中心に、嫡流家のもとでの所職・権利文書統合と、それにともなう一族結合形態の再編が進められたことは間違いない。そしてその結果として海老名氏は、浦分と東方を一体化した武家領の権益を、確かなものにしたのである。

おわりに

本章では「海老名文書」の史料論的検討を行い、それが嫡流の浦分地頭家文書（表1―Ⅰ―A～E）と助延名を有した代官家文書（表1―Ⅲ）に大別されること。浦分家文書には近世までに失われたもの（表1―Ⅳ）もあったことを明らかにした。

また鎌倉初頭に得た嫡流家の浦分地頭職、承久恩賞の例名地頭職、矢野氏から上有智頼保を介して権利文書を得た別名下司職は分割相続されていた。だが例名東方は南北朝期に浦分との一体化が進む。例名家は嫡流家への依存を強めつつ存続して鎌倉期の権利文書も保持したが、近世には例名家ともども文書も行方不明となったらしい。

一方、別名家は当知行を実現できずにやはり嫡流家に依存していた。その権利文書群の原本は失われたが、南北朝期の嫡流家名代・景知の紛失安堵獲得工作の結果、案文群は嫡流家に吸収された。この景知こそ、当主・知定を支えて所職・文書の嫡流家への統合を図った、南北朝期の海老名氏の中心人物であったと思われる。また彼には、同時期に知定代官として現れ代官家文書を伝来していく菅原泰知と同一人物の可能性もある。

ところで応永一〇年（一四〇三）の山堺相論（表2―α―⑯）には「当庄者、先祖家季為承久□之賞、一円当知行之間」という海老名氏の主張がみえている。従来はこれを根拠に、浦分も含む例名地頭職は承久恩賞と断じられてきた。[24] だがここでは権利根拠として浦分の文永元年譲状（表2―α―①）とともに、承久恩賞ではないことが確実な、別名の弘安五年関東下知状（表2―β―④）も挙げられるのだ。この主張は事実ではなく、所職・文書統合を経て形成された室町期の歴史認識であることは明らかである。第一章で論じたように浦分もまた承久恩賞ではなく、鎌倉初頭の獲得と判断されるものだった。それにもかかわらず海老名氏では承久恩賞・例名地頭職に引きつけて、かかる認識が形成された。ここには中世後期の武家にとっての承久の乱・承久恩賞の意味づけ方という、自己認識上の問題が潜んでいる。他の武家家伝文書・伝承にも、かかる視座での検討が必要だろう。

註

（1）榎原雅治「汎・矢野庄の空間構成」（同著『日本中世地域社会の構造』校倉書房、二〇〇〇年。初出は一九九九年）。

（2）Ⅲの那波政良家蔵「清和源氏海老名家系図」はⅠの京都大学文学部博物館所蔵「海老名姓系譜」との異同を示しつつ相古中一〇二に収める。江戸前期頃に作成されたとされる両系図は、系譜関係などで史実と合致しない部分が大半を占める。たとえば後述のように別名下司職は事実では、在来勢力の矢野盛重から美濃源氏の上有智頼保が手に入れ、養子の海老名季茂に継承された。だが両系図は盛重や他の矢野氏・頼保も海老名氏として、系譜のなかに取り込んでしまっている。これに対し「海老名荻野系図」（『続群書類従　第五輯下　系図部』・相古中一〇三）は『吾妻鏡』等との一致から、一定の信がおけるものとされている（相古中一〇二解説）。なお「海老名荻野系図」は「小野氏系図」（『続群書類従　第七輯上　系図部』）の荻野氏部分とよく一致する。ただ「海老名荻野系図」のうち、例外的に近世初頭までの記載がある本間氏については佐渡本「本間系図」（『続群書類従　第五輯下　系図部』）と一致する。その一方で「小野氏系図」との異同は激しい。これは「海老名荻野系図」に「家譜幷文書蔵在遠州高部慈恩寺。長禄三年八月寺罹兵火。譜書共滅。因遣孫長季及僧閑貞。就佐渡同族所蔵謄写之。請今川氏裏判以備後証。」とあるのを踏まえると、以下のように考えられよう。原「海老名荻野系図」群は「小野氏系図」と密接な関係をもって成立した。かかる家伝系図を焼失した遠州本間家は、佐渡本「本間系図」を謄写し、それに家伝情報が合成された。それが現「海老名荻野系図」として伝わるものである。次にその関係部分を掲げておく。

下海老名四郎
季能　東鑑作義季。文治五年七月奥州役。従頼朝卿軍有戦功。
　―太郎
　　家季
　　―四郎左衛門尉
　　　季景
　　　―泰季
　　　―季直

（3）　相古中八九。
（4）　室町追加法一一二条。
（5）　同年三月日海老名源延代性円支状案（「東寺百合文書ミ四八」相文四四〇―3―（1））。表1―Ⅳ―Aはこの訴訟文書の具書群である。
（6）　例名文書目録（「教王護国寺文書二五〇」相文四五）に「預所祐賢法橋与□（季）景相論所務条々事関東御下知寛元二年七月五日」「正検勘料事、仏然状正嘉二年八月十八□（日）」「正検事、地頭泰季状十一月廿七□（日）」とある。
（7）　前掲註（2）。
（8）　同年七月日摂津国御家人安威勝王丸代覚忍重申状案（「東寺百合文書カ二九」相文五一）。
（9）　学衆方評定引付（相引三六）永和元年九月一〇日条。
（10）　前掲註（1）榎原論文。
（11）　貞和五年閏六月二七日足利直義裁許状（「東寺百合文書せ足利将軍家下文三」相文一六三）、観応元年三月四日室町幕府引付頭人佐々木道誉奉書（「東寺百合文書せ武家御教書幷達二八」相文一七二）。
（12）　『相生市史　第五巻』同文書解説（熱田公）。
（13）　同年一一月日南禅寺領別名雑掌覚真申状案（「東寺百合文書ヲ二」相文五三―1）。
（14）　同年一二月日左馬允菅原某請文案（「白河本東寺百合古文書八六」相文三）。
（15）　網野善彦「悪党・代官・有力名主」（同著『中世東寺と東寺領荘園』東京大学出版会、一九七八年。初出は一九六五年）。

（16）前掲註（15）網野論文。

（17）「南禅寺文書三四」相文一〇三。

（18）赤松氏の拠点は後にこの置塩に置かれた。もし赤松・海老名両氏が、ともにこの頃にはこの地に関わりを持っていたのだとしたら興味深いが不詳である。

（19）同年一〇月六日室町幕府引付頭人散位某奉書（「南禅寺文書四七」相文一一五）。なおここでは「海老名七三□《（郎）》」と記されるが、以降は「海老名七郎」で一貫する。

（20）同年三月一六日室町幕府引付頭人散位某奉書（「南禅寺文書五一」相文一一九）。

（21）同年三月二一日室町幕府引付頭人散位某奉書（「南禅寺文書五二」相文一二五）、同日室町幕府引付頭人散位某奉書（「南禅寺文書五三」相文一二六）。

（22）同年一一月晦日室町幕府御教書案（「南禅寺文書七二」相文三二三）。

（23）前掲註（2）。

（24）前掲註（15）網野論文など。

第三章　家伝文書と寺田氏

はじめに

一四世紀の矢野荘の歴史は、寺田氏を中核とする「悪党」が例名西方の新領主・東寺との抗争に敗れて没落し、新興名主を登用した東寺による直務体制が成立していく過程として描かれてきた。かかる通説に対して第一章では、正和年間の「悪党」は海老名氏の別名当知行と寺田氏の対別名紛争解決の実現を目指す領主一揆であったこと。寺田氏が西遷御家人集団と合流し得たのは、武家領知行の国御家人の地位を樹立したからであったこと。東寺との抗争では寺田法念一党が事実「悪党」の中核となり排除されたが、その後も寺田氏の存在・影響は西方に残ってその支配体制を規定したことなどを明らかにした。

これを踏まえると、鎌倉時代を通した寺田氏と矢野荘のあり方についても再考が必要となろう。かかる課題を設定した際、寺田氏の公文職について櫻井彦が提示した理解は注目される。(1)それは領家進止のものではなく、寺田氏自身が地域社会の合意を調達しつつ実力で創出したものだというのである。だが結論からいえばその公文職は一貫して領家進止下のものであり、残念ながら櫻井説は成り立たない(2)。

ただし櫻井が着目した、領家・隆信流藤原氏の所職補任状が全く残っていないという点は、留意されるべきものだ。実はその所職継承では、寺田氏自身の譲状も鎌倉末期の武家領化以後でないと現れない。一般に、他者との紛争が予想されぬ状態では権利文書はつくられなくとも不思議ではないとされている(3)。これを踏まえると、補任状・譲状の有無は、武家領化による所職の変容を示すのではないか。そこで本章では現存する寺田氏関係文書群の整理・検討をしたうえで、公文職の存立構造とその鎌倉末期における変容を、権利の文書化という問題と関連づけつつ論じたい。

一　「寺田文書」の概要

ひとたび武家領として確立された重藤と公文職は、法念一党排除後もその跡を窺う武家たちによる押領を度々受けた。その権利根拠を封じるために、貞和四年（一三四八）に東寺は法念の孫・範長から「播磨国矢野庄内重藤名幷公文職文書・関東正中外題安堵・両六波羅下知幷開発文書案文壱巻・建武　綸旨・異国警固関東御教書、已上五通」を買得した(4)。その全てが残るおかげで我々は、「寺田文書」と称すべき文書群の主要部分を目にすることができるのである。そこで表1をもとに年代順に、その概要を検討しておこう。

まず③「開発相承文書等案」は、一巻七通の文書群である。その内容は一一世紀後半の秦為辰による久富保開

表1　東寺買得の寺田氏文書「五通」一覧

No.	寺田範長利銭借状での名称	対応文書〈内容概略〉	典拠
①	播磨国矢野庄内重藤名幷公文職文書・関東正中外題安堵	正和二（一三一三）・九・一二寺田範兼譲状 〈範兼から範長への重藤名地頭職・例名公文職ほか諸所領譲与とそれに対する正中二（一三二五）の幕府外題安堵〉	百合せ 相文四二
②	両六波羅下知	嘉元四（一三〇六）・一一・七六波羅下知状 〈重藤名・公文職への東方地頭代海老名季継による濫妨を停止し「相伝御家人所帯」として認定〉	百合せ 相文二七
③	開発文書案文巻壱	「開発相承文書等案」 ⓐ 1　延久三（一〇七一）・六・二五播磨大掾秦為辰解案 〈久富保在畠等への掾分王による濫妨停止の郡裁を要求〉 2　承保二（一〇七五）・三・六播磨国赤穂郡司秦為辰解案 〈久富保荒井溝復興のための人夫催促を国府に要求〉 3　承保二（一〇七五）・四・二八播磨国赤穂郡司秦為辰解案 〈久富保荒井溝の領知認定を国府に要求〉 4　承暦三（一〇七九）・一一・三播磨大掾秦為辰解案 〈「永領当郡久富保石井流破損不作田参十町」を留守所に要求〉 ⓑ 5　承徳二（一〇九八）・二・一〇播磨大掾秦為辰譲状案 〈為辰、息男為包に「久富保公文職幷重次名地主職」を譲与〉 ⓒ 6　建仁三（一二〇三）・八・五北条時政書状案 〈「矢野庄公文以下所職」に「年来賜領家下文、令知行」していた「牛窓庄司六郎範国」の孫「左兵衛尉親家」の蟄居を解いて任じるよう、領家藤原隆信に口入〉 7　承元四（一二一〇）・九・一一北条義時書状案 〈「矢野常主常光」の申請をうけ、「矢野庄所職」について尋ね計らうよう、領家藤原隆信に口入〉	百合ヰ 相文七

④	建武　綸旨	元弘三（一三三三）・七・二後醍醐天皇綸旨〈寺田範長への矢野荘例名当知行安堵〉	谷森本古文書 相文九五
⑤	異国警固関東御教書	弘安四（一二八一）・閏七・一一関東御教書〈寺田法念に北条時業の指揮下での賊船警固を命令〉	東寺文書五常 相文一四

〔備考〕
相文一五八では「播磨国矢野庄内重藤名幷公文職文書・関東正中外題安堵・両六波羅下知幷開発文書案文壱巻・建武綸旨・異国警固関東御教書」と翻刻し、「播磨国矢野庄内重藤名幷公文職文書」と「関東正中外題安堵」が別の巻、「両六波羅下知」と「開発文書案文壱巻」とがあわせて一巻と解しているが、①の案文である相文四三の端書に「矢野重藤地頭職幷公文職事」とあること、②・③が明らかに別のものとして伝来していることから表のように判断した。なお、馬田綾子も『相生市史　第一巻』ではこのように整理している。

発・相伝の様相を伝えるⓐ（1～4）・ⓑ（5）と、領家藤原隆信に対する矢野荘所職に関する北条時政・義時口入状であるⓒ（6・7）に大別される。矢野荘は保延三年（一一三七）に久富保をもとに立券される。ⓐ・ⓑはその久富保が立荘に先行する、寺田氏の「開発相承」の地であると主張するものだ。その詳細は次節で検討しよう。

次に⑤は弘安四年（一二八一）に寺田法念が異国警固役を賦課されたことを示す、御家人身分の支証となるものだ。続く嘉元四年（一三〇六）の②では⑤も含めた「梶原平三景時文治状幷建暦・承久・貞応・嘉禄・寛喜・嘉禎・仁治・寛元・弘安関東・六波羅御下知・安堵御下文及文治以来相続御家人役勤仕支証」によって六波羅から、重藤名・公文職が「相伝御家人所帯」であることが認められている。第一章で述べたように重藤名は弘安七年、幕府口入のもとに別納となった。そして続く永仁五年（一二九七）の下地中分によって例名は、領家進止の西方・地頭領東方・別納重藤に三分される。そのしばらく後に東方地頭代季継の濫妨排除を命じた裁許である②は、寺田氏が西遷御家人と同等の武家領知行者の地位を確立する画期となった。(7)

また①は正和二年（一三一三）九月一二日の日付を有する所領所職譲状だが、そこで寺田氏は重藤の権益を「地頭職」と称するに至る。そしてそれは正中二年（一三二五）五月に幕府の外題安堵を得て公認同前となった。かかる呼称は②による武家領としての確立を前提に、可能となったと思われる。しかもその日付は、例名西方が東寺に寄進される同年一二月七日(8)にやや先行しているのだ。よってこの文書は、西方寄進以前から寺田氏の所領所職が武家領だったこと。それは寄進によっても変わらないことを主張する機能を期待されたものと思われる。

ところで、①では「相副関東・六波羅御下知・御下文以下手継証文等、為家督、範長仁永所譲与也」とされている。これは②所引の「梶原平三景時文治状幷建暦・承久・貞応・嘉禄・寛喜・嘉禎・仁治・寛元・弘安関東・六波羅御下知・安堵御下文及文治以来相続御家人役勤仕支証」と同一の文書群を指すだろう、だがこのうち現存するのは先述の⑤のみである。後述のようにその多くは御家人役勤仕の挙証、つまりそれだけでは武家領知行の挙証とならないものだった。そこで御家人身分の支証だけは残しておきたい範長が手元に留保し、東寺への売却を免れたのではないだろうか(9)。ただし⑤だけは②による武家領化の直接の前提文書であるために、東寺も買得を求めたのだろう。

最後に④は後醍醐政権による当知行安堵。これは公権による寺田氏の権益保証としては、売却時点で最新のものだった。以上を通覧すると「寺田文書」はα平安期以来の開発由緒を示すもの。β鎌倉期を通しての御家人身分の挙証を中心とするもの。γ鎌倉末期に重藤・公文職が武家領と認定されたことを示すものからなっている、このうち東寺はα・γを中心に買得し、βは⑤を除く全てが寺田氏のもとに残ったとみることができよう。

二　「開発相承文書等案」をめぐって

現存史料中に③「開発相承文書等案」への言及が初めて登場するのは、建武二年（一三三五）頃と推定される寺田範長申状案[10]である。そこでは祖父・法念が「法念所持開発相承公験幷北条遠州時政吸挙状等」を領家・藤原範親に進上し、それが下地中分の根拠とされたと述べられている。だがその内容を子細に検討した馬田綾子は、ⓐ—3の久富保の四至が例名ではなく浦分とほぼ一致しており、中分の基礎資料とできたとは思われないこと。ⓑ—5にみえる「重次名」は重藤の誤記ではなく、領域不一致を糊塗するためにⓐ—1にみえる「従者重藤」と「秋次」とを合成して造語されたとみられることなどの疑義から、これらを偽文書と判断した。そして東寺領化直前までの対立から一転して、互いの復権のために旧領家・冬綱と寺田氏とが連携に及んだ一三三〇年前後に、裁判の証拠書類とすることを目的にⓐ・ⓑが作成されたと推定したのである[11]。

これに対して前田徹は原本によってその様態・内容を再検討し、まず以下の書誌的情報を明らかにした[12]。（a）ⓐは五枚の料紙に同筆の追い込みで記される一方、（b）それとは別の同筆であるⓑ・ⓒはそれぞれ一枚の料紙に一通ずつ記される。しかも（c）ⓒ—6の訂正箇所に据えられた裏花押は永仁頃の藤原範親のものと判断できるが、（d）ⓐの料紙継目裏とⓑ・ⓒの日付裏に据えられた花押は、範親のものに似せた別人による可能性が高い。

そのうえで前田は（b）（c）から、ⓑ・ⓒが永仁年間に範親のもとで用意されたのは明らか。（d）の裏花押が据えられた経緯には疑問が残るものの、ⓐはⓑ・ⓒと同時に永仁年間に作成された案文を、後にさらに転写したものと考えてよいとして、③は元来は下地中分に帰結する永仁年間の対地頭問題に際して、領家範親のもとでまとめられ作成された案文群であると結論づけた。またⓐの真偽については、中世には客観的には争点と関係があるとは思われぬ文書も法廷にあえて提出されることがある。四至の不一致自体は文書の真偽を決するものではなく、むしろわざわざそのような偽文書を作成するとは考えにくい。③にまとめられる際に一から作成された偽文書であれば、一紙ものの形態で作成する方が普通である。だが（a）のように追い込みとなっていることは、筆写の対象となる原文書があったことを示唆している。以上から、ⓐは平安後期の実在の古券をもとにした案文であろうと推定した。さらにⓒについては（c）のような6の誤記訂正は筆写の際の誤りを示唆し、7にも誤記と思われる部分がある。よってともにやはり既存の文書があったとした。だがⓒの原文書自体の真偽やⓑの真偽については保留している。

私は③全体が永仁年間の整理になることや、ⓐを偽文書とみる必要のないこと。ⓒに少なくとも原文書が存在したことについては、前田の詳細な検討の結果を支持したい。

だが公文職のあり方を問う本章では、その一一世紀末の存在を示すⓑ、そして鎌倉初頭の存在を示すⓒ—6の真偽・性格を明確にせねばならない。馬田・前田はともにⓒの真偽・性格については明瞭な判断を示していない。またⓑは馬田がⓐと一括して偽文書とするのに対し、前田は判断を保留している。これらの検討が必要だ。そしてⓐを実文書とみるにしても、それが寺田氏のもとに伝来したか否かによってその系譜理解は左右される。さらに（d）が示すⓐの再転写と③全体の加工の経緯についても考えてみる必要があろう。

まず（b）（c）より、ⓑ・ⓒが一括して整理されたのは確実だ。そのうちⓒの二通はともに、鎌倉初頭に矢野荘の所職についてときの執権が領家に口入したものである。ここで留意すべきは「公文職」に関する6はともかく「矢野常主常光」の「所職」に関する7は、公文職や寺田氏との利害の関係がみいだせぬものであることである。これらは鎌倉初頭以来領家に伝来した文書により、領家の荘官所職進止権を主張することを目的に作成された案文とみてよい。よってその内容も、ことさら疑問とする必要はないだろう。そしてそれはⓐとは独立に機能し得る、本来は別個の文書群であった。

ところが秦為辰から子息為包への久富保譲状であるⓑは、為辰による開発の由緒を示すⓐの存在を前提として機能する文書となっている。しかしそれにもかかわらず（a）（b）のようにⓐ群とは別の、むしろⓒ群に共通する様態を示すのだ。これはⓐとⓑとが別の成立・伝来経緯を有するものであることを暗示する。そのうえそこにはⓐには現れない「公文職」が登場してくる。それによってⓑは、ⓒ—6にみえる「牛窓庄司六郎範国」「範国孫子左兵衛尉親家」による「矢野庄公文以下所職」の「知行」と、ⓐの示す開発由緒とを接続する役割を帯びるのだ。馬田が指摘したⓑの「重次名」の件も、もし作為を想定するならⓐ・ⓑが同時に作成された偽文書と考えるよりも、むしろ既存のⓐ・ⓒ接続のための操作とみる方が生きてくる。(13)

また従来あまり注意が向けられていないようだが、ⓐ—1の「従者重藤」に「預作」させていたという「先祖相伝久富保在畠桑幷年苧等」＝「先祖相伝領地屋敷」とⓐ—3の「当郡久富保字庄荒井溝荒田」とは、同じ久富保内であっても場所を別にする所領と考えるべきものだ。馬田が指摘するように後者が浦分に重なるならば、前者はまさに後の重藤に相当するのではないか。両者をあわせて矢野荘が立荘されたのであれば、その領域拡大の程度もそれほど不自然なものではないだろう。

以上から、整理時点にⓐ・ⓒはそれぞれ範親の手元にあったが、ⓑのみはⓐ・ⓒの内容を有機的に接続するために一から偽作されたものと推定できるだろう。またⓒは、単独では領家進止権主張の材料という性格が強いものだ。ところがⓑを媒介にⓐ・ⓒが接続された③の全体は、開発由緒による本主権にもとづく寺田氏の公文職領有権主張の材料という性格を有するようになる。換言すれば③は、領家進止権と寺田氏の本主権を複合的に主張するものとなっているのだ。よって③は、領家範親と寺田氏の連携状況下に整理されたと考え得るだろう。ただしⓐは、ⓑを偽作せねば寺田氏の公文職の由緒を示すようには機能できないものだった。それが開発由緒を示すものとして、寺田氏のもとに伝来したとは考えがたい。むしろⓐは偽文書でなければなおさら、立券時までに本家・領家に進上される性格のものである。よってⓒと同様に領家藤原氏のもとにあったとみるのが妥当だろう。(14)

また（d）が示唆するⓐの再転写とそれにともなう③全体の加工は、文書の移転に際してなされたとみるのが自然だろう。そして範親の花押を仮構することで効力を担保する必要性が、文書群の効力自体を否定しようとした東寺の入手時にあったとは考えがたい。するとこれは寺田氏が領家藤原氏から入手した際に、行われたものである可能性が高いのではないか。その場合、寺田氏による入手は必ずしも③の作成と即時的ではなかったことになろう。③には嘉元四年の訴訟（②）や正中二年の外題安堵（①）に、副進文書として利用された形跡がない。これは寺田氏による入手が、それより後であることを示唆するかもしれない。ならばその時期は馬田の推測のように、一三三〇年前後の可能性があろう。

以上の考察結果を整理しておこう。③は永仁年間に公文寺田氏との協力下に領家範親のもとで整理された案文群である。そのうちⓐ・ⓒは領家にそれぞれ伝来した文書群、ⓑはⓐ・ⓒを内容上接続して、寺田氏の公文職が本主権に由来するよう仮構するために偽作されたものと思われる。また寺田氏による③の入手は一三三〇年前後の可能性がある。これを公文職に引きつけて捉えると、ⓐ・ⓑは久富保段階に寺田氏の本主権と公文職の存在を認める材料とできないものの、ⓒ—6は鎌倉初頭の公文職のあり方を検討するうえで信頼できることになる。そしてその結果は第一章で述べたように、平安末に寺田氏が領家から公文職に補任されたのであろうというものであった。

三　寺田氏の相続形態と権利文書

ここからは、権利の認定と文書の有無との関係をめぐる問題を検討しよう。寺田氏は正和二年付譲状を作成するまでは、所領所職の相続に際して譲状を作成することも、領家よりの継目安堵状発給を受けることもなかった。かかるあるモノ・コトが存在しなかったことの確実な論証は困難ではあるが、様々な角度からその可能性を探ってみたい。

前述のように範長は文書群売却に際して、御家人身分の支証となる文書群は⑤を除く全てを手元に残したと思われる。まずはそこに譲状などが含まれていたかを検討しておこう。それは嘉元裁許状（②）の「梶原平三景時文治状幷建暦・承久・貞応・嘉禄・寛喜・嘉禎・仁治・寛元・弘安関東・六波羅御下知・安堵御下文及文治以来相続御家人役勤仕支証」、正和譲状（①）の「関東・六波羅御下知・御下文以下手継証文等」に当たる。そこに挙がるのは全て幕府発給文書であり、「以下」に譲状類も含意されるというのは無理があろう。

そこで個々の年次がわかる②に即して、その性格を検討したい。まず「梶原平三景時文治状」は、文治年間の播磨御家人交名を指している。[15] その他は、各年次に関東や六波羅が発給した下知状や安堵の下文と解される。「安堵御下文」からすぐ想起されるのは、申請者よりの譲状提出を前提になされる譲与安堵であろう。だがその対象は基本的には地頭職だけであり、そこに関東御領の預所職・下司職や九州名主職（小地頭職）など若干の幕府進止の所職が加わるにとどまっている。本所進止の荘官所職は、まず対象とならないのだ。[16] それを寺田氏が得るに至るのは、②の裁許による武家領知行確定後の①譲状以降に他ならない。

それではここで「安堵御下文」とされるのは、どのような文書なのだろうか。幸いにして我々は、隣接する矢野荘別名をめぐる訴訟のなかにその実例をみることができる。

　　　御判（源頼朝）
下　播磨国矢野別符住人所
　可令早停止海老名□□□（四郎能）季押領、為下司進止事
右、件所者、歓喜光院領也、而□（彼）能季無指由緒、致濫妨間、不随寺家進退之旨、所被下　院宣也、於今者、
早停止彼濫妨、為下司盛重之領掌、可令致年貢沙汰之状、如件、敢不可違失、以下、
　　文治二年六月日

この下文[17]自体は東国御家人海老名氏による別名への濫妨を停止し、歓喜光院進止下の下司の地位を保全するも

のだ。ところが後に別名下司職は、矢野盛重から美濃源氏上有智頼保を経て海老名氏が手に入れた。それにともないこの下文は、盛重から頼保への譲与の際には「為開発領主相伝、当知行無相違」を保証した「関東御下知」[18]。頼保から海老名袈裟王丸への譲与の際には「関東御下知以下証文等」[19]と称されて、海老名氏に伝来したのだった。これに対して領家・歓喜光院は、別名下司職は本所進止であるとする訴訟を幕府に提起する。だがその結果は海老名氏の勝訴に終わったのだ[20]。

ここで着目すべきは、この訴訟で幕府が別名を「関東御成敗之条勿論」と判断した根拠が前掲「文治二年御下文」であり、それが「安堵御下文」とも称されていることだ。この下文単体は決して御家人所領の証左ではない。ところが、それを御家人海老名氏が所持する事実と組み合わさることで、「関東御成敗」の地の証拠と解されてしまったのだ。そしてこの下文は後には海老名氏により「大将家不易御下文」とまで称されるに至るのである[21]。

かかる内容の幕府発給文書までもが鎌倉後期には、他の文書や事実との組み合わせにより「安堵御下文」とみなされた。そして寺田氏にも、それに該当するものをみいだせるのだ。領家の文書目録には、地頭・領家間の公文職進止権相論の六波羅裁許状と考えられる「公文職事、六波羅御下知仁治二年十二月十九日」を確認できる[22]。そしてこれは②中の「仁治」「六波羅」「御下知」に当たるのだ。これは直接は領家に下されたものだが、自身の地位保全に関わる以上、寺田氏が手元に案文を持つのも自然だろう。

その他、寛元については文書目録に、やはり領家・地頭間相論の裁許である「預所祐賢法橋与□(季)景相論所務条々事関東御下知寛元二年七月五日」がみえる。承久も文書目録にはみえぬものの乱後の構造変動を踏まえれば、かかる種類の公文職保全に関わるものであった可能性がある。

一方、残る建暦・貞応・嘉禄・寛喜・嘉禎は、⑤と同じく「文治以来相続御家人役勤仕支証」だった可能性が高い。このうち貞応・寛喜については和泉国で御家人役賦課のためと思われる「当国御家人引付」が作成されていることから、播磨でも同様の事情が推定できる。[23] 嘉禎も同様に考えてよいだろう。『峯相記』によれば播磨では、嘉禎四年（一二三八）に幕府の命で田数注文が注進されている。そしてこれは、将軍九条頼経上洛経費との関わりが推定されるものなのだ。[24] 建暦・嘉禄については明確な徴証を確認できないが、これらに類するのではないか。

以上を踏まえて「寺田文書」の全体構成を再確認しておこう。それはα開発由緒、β御家人身分、γ重藤・公文職の武家領認定それぞれの挙証で構成されていた。そのうちα・γは東寺が買得した。一方、⑤を除くβは寺田氏に留保されたと推測される。そしてここで検討したようにβにも、鎌倉期の譲状・補任状が含まれる可能性は確認できなかった。これらはその構成からみて、売却時点で寺田氏が有した全権利文書だったとみてよいだろう。特に、もし①に先行して鎌倉期の公文職・重藤に関する権利文書群が存在したならば、その回収に熱意を注いだ東寺の追及を免れたとは考えがたい。

そもそもこのなかでも本主権主張のための連券（α＝③）は、鎌倉末期の取得にかかるものである。特に③—ⓑ—5譲状は③—ⓐの示す本主権を、自身に関連づけるために偽作したものだった。それは寺田氏が自らの権利主張を展開するうえで、かかる開発由緒が欠かせないと考えたからであろう。しかもそれは平安期の「開発相承」を示すのみで、鎌倉期の「相承」文書は含まれていない。それが偽作すらされなかったことは、かかる文書は必須でなかったことを示している。そして恐らくは東寺も、それを異とはせず買得した。

ここからは南北朝期には、鎌倉期の所領所職継承にはいちいち譲状や安堵状がともなわなくとも不自然ではないという認識があったことを読みとれよう。ならば鎌倉期寺田氏の相続形態は、譲状なき相続に当たることになる。(25) そしてそれには本券のみの継承による相続と、完全な無券文相続の場合とがある。そこで想起されるのが、平安末期頃に範国が得た「領家御下文」(③—ⓒ—6)だ。それによって公文職を得た寺田氏は、これこそを本券として継承するとともに、それが継目安堵状発給をともなわぬ寺田氏・領家間の口頭ないし暗黙の合意のみで保証されていたのではないか。

そして対地頭訴訟で両者が連携している限りは、それも保たれたのだろう。またその背景には櫻井が想定したような、地域社会の合意も存していたと思われる。(26) だがかかる合意は重藤請所化・下地中分などの構造変動で破綻した。それが寺田氏に、その権益に武家領の認定を得る必要を生じさせたのだ。そしてそれは、文書を不可欠とする幕府の権利認定システムへの参入をも意味していたのである。

そしてそれと連動して、「開発相承文書等案」が「領家御下文」に代わる新たな本券に位置づけられたのだろう。それは本主権によって領家進止権を相対化するものだったからである。事実、「領家御下文」への言及は③—ⓒ—6中以外には、「寺田文書」のみならず矢野荘関係史料中に一切みいだせない。これは武家領としての認定後は、その価値を失ったために紛失ないし廃棄されたからだろう。

このように「寺田文書」からは「領家御下文」の発給徴証と①の譲状・外題安堵を除き、譲状や補任状・安堵状の現物も、それらの作成・発給の徴証もみえてこなかった。それは偶発的な史料残存の問題ではなく、かかる相続形態とその変容の反映と考えたい。

おわりに

本章では「寺田文書」の史料論的検討を行い、領家や地域社会との口頭・暗黙の了解で実現していた公文職相続が、鎌倉後期の構造変動で破綻したこと。その克服のために寺田氏は所領所職の武家領化を目指したこと。それが幕府の権利認定システムに耐え得る譲状の作成を要して、権利の文書化を促したことを明らかにした。またそのなかで権利の根本を示す本券が領家発給の補任状から開発由緒文書群へと変更されて、領家の相対化が図られたことも注目に値するだろう。

そしてかかる動向は寺田氏のような荘官だけでなく、全階層に及ぶものだった。公家政権のもとでは鎌倉後期に徳政を掲げるなかで「但数十代中絶文書、不帯手継、不慮伝領之仁者、雖貽欝訴、非裁断之限」や「雖帯根本券契、相承不分明者、不可及沙汰」[27]などと、所領所職の権利認定のうえで切れ目なく「相承」状況を示し得る「手継」が必須とされていった。逆にいえばそれまでは、譲状・継目安堵状の作成は求められなかったのだ。[28]

一方で寺田氏も御家人身分の支証だけは、鎌倉期を通して獲得・保管していた。御家人固有の権利には当初より文書にもとづく認定システムが備わっており、それは公家社会に先行していたのだ。それはこれらの権利が埋め込まれる地域社会と関係者にとってそれは異物であるために、その明示的承認を要したからだろう。

そして鎌倉後期における武家領概念の成立と寺社本所一円領との弁別進行[29]、つまり荘園制再編の始まりは、文書による権利認定の必要性を全社会的に拡大深化させていく。幕府の有した文書による訴訟・権利認定システムが、それ自体発展しつつ公家・寺社社会にも影響を及ぼす要因の一つはここにあった。[30]

かかる動向を経て樹立された中世後期の荘園制のもと、康安二年（一三六二）に東寺は名主職の「継目安堵」状発給を強要して、その明示的統制下に矢野荘例名西方現地の所職を位置づけた。[31]「代官職」の登場も、その文脈にあるものだ。それは中世前期には、職では表現されない中間請負者の地位だった。[32]かつては重層的な職の体系の崩壊・所職の一円化とされてきた荘務権の競合現象は、あくまで本家・領家・地頭間で展開した。そこで勝利した領主のもとでは、むしろ領主―代官―荘官―名主という垂直的な職の連なりが、文書による権利認定システムとともに再構築されていくのである。職の物権化という現象[33]も、その権利保証が文書化で文脈依存を脱したから生じたのだろう。

また文書主義の浸透は地下の社会にも及び、そこでは権利関係とともに共同体規範までもが文書化されるようになっていく。[34]このように一四世紀には文書主義の急速な深まりが、中世後期の社会を方向づけた。寺田氏が「開発相承文書等案」を入手したことも、東寺がその回収に奔走したことも、かかる転回を象徴する歴史的行為だったのである。

註

（1）　櫻井彦「矢野荘における寺田法念の立場」（同著『悪党と地域社会の研究』校倉書房、二〇〇六年）。

（2）　（建仁三年）八月五日北条時政書状案（「東寺百合文書キ五」相文七―6）は、牛窓庄司六郎範国が「年来賜領家下文」って知行してきた公文職について口入したもの。この文書が信頼できるものであることは本章で検証する。また例名文書目録（「教王護国寺文書二五〇」相文四五）には「公文職事、六波羅御下知仁治二年十二月十九日」とあり、地頭海老名氏と領家との間で公文職の進止権が争われたものと考えられる。

（3）笠松宏至「本券なし」（同著『日本中世法史論』東京大学出版会、一九七九年。初出は一九七五年）、西谷地晴美「中世的土地所有をめぐる文書主義と法慣習」（同著『日本中世の気候変動と土地所有』校倉書房、二〇一二年。初出は一九八九年）など。

（4）同年五月三日寺田範長利銭借状（「白河本東寺百合古文書一三五」相文一五八）。七海雅人「寺田法念の「遺産」――鎌倉幕府御家人制のゆくえに関する一事例――」（入間田宣夫編『日本・東アジアの国家・地域・人間――歴史学と文化人類学の方法から――』入間田宣夫先生還暦記念論集編集委員会、二〇〇二年）参照。

（5）宛所はどちらも「左《（右）》京権大夫殿」。これが領家藤原隆信であることは、建久一〇年三月二〇日八条院庁下文（「東寺百合文書い二」相文四）などから判明する。

（6）同年一〇月二三日矢野荘立券文案（「白河本東寺百合古文書八六」相文二）など。

（7）前掲註（4）七海論文。なお第一章で述べたように、下地中分を機に寺田氏と海老名氏との争点は基本的に解消したこと。それにより共同関係に転じたと思われること。地頭代が六波羅よりの召喚に応じぬことでこの訴訟が決着していることを踏まえると、この濫妨行為はかかる裁許を引き出すためのヤラセであった可能性がある。

（8）同年月日後宇多法皇宸筆荘園・敷地等施入状（「東寺文書御宸翰四」相文四七）。なお馬田綾子（『相生市史第一巻』五六五頁）は譲状の日付と外題安堵との一〇年余の時間差を「矢野荘をとりまく状況、さらに寺田氏のおかれている位置はおおきくかわった」こと。つまり寺田氏の敗北に求めている。だが七海雅人「鎌倉幕府の譲与安堵」（同著『鎌倉幕府御家人制の展開』吉川弘文館、二〇〇一年）によれば、当該期には譲与安堵申請は譲状作成者の没後になされることが通例となっている。よってこの時間差は単に、正中二年五月をやや遡る頃に範兼が没したということを意味するのかもしれない。また譲状の日付の政治性を重視するならば、この譲状は東寺との関係悪化後に、日付を仮託して作成された可能性もある。

（9）文書売却後の観応二年三月二一日寺田範長譲状案（「東寺百合文書さ一九」相文一七九―2）に「将又公験少〻相副之、目録別紙在之」とあるものが、これらの文書群に当たるかもしれない。

(10)「東寺百合文書ト二一六」相文四九二。
(11)『相生市史　第一巻』(七一三〜七一八頁)、馬田綾子「矢野荘」(網野善彦・石井進・稲垣泰彦・永原慶二編『講座日本荘園史8　近畿地方の荘園Ⅲ』吉川弘文館、二〇〇一年)。
(12)前田徹「播磨国赤穂郡久富保の基本史料について」(『待兼山論叢』三〇号、一九九六年)。
(13)ただし赤松秀亮「鎌倉末期播磨国矢野荘の領域構成——重藤名に注目して——」(『鎌倉遺文研究』三五号、二〇一五年)は名の分裂・名称変化はあり得ることで、「重次名」の件は偽文書とする根拠にならないと指摘する。念のため述べておけば、本章がⓑを偽文書と判断する根拠はそれとは異なるものである。
(14)河音能平「和泉河野家文書中の平安末期の文書について」(同著『世界史のなかの日本中世文書』文理閣、一九九六年。初出は一九九一年)も、これを領家藤原氏所帯文書を寺田氏が写しとったものと推定している。
(15)前掲註(4)七海論文。
(16)前掲註(8)七海論文、工藤勝彦「鎌倉幕府による安堵の成立と整備」(『古文書研究』二九号、一九八八年)、同「九条頼経・頼嗣将軍期における将軍権力と執権権力」(『日本歴史』五一三号、一九九一年)。
(17)「京都大学文学部博物館所蔵海老名文書」相古中八八—1。これを含む以降に挙げる案文群の信頼性は、第二章で検証した。
(18)嘉禎元年一一月二二日矢野盛重譲状案(「京都大学文学部博物館所蔵海老名文書」相古中八八—4)。
(19)弘安二年三月五日沙弥願念譲状案(「京都大学文学部博物館所蔵海老名文書」相古中八八—5)。
(20)弘安五年一一月二五日関東下知状案(「京都大学文学部博物館所蔵海老名文書」相古中八八—2)。その当知行実現行動が正和年間の矢野荘「悪党」であったことは第一章で述べた。
(21)建武元年二月三日源頼重別名下司職譲状(「京都大学文学部博物館所蔵海老名文書」相古中八八—7)。第二章ではこれが観応年間頃作成の偽文書である可能性を指摘したが、当該期における海老名氏の認識を示すものには違いない。
(22)前掲註(2)。

(23) 文暦二年閏六月五日関東御教書案（「多田院文書」鎌四七七六）。

(24) 清水亮「鎌倉幕府御家人役賦課制度の展開と「関東御領」」（同著『鎌倉幕府御家人制の政治史的研究』校倉書房、二〇〇七年。原型初出は二〇〇二年）。

(25) 前掲註（3）笠松論文、菅野文夫「本券と手継――中世前期における土地証文の性格――」（『日本史研究』二八四号、一九八六年）。

(26) 前掲註（1）櫻井論文。

(27) 弘安八年一一月一三日宣旨、建武二年「建武記」所収法令（ともに笠松宏至・佐藤進一・百瀬今朝雄校注『中世政治社会思想　下』岩波書店、一九八一年）。

(28) 河音能平「日本前期中世（十一世紀～十六世紀）における文書の機能と伝来の諸形態」（前掲註（14）同著書。初出は一九八七年）は、公家伝来文書が鎌倉中期以降にならないと現れないことを指摘する。また同「日本中世前期の官司・権門における文書群の保管と廃棄の原則について」（前掲註（14）同著書。初出は一九九〇年）は、文書・帳簿を保管・伝来しなかった王家が治天の君の自筆譲状を要するようになることを、中世天皇制の危機の象徴と評価した。

(29) 高橋典幸「鎌倉幕府軍制の構造と展開」（同著『鎌倉幕府軍制と御家人制』吉川弘文館、二〇〇八年。初出は一九九六年）など。

(30) 高橋一樹著『中世荘園制と鎌倉幕府』（塙書房、二〇〇四年）は幕府の関与による荘園制の変容という視点から、その訴訟システムを検討している。

(31) 同年一一月日学衆方地下注進状（「東寺百合文書よ三〇」相文二五九）など。

(32) 高橋一樹「中世荘園の荘務請負と在京沙汰人」（前掲註（30）同著書。初出は二〇〇三年）。

(33) 網野善彦著『日本中世土地制度史の研究』（塙書房、一九九一年）、桜井英治著『日本中世の経済構造』（岩波書店、一九九六年）など。

(34) 蔵持重裕著『日本中世村落社会史の研究』（校倉書房、一九九六年）、春田直紀「中世浦社会にとっての文書主義――「秦文書」からの考察――」（同著『中世浦社会の研究』同成社、二〇二四年。初出は一九九六年）など。
地下の文書については第三部で論じる。

第二部　荘園制再編と大田文

第四章　「大田文」帳簿群の歴史的展開

はじめに

第一部では、矢野荘というフィールドに即して荘園制再編の様相をみた。これに対して第二部では、大田文と総称される田数帳簿に即して俯瞰的に荘園制再編について考えたい。まず第四章では、大田文を取り巻く運用と観念のあり方が、荘園制再編に即して変容することを把握する。第五章では、かかる変容が早期に生じる九州を対象に、その具体的過程を検討する。そして第六章では、そのなかでも特殊性を持つ豊後を取りあげて、京都からの所領支配の射程外地域における、中世後期の展望を得てみたい。

さて、図田帳・惣田数帳・田文・大田文などと呼ばれるこれらの帳簿は、かつては漠然と鎌倉幕府が一国単位で作成した土地帳簿とみなされて、地頭御家人や所領荘園検出の素材以上の扱いはされていなかった。そこに決定的な転換をもたらしたのが石井進の研究である(1)。石井はそれを国府が一国平均役徴収のために作成したもの

（A型）と、幕府が御家人役徴収のために作成したもの（B型）とに分類して、それらを大田文と一括・概念化したのだった。

こうして史料論的・機能論的に明確な輪郭が与えられた大田文は、その後の日本中世史研究を主導する様々な議論の史料的基盤となった[2]。一方、石井は大田文と荘園公領制・一国平均役との相即的成立を強調した[3]。それに導かれてその後の研究は、個々の帳簿の具体的機能を措いて大田文をあたかも「一国単位の荘園公領制の基礎台帳」のような一般性に融解してしまったことも否めない[4]。

一方で錦織勤や誉田慶信は非・大田文的史料に立脚しつつ、大田文の個別目的に即した一面性に注意を喚起した[5]。また工藤敬一と海老澤衷は九州の建久図田帳群を、治承・寿永内乱後の所領秩序を確定したものと評価した[6]。さらに清水亮はそれぞれのB型大田文を、個別具体的な目的に即して位置づける試みを行っている[7]。以上の研究は大田文を過度の一般化から解放するとともに、A型・B型という石井の分類をも相対化する契機を孕んでいるといえよう。

そこで本章では石井の史料論的・機能論的視座を批判的に継承して、その個々の機能に即した成立・展開過程を再検討したい。また従来の概念・分類を相対化する必要から、本章ではかかる帳簿を「大田文」帳簿群と仮称しよう。

一　国検田目録と国検注目録

「大田文」帳簿群は田地を対象とする賦課台帳だ。よってその成立は、田地を対象とする収取体系と台帳の歴史的系譜のなかにある。そこでまずは平安後期における諸帳簿の様相を整理しておこう。

それを代表する国検田目録について、最も整理された見解を提示するのは佐藤泰弘だ(8)。それによれば検田は、一〇世紀後期に令制下の損田調査から脱皮して成立した。そのもとでは、まず検田使が郡を単位に実地検分にもとづき条里坪方式による馬上帳を作成する。そして、それを収納単位と公田官物率法に即して整理・集成した国検田目録が作成されたのだった。だが一一世紀末から実地検分は次第に、郡郷司・荘官らが提出した請文田数を追認する利田に取って代わられた。それにより検田は中世的検注への変容を遂げていくという。この佐藤の見解を踏まえて国検田目録から国検注目録への展開を、田数調査の方法と収取体系に即して考えてみたい。まずは調査方法だ。

於田数ハ、請国検田テ、以彼田文致沙汰ス、殆不可有相論、当御任ニ宗広沙汰之時、或行検田、或行利田、定田数畢、而利宗之時、尚可検注之由、雖申行トモ、恐苛法テ所退申也、遣清廉使ヲ被検注ハ、不可訴申ス、

これは佐藤が検田から利田への展開を論じるのに依拠した史料である(9)。まず「或行検田、或行利田、定田数畢」とあることから、「検田」あるいは「利田」によって田数が定められること。また「定田数畢、而利宗之時、

尚可検注之由」と続くことからみて、「定田数」と「検注」とがほぼ同意であることが読みとれる。つまり「検注」は、実地検分による「検田」と書面審査による「利田」のどちらも包含する概念として立ち現れている。それは当初から利田・居合など書面調査も含む調査方法だったのだ。[10]

また検田から検注への変容が展開する一二世紀は、収取体系上も公田官物率法が再編されて中世的年貢体系の成立へと向かう過渡期である。[11]よって国検田目録の性格を引き継いで成立する鎌倉期の国検注目録とは、中世的年貢体系に即して記載内容が整理されるものとなったはずであろう。

公田官物率法では田地の品質・等級を問題とせず、公田・加納出作田・荘田といった田地の種別によって賦課率が定められている。また収納使が臨む郡郷収納所や、保を単位としてその収納がなされた。これに対し中世的年貢体系では多くの場合、上・中・下といった田地の等級に応じた複数斗代制が採用された。また収納も郡郷司・地頭・荘官らからなされるように変化する。[12]

かかる中世的年貢体系の特徴に合致するのが次のものである。[13]

（前略）

『国領』青郷六十町八反百廿ト　除田井浦二丁八反四ト定

除三十六町二百卅ト

重国名十一町六反三百十ト

（中略）

定田廿四町七反二百七十ト
　所当米百六十六石二斗八升八合五夕七才
　六斗四升八合代七町一反
　　正米四十六石八合三夕
　　乃米十四石四斗一升三合
　　官米卅一石五斗九升一合
　九斗代二町四反二百三十ト
　　乃米廿二石一斗七升八合

（中略）

『地頭近江前司恒岡・則行・則信等、御家人
青七郎跡関屋三郎伝領也、』

（後略）

これは文永二年（一二六五）の若狭国大田文として知られるものである。そしてその記載様式は、地頭等の所在する郷ごとに内訳が斗代別表示されるものとなっている。また本文冒頭部には「注進□二年実検田数所当米事」と作成目的が明記されている。つまりこれは平安期の国検田目録の性格を引き継いだ、鎌倉期の国検注目録の完成型として位置づけることができるのだ。かかる所当米収納台帳は従来は、A型から派生したA'型とい

う従属的な類型把握がされていた。(14)しかし本章ではこのような国検注目録を一国平均役賦課台帳とは別の独立類型として捉えたうえで、他の類型との関係について検討していきたい。

二　国検田・国検注目録と一国平均役目録

これまで「大田文」帳簿群の起源は、一国平均役の賦課台帳（A型）だと考えられてきた。だが平安期におけるその明確な実例がないこともあり、その成立過程は明らかでない。(15)そこでここでは一国平均役目録とでも呼ぶべき帳簿の輪郭を推定しつつ、この問題に迫ってみたい。主たる検討の舞台は院政期に国府と東大寺との訴訟が繰り返されたことにより、多くの関係史料を伝える伊賀国名張郡である。

関係史料群を通覧して気づくのは以下のことだ。国検田目録・一国平均役目録ともに完全な例は残らない。だが前者は郡規模など一部分の帳簿や、それによると推定される数字なら残存例にそれなりに恵まれる。それは種々の訴訟に際して当事者双方によって引用されているからだ。ところが一国平均役目録の痕跡は、後掲のものを唯一の例外に全く存在しないのだ。(16)

これは史料残存の偶発性で片づけ得るものではないだろう。それは田地領有の挙証たり得た帳簿とは、国検田目録だったことを暗示するのではないか。換言すれば一国平均役目録は、副次的かつ臨時的な帳簿だったという可能性が浮かびあがる。

かかる想定には、国検田目録が同時に一国平均役目録をも兼ねていたことによる結果だとの反論も予測される。

だがそれは両者の機能的相違と、東大寺側に残された名張郡関係文書目録[17]中の「一通　仁安元年国内田数注文宇治橋奉加料、国□(衙)注之、見寺領田数、」という実例によって雄弁に否定されるだろう。残念ながら「宇治橋奉加料」の性質と賦課経緯は明らかでないが、この一国平均役賦課のため仁安元年（一一六六）に国府が「国内田数注文」を作成したことは確実だ。そしてこの注文こそ一国平均役目録に他ならない。

また注意すべきはその作成年次である。国検田目録は普通は国司の初任検田で作成されて、その任中は更新されないものだ。[18]ところが仁安元年は初任検田には当たらないので、この注文作成は明らかに「宇治橋奉加料」賦課に応じて臨時になされたとみなし得る。[19]国検田目録があるにもかかわらず注文が作成されねばならなかった以上、両者の記載秩序と機能は異なっていたと考えねばならない。

そこで鎌倉期初頭のものではあるものの、一国平均役賦課の切符と平安期の国検田目録との記載様式の違いをみてみよう。検田目録もまた一国単位の残存例はないため事例は郡別のものとなるが、天治三年（一一二六）正月名張郡検田目録[20]のように、第一に賦課が全面的に免除される「御館分」「青蓮寺保」「黒田庄」、次に低率賦課の「神戸出作」「黒田庄出作」、最後に高率賦課の「公郷」のように、田地が官物率法別に記載されている。権利者が同じ東大寺であっても「黒田庄」と「出作」とは、率法に応じて離れて記載されているのである。ところが建保四年（一二一六）、名張郡に対して「造野宮屋ゝ材木用途料米」弁済を命じた次の留守所下文[21]では、記載秩序が大きく異なっている。

(端裏書)「東大寺領別當(定範)沙汰」

留守所下　名張郡（伊賀）
可令早任　宣旨、弁勤造野宮屋〻材木用途料米事、
合
黒田庄廿五丁八反事
分米三十六石一斗九升　段別一斗四升
同出作百八十四丁五反大
分米二百五十八石三斗九升四合　同
三谷開五丁三反六十歩
分米七石四斗四升三合　同
公田廿八丁三半
分米三十九石六斗九升　同
御館分三丁
分米四石二斗　同
鹿高脇三丁二反小
分米四石五斗二升七合　同
右、件用途料米、早任　宣旨之状、為臨時課役、無懈怠、可令勤仕之状如件、
建保四年六月　日　（在庁・目代署名略）

ここでは全ての田地が一律に段別一斗四升の賦課であるため、権利者ごとに田地が記載されている。一国平均役として国府把握の田数が対象となる以上、それは国検田目録の田数によることにはなろう。だがかかる公田官物と一国平均役との性格の違いに応じて、賦課に用いる帳簿には変更を加えねばならなかったのだ。

以上より一国平均役の賦課に際しては、国検田目録から数値を転記しつつも記載秩序を変更して「仁安元年国内田数注文」のような一国平均役目録を作成する。それをもとに賦課単位に応じ作成された、前掲切符のような文書で賦課が実施されるという手順が想定できる。また国検田目録の数値から直接に、郡郷ごとの切符を作成してしまうことも可能だろう。つまりその賦課に際して、常に一国平均役目録が作成されていたかも疑わしいのである。

かかる観点から表1に整理した現存「大田文」帳簿群を見直すなら、六点を数えるA型のうち確実に一国平均役目録と断定できるものは意外に少ないことに気づくだろう。まず⑫承久三年（一二二一）能登国中四郡庄郷保公田々数目録は、美濃晃順が「本文中の田数は、南北朝末期の徴租対象となるべきものだけを承久の田数から修治」したものとする。(22)これを踏まえて「検注定」「検立定」「立券状」等の表記で示される各所領の権利認定年を整理すると、公領を中心に圧倒的に承久元年（一二一九）に集中することを確認できる。(23)よって承久年間作成の原型は、承久元年実施と推定される一国検注による国検注目録だったと考えられる。

続く⑬貞応二年（一二二三）石見国中庄公惣田数注文は、守護所が作成に関与したことが指摘されている。(24)そこでここでは除外し次節で検討することとしたい。

また⑰弘安二年（一二七九）常陸国作田惣勘文と㉒嘉元四年（一三〇六）常陸国造伊勢役夫工米田数注文は、同

表1　「大田文」帳簿群一覧

No.	作成年月日	名称	類型1	類型2	伝存	出典
①	建久8(1197).6	日向国中寺社庄公惣図田帳	B	2	◎	島津家文書(鎌922)
②	建久8(1197).6	薩摩国図田注文	B	2	◎	島津家文書(鎌923)
③	建久8(1197).6	大隅国中惣田数寺社庄公領幷本家領家預所地頭弁済使等交名注進状	B	2	◎	桑幡家文書(鎌924)
④	建久8(1197).閏6	肥後国図田帳	B	2	△	相良家文書(鎌929)
⑤	建久8(1197).7	肥前国中神社仏寺権門庄園府領及国領公田所々御領田数本家預所地頭等注進状	B	2	△	曾根崎元一氏文書(鎌933)
⑥	建久8(1197).□.11	筑後国惣図田帳	B	2		生桑寺文書(鎌19471)
⑦	建久8(1197)	豊前国図田帳	B	2	△	到津文書(鎌926) 永弘文書(鎌925)
⑧	建久8(1197)	筑前国図田帳	B	2		高野山金剛三昧院文書(鎌29079)
⑨	建久8(1197)	豊後国図田帳	B	2		到津文書(鎌927)
⑩	建仁元(1201).11	筑後高良宮上下宮幷小社等造営所課荘々田数注文	A	3	◎	田中穣氏旧蔵文書*
⑪	建保4(1216)	肥後国惣図田帳	B	2		平河文書(鎌14898)
⑫	承久3(1221).9.6	能登国中四郡庄郷保公田々数目録	A	1	◎	森田文書(鎌2828)
⑬	貞応2(1223).3	石見国中庄公惣田数注文	A	2	◎	益田家文書(鎌3080)
⑭	貞応2(1223).4.30	淡路国国領幷庄園田畠地頭注文	B	2	◎	皆川文書(鎌3088)
⑮	文永2(1265).11	若狭国実検惣田数所当米帳	A'	1	◎	東寺百合文書(鎌9422)
⑯	建治2(1276).8	備後国御調郡諸荘園領家地頭注文	B	2		東寺文書(鎌12460)
⑰	弘安2(1279)	常陸国作田惣勘文	A	1	○	税所文書(鎌13824)
⑱	弘安8(1285).9.30	豊後国中神社仏寺権門勢家庄園国領公田及預所・地頭・弁済使等交名注進状	B	2	◎	平林本(鎌15700)
⑲	弘安8(1285).12	但馬国大田文	B	2	◎	中野栄夫氏校訂本(鎌15774)
⑳	正応元(1288).8	丹後国諸庄郷保惣田数帳目録	B	2	◎	成相寺文書
㉑	正応5(1292).8.16	肥前国河上宮造営用途支配惣田数注文	A	3	◎	河上神社文書(鎌17984)
㉒	嘉元4(1306).8.10	常陸国造伊勢役夫工米田数注文	A	3	◎	安得虎子(鎌22696)

【凡例】
類型1〔石井進による類型〕
A:一国内国衙領・荘園すべての田地面積を記すもの
A':一国内国衙領・荘園すべての田地面積を記し、さらに国衙領の応輸田については所当米を記すもの
B:一国内国衙領・荘園すべての田地面積を記し、特に地頭の氏名を記すもの
類型2〔本章による類型〕
1:国検注目録　2:地頭御家人役賦課目録(国検注目録との複合帳簿も含む)　3:一国平均役目録

伝存
◎:完全な形で伝わっているもの　○:一部分のみ欠け、大部分が伝わっているもの
△:大部分が欠け、一部のみ伝わっているもの　無印:逸文のみ伝わっているもの

【備考】

工藤敬一「日本前近代の土地表示――大田文の田数表示を中心に――」

(同著『荘園制社会の基本構造』校倉書房、2002年。初出は1999年)所掲の表をもとに作成
帳簿の名称は極力帳簿自体が掲げる表題をはじめとする、帳簿内の記述にしたがって決定した。

*:工藤敬一「高良宮造営役と筑後の荘園公領――歴博所蔵新史料の紹介――」

(同著『中世古文書を読み解く――南北朝内乱と九州――』吉川弘文館、2000年。初出は1993年)に全文が紹介されている。


一国で比較的年限が接近しているものだ。そのうえ両者の所領記載秩序には相違があることから、その関係と機能の相違にはすでに検討がある。鴨志田昌夫は弘安帳簿を「広義の一国平均役の総合的な賦課台帳」であるとする。これに対して嘉元帳簿は中世後期の役夫工米徴収がこれに即しているとして、その賦課台帳と判断した(25)。

一方、弘安帳簿の郡ごとの総計田数が実際の内訳合計と一致しておらず、嘉元帳簿の総計とまま一致することに着目したのが錦織勤である。ここから錦織は現存する弘安帳簿は原帳簿を忠実に伝えるものではなく、南北朝期に復元書写された際に嘉元帳簿の合計数値が援用されたと推定している(26)。

これを踏まえて両帳簿の数値を比較してみよう。表2にその一部を示したように、それは北郡のように郡より下位の単位に至るまで一致するものと、那珂東郡のように錦織の指摘に合致するズレが生じているものとに大別される。注意すべきはこのズレが生じている郡は、弘安帳簿では内訳まで記載されるが嘉元帳簿では郡合計のみが記載されるものに限られるという点だ。

表2　常陸国の2通の帳簿にみられる田数と地域構成(抄出)

		弘安帳簿	嘉元帳簿
奥郡			1590.6.060
多珂郡		153.4.300	153.4.300
久慈東		380.2.180	380.2.180
久慈西		248.8.140	133.5.240
那珂東		145.7.300(122)	145.7.300
	安福	42.1.180	
	中村	7.9.060	
	田谷東方	15.0.000	
	田谷西方	15.0.000	
	青柳	10.0.000	
	枝河	9.6.000	
	津田	12.0.000	
	今泉	11.0.000	
那珂西		152.5.120	152.5.120
佐都東		289.8.300(178)	289.8.300
	東岡田	15.0.000	
	西岡田	10.0.000	
	根本	4.0.000	
	大森	7.0.000	
	泉	35.0.000	
	今泉	15.0.000	
	千根	2.0.000	
	波田	35.0.000	
	小澤	55.3.180	
(以下、略)			

	弘安帳簿	嘉元帳簿
真壁郡		417.0.180(418) *
長岡	15.2.060	15.2.060
谷貝	15.0.000	15.0.000
亀隈	23.4.060	23.4.060
細柴	3.0.000	
一木	2.8.000	
紀三郎名	3.2.000	
伊佐々	5.1.000	5.1.060
山野宇	12.0.000	12.0.000
(以下、略)		
北郡	272.4.060(275)	272.4.060(275)
河俣	21.0.060	21.0.060
大多良	1.2.000	1.2.000
柿岡	3.9.000	3.9.000
菅間	7.3.240	7.3.240
上曽	13.0.120	13.0.120
田子共	44.5.240	44.5.240
瓦屋	7.2.120	7.2.120
吉生	11.7.180	11.7.180
大増尾	6.6.000	6.6.000
大田	7.1.300	7.1.300
小瓦	4.0.000	4.0.000
高倉	12.0.000	12.0.000
片岡	0.4.180	0.4.180
(以下、略)		

【備考】
*417.0.180＜目録記載田数＞(418)＜実際の内訳合計田数(段以下切捨)＞, 以下同様

これはその復元は基本的には嘉元帳簿の数値に依拠したが、そこでは欠ける内訳部分は別の資料を援用したことを示している。かかる所領記載秩序の違いは錦織も指摘するように、その賦課物の納入経路の違いとして理解できる。よって両帳簿の機能が異なるものであったことは間違いない。

それでは弘安帳簿の性格は鴨志田のように「広義の一国平均役の総合的な賦課台帳」と理解すべきだろうか。その判断は帳簿の内容から内在的に下されたものではなく「広義」「総合的」という不明瞭な表現が示すよう

に「A型大田文＝一国平均役の台帳」という分類論のみから敷延されたものだろう。この帳簿は前欠であり、現存部分も末尾に短く「右、弘安二年作田惣勘文、大略注進如件」とある以外は各所領単位ごとに田数が列挙されるのみである。だが「作田惣勘文」という表現を重視するならば、その原型は国検注目録だったと考えるのがよいのではないか。少なくとも、一国平均役目録とする積極的徴証はないのである。

以上より、A型のうち一国平均役目録であることが確実なのは⑩建仁元年（一二〇一）筑後高良宮上下宮幷小社等造営所課荘々田数注文、㉑正応五年（一二九二）肥前国河上宮造営用途支配惣田数注文と㉒常陸国の嘉元帳簿の三点のみであること。他は国検注目録か、それに準ずるものであることが明らかとなった。しかも⑩は郡郷地域別ではなく造営すべき建造物ごとに料田数が示され、その内訳として荘園・公領が配分されるという特異な様式になっている。これが他の用途に用い得る汎用性を欠いた、高良宮造営役のみに特化したものであることは明らかだ。そのうえ作成後は高良社側に公験として保管され、後世の訴訟では具書に用いられている。[27] よって作成後も国府で保管・運用された恒久的帳簿であったとは考えにくい。

また㉑は正応五年の造営時に河上社の求めに応じて幕府を介して「田所」により作成されたものだ。[28] だが遅延したこの造営では正和三年（一三一四）に改めて鎮西探題が「以建久図田帳、充課国中歟、将又就嘉禄図田帳、被配分否、可注申」、つまり建久図田帳による一国平均役とするか嘉禄図田帳によるかを問うている。[29] 正応帳簿は使われずに終わったらしいのだ。

つまり鎌倉期の一国平均役目録が南北朝期以降も国府に保管され、その本来の機能に即して運用された事例は㉒のみなのだ。またA型とされる他例の二点は国検注目録、一点は汎用台帳にはならぬもの。もう一点は未使用だったということになる。そこで次に、国検注目録とB型との関係を検討しよう。

三　「田文」「大田文」と鎌倉幕府

実のところ鎌倉期の同時代史料をみる限り「大田文」帳簿群を大田文と呼称した例はない。その例外は鎌倉後期の編纂物たる『吾妻鏡』のただ一例だ。そしてこの事例は他のところでは「田文」とも言い換えられている。つまり鎌倉時代には、大田文という一括的概念が定着していたかは疑わしい。だがこの事例はその萌芽を窺ううえで、貴重な手掛かりなのは違いない。そこで『吾妻鏡』から関係記述を年代順に抜き出してみよう。

①正治元年（一一九九）一一月三〇日条

武蔵国田文被整之。是故将軍御時。被遂惣検之後。未及田文沙汰云々。

②元久元年（一二〇四）四月一日条

駿河武蔵越後等国々。重依可遂内検。可被下遣宣衡。仲業。明定等之由。有其沙汰。広元朝臣。清定為奉行。

③元久元年（一二〇四）四月一六日条

駿河以下三ヶ国内検事。先日雖令治定。重有其沙汰。延引。是去年御代始故。依可有撫民御計。有限乃貢猶被減員数訖。今年於被遂其節者。民戸定難休歟。然者如不被行善政。暫可被閣之由云々。

④承元四年（一二一〇）三月一四日条

被造武蔵国田文。国務条々更定之。当州者。右大将家御代初。為一円朝恩。所令国務給也。仍建久七年雖被遂国検。未及目録沙汰云々。

⑤建暦元年（一二一一）一二月二七日条

明春。駿河武蔵越後等国々。可作整大田文之由。被仰行光。清定云々。

これは関東御分国の武蔵・駿河・越後における「田文」①・④＝「大田文」⑤作成に関する一連の記事である。武蔵では頼朝存命中の建久七年（一一九六）に「国検」④＝「惣検」①を実施したものの、「田文沙汰」①「目録沙汰」④がなされていないために「田文被調之」①「被造武蔵国田文」④られることが命じられている。一方で三国を一括した際には、その作成の前提としての「内検」③実施が問題とされていることがみてとれる。つまり『吾妻鏡』の「田文」「大田文」とは、国務掌握を前提に実施される一国惣検注の結果を「目録沙汰」して作成されるという、国検注目録そのものなのだ(30)。

ただし正治二年（一二〇〇）一二月二八日条に「金吾仰政所。被召出諸国田文等。令源性算勘之。治承養和以後新恩之地。毎人。於過五百町者。召放其余剰。可賜無足近仕等之由。日来内内及御沙汰。」とあるから、この

「田文」は御家人の所領領有状況を確認し得るものでもあった。よって幕府の「田文」とは、国検注目録に地頭御家人情報をも加味した機能複合的な帳簿であった可能性が高い。そしてまさにそれに当たるのが、九州の建久図田帳群である。それは幕府主導で進められた戦後の新たな収納・所領秩序の確定＝検注と、御家人編成との結果作成されたものだった。(31)

一方、西国では幕府は、関東御分国や内乱期の九州のようには国務を掌握していない。そして、そこではB型のあり方もやや異なってくる。たとえば表1―⑭貞応二年（一二二三）淡路国国領幷庄園田畠地頭注文には「於国領田畠者、付当任検注員数令注進之」とある。またこれは「於国領者、付当時文書之旨、令別注進」とも言い換えられている。国領の田畠数は幕府主導の調査ではなく受領による「検注」の結果作成された「文書」、つまり国検注目録に依拠したことが明らかだ。また数値は国検注目録の援用でも「地頭注文」と明記されること。何よりも別に国検注目録が存在したことからみて、この帳簿は第一義的にはあくまで「地頭注文」に特化して作成されたものだった。つまり関東御分国や九州諸国の帳簿のように、国検注目録の性格を兼ねるものではなかったと思われるのだ。

このB型の両極の間に位置するのが、先程検討を留保した表1―⑬石見国中庄公惣田数注文であろう。この帳簿には地頭御家人情報が記載されていない。そのため国府作成のようにみえながら、実は作成には守護所が関与したことを井上寛司が指摘している。(32)その説は具体的には該帳簿の末尾に記された

右、件庄公郷惣田数大略注進、但於公郷分者、以去建保六年検注田数注進之、為守護所之沙汰、先文書田数

付也、貞応元年検注目六定田許所令注進也、為御不審、仍注進如件、

という、やや難解な文言の解釈から導かれている。私も「為守護所之沙汰」という部分に着目して、その関与を指摘した点には賛成だ。しかしこの文言全体に関しては、井上の解釈には誤読があると考えている。そしてこの点を検討することにより、改めてこの帳簿の作成手続や性格が明らかになると思われる。そこでやや煩雑になるが、井上の解釈と対照しつつ試案を述べてみたい。

井上説の要は「為守護所之沙汰、先進文書田数付也」の「先」を、「以前に」の意と解することにある。その結果「建保六（一二一八）年に「守護所」によって大田文が作成され、これが幕府に進められており、今回の帳簿においても「公郷分」についてはその田数が踏襲されている。」しかし「建保のものは「公郷分」以外、すなわち荘園の定田数に関して疑義が指摘されたため、貞応元（一二二二）年に荘園部分の国内惣「検注」を実施し、その結果を今回提出する帳簿に反映させた。」という解釈が得られることになる。つまり貞応二年帳簿は、すでに提出済みの建保六年帳簿を修正・補足するためのものであり、地頭御家人情報は建保六年のものに記載されているため貞応帳簿では略されたと結論づけられているのだ。

だが建保六年と貞応元年とでは、間に承久の乱を挟んでいる。現に石見でも長野荘内美乃知黒谷のような承久没収所領が確認されるし[33]、京方与同を理由とする守護更迭も行われていた[34]。それによる地頭御家人分布の変動は、決して少なくなかったと推察される。よって井上のように建保時点の地頭御家人情報が貞応二年にも通用したとは考えにくいのだ。

そこでここでは、貞応二年帳簿は本来は地頭御家人情報をも記載されねばならなかった。だが何らかの事情でそれが欠けてしまったという想定を解釈の出発点としたい。そのうえで改めて「貞応元年検注目六定田許所令注進也」の部分を読み直すと、これは「貞応元年の「検注目六」には「定田」のみが注進されている」と解せよう。時期からみてこの「検注」は、今時の幕府への注進のために守護が在庁官人に命じて実施したものである可能性が高い。ところが、それは守護方が必要とする「惣田数」や地頭御家人情報を欠如させた「定田」のみを記したものであったため、十分に依拠し得るものではなかったのではないか。そのため「公郷分」の田数は「惣田数」が記載される「建保六年検注田数」＝承久以前の国検注目録に依拠して、「先」＝まずは先んじて「守護所沙汰」＝守護所の判断で幕府に注進することとなった、と考えてみたい。

また井上が主張する荘園の「検注」の是非は、果たして荘園のみの一国惣検注に現実性があるかを問えば十分だろう。建保・貞応ともに荘園は、提出文書の書面調査のみだったのではないだろうか。よって田数に問題が発生し得るのはむしろ「公郷分」の方である。

かかる貞応帳簿作成をめぐる経緯は、承久の乱を契機とする幕府の西国国府に対する支配深化の結果として、B型が地頭御家人役賦課台帳のみの単機能から、国検注目録も兼ねる複合帳簿へと展開していく過程を示している。またそれは、帳簿作成に際して国府・幕府双方が必要とした情報の差違をも暗示するのではないか。少なくとも、従来A型から派生するB型とされた帳簿群が国検注目録に基礎を置くものであったこと。また幕府の国府掌握の深度に応じて、かなり多様な実態を有するものであったことは疑いないであろう。

おわりに

「大田文」帳簿群は、国検田目録の性格を継承して成立する国検注目録を軸とした。その他は、それをもとに作成された一国平均役目録や、その数値を援用して幕府が作成した地頭御家人役賦課目録。さらには幕府の国府掌握の深化にともない登場した複合帳簿など、機能と成り立ちとを異とする多様な帳簿であった。

そして鎌倉時代には、それを一括して大田文と捉える観念は定着していなかった。表1の帳簿名は基本的には帳簿自体の記載からつけたものである。それが示すように第一次作成時には大田文ではなく、具体的機能に即した多様な呼称がなされていたと思われる。これに対し大田文という呼称は、後世の書写・整理時の端書・端裏書にばかり現れる。幕府法に大田文の語が用いられるのも室町幕府からである。[35]よってもともとは、各帳簿はその機能の多様性のままに呼称・運用されていたと思われるのだ。

ところが室町期にはこれらを大田文として一括し、その荘・公田数を「公田」とみなして段銭を賦課する体制が確立するに至った。[36]そしてこの間に位置するのが大田文という語の初見、『吾妻鏡』が編まれる鎌倉後期なのである。そこで想起されるのが、異国合戦遂行体制の構築を目的として「弘安年中被召諸国田文」[37]れたという歴史的事実であろう。それは幕府軍役賦課の有無を基準に諸所領を武家領と本所領とに区分・再編していくためのものだった。[38]そのなかで利用可能なあらゆる帳簿が「田文」として集成され、その記載田数を援用しつつ「且注分地頭・御家人、且又尋明領主之交名」[39]という作業が進められていったのだろう。

これは既存の帳簿を本所領・武家領の弁別という新基準によって読み替えつつ再利用するという、事実上は新種の帳簿群作成作業というべきものだ。たとえば紀伊国三上荘勢田郷の「由緒」は、ただ「被補地頭」らるべきか否かという一点でのみ問題とされている。[40]また現存帳簿の多くに改変の痕跡があることも、それを暗示しよう。

つまり鎌倉後期からの荘園制と収取体系の再編が賦課台帳のあり方をも大きく変えていくなかで、大田文概念が萌芽したのではないだろうか。室町幕府が公・武双方の国家的諸役を一元的に再編・掌握した体制と、そこに基礎を与える大田文の確立は、その先に見通されるものなのだ。田沼睦は「公田は、大田文記載田数という新たな概念として、室町幕府によって再生された」と指摘した。[41]それになぞらうなら「大田文」帳簿群そのものも、室町幕府が大田文として再生したといえるだろう。[42]

註

（1）石井進「幕府と国衙の一般的関係」（同著『日本中世国家史の研究』岩波書店、一九七〇年。原型初出は一九五七年）。

（2）たとえば別名論・郡郷制論は坂本賞三著『日本王朝国家体制論』（東京大学出版会、一九七二年）。荘園公領制論は網野善彦著『日本中世土地制度史の研究』（塙書房、一九九一年）。公田体制論は田沼睦著『中世後期社会と公田体制』（岩田書院、二〇〇七年）。

（3）石井進「院政時代」（歴史学研究会・日本史研究会編『講座日本史2　封建社会の成立』東京大学出版会、一九七〇年）。延久荘園整理令（「百巻本東大寺文書二四」平一〇三九）には「或諸庄薗所在領主、田畠惣数、慥注子細可経言上」とある。これを石井は「大田文の作成と類似の作業」と評価して「大田文の製作を院政時代からと考える際の傍証となしうる」とみた。だがその関心が荘園にのみ集中していることには注意を要する。むしろこれは後述のように、佐藤泰弘「国の検田」（同著『日本中世の黎明』京都大学学術出版会、二〇〇一年。初出は一九九二年）が指摘する「検注」の特質に相当する。よってこれがA型大田文の作成を指すとは考えがたい。石井の論は荘園公領制・一国平均役の成立が院政期であるならば、大田文の成立も院政期であるはずだという理論的要請が勝ったものだ。

（4）たとえば前掲註（2）坂本著書の所領秩序復原は、大田文を一国の所領秩序を完全に示すものとみなすことで成り立っている。だがそれは作成目的に即して所領秩序の一面を切り取ったものだ。

（5）錦織勤「大田文の重層型記載と並列型記載――常陸国の二つの大田文を事例に――」（同著『中世国衙領の支配構造』吉川弘文館、二〇〇五年。初出は一九七八年）、誉田慶信「大田文と国衙領の所領構成」（同著『中世奥羽の民衆と宗教』吉川弘文館、二〇〇〇年。原型初出は一九八〇年）。

（6）工藤敬一著『荘園公領制と内乱』（思文閣出版、一九九二年）、海老澤衷著『荘園公領制と中世村落』（校倉書房、二〇〇〇年）。

（7）清水亮「鎌倉幕府御家人役賦課制度の展開と「関東御領」」（同著『鎌倉幕府御家人制の政治史的研究』校倉書房、二〇〇七年。原型初出は二〇〇二年）。

（8）前掲註（3）佐藤論文。なお佐藤は利田の登場とともに「領主権の帰属を明らかにする」目的が導入されたことも強調する。だが後述のように一二世紀の諸目録は領有権ではなく公田官物率法に即した記載順序を採用している。領主権調査という性格の確立は、帳簿の様式にも変化が生じる建久図田帳以降ではないだろうか。

（9）久安五年六月一三日伊賀国目代中原利宗・東大寺僧覚仁重問注記（「京都大学所蔵東大寺文書」平二六六六・二六六七）。

（10）富澤清人「検注と田文」（同著『中世荘園と検注』吉川弘文館、一九九六年。初出は一九九一年）。

（11）斉藤利男「中世的年貢体系と百姓の「一味」」（『国史談話会雑誌』二二号、一九八一年）、勝山清次著『中世年貢制成立史の研究』（塙書房、一九九五年）。

（12）前掲註（11）斉藤論文、前掲註（11）勝山著書。ただしその地域差は大きく、これはあくまで大局である。

（13）「東寺百合文書ユ」鎌九四二二。

(14) 前掲註(1)石井論文。
(15) 網野善彦「荘園公領制の形成と構造」(前掲註(2)同著書。初出は一九七三年)が院政期の大田文として挙げた諸史料は、石井進「院政時代の伊賀国大田文断簡」(『史学雑誌』八八編九号、一九七九年)が検田・検注帳や進未注文であることを指摘している。またそこで石井が大田文断簡として紹介したものも、「勅旨田」「院御庄出作」「公分」など公田官物率法に即した記載秩序となっている。よってこれは国検田目録であろう。
(16) この訴訟では当初は田数そのものが問題にされていた。だが康和元年検注田数の遵守が合意されてからは、出作田の官物率法と梁瀬村帰属に争点が移っていく。その結果帳簿の記載田数もほぼ固定するが、国検田目録は受領交替とともに更新された。よって田数固定と帳簿自体の恒久化とは区別せねばならない。
(17)「東大寺文書四ノ二」『伊賀国黒田荘史料』第三八二号文書。
(18) 前掲註(3)佐藤論文。
(19) 仁安元年の伊賀守は長寛二年六月(同年七月二三日官宣旨「東南院文書五ノ一四」平三二九二)から仁安二年五月(『山槐記』同年月二七日条)の間に在任が確認される藤原資康である。その初見の官宣旨は、資康からの初任整理令申請に応えたものである。よって初任検田ないし検注は、それにともない実施されたと考えられる。
(20)「根津美術館所蔵文書」平二〇五八。
(21)「百巻本東大寺文書七」鎌二二四三。
(22) 美濃晃順「能登国田数目録に就て」(『地方史研究』三二号、一九五八年)。
(23) 前掲註(10)富澤論文。
(24) 井上寛司「貞応二年石見国惣田数注文の基礎的検討」(『山陰史談』一八号、一九八一年)。
(25) 鴨志田昌夫「常陸国弘安二年「作田惣勘文」の一考察」(同著『古文書を聴く　鴨志田昌夫歴史論文集』あずさ書店、二〇一六年。初出は一九七一年)。
(26) 前掲註(5)錦織論文。
(27) 工藤敬一「高良宮造営役と筑後の荘園公領――歴博所蔵新史料の紹介――」(同著『中世古文書を読み解く

──南北朝内乱と九州──』吉川弘文館、二〇〇〇年。初出は一九九三年）。
(28) 同年八月二〇日沙弥某等連署施行状（「河上神社文書」鎌一七九八六）。
(29) 正和三年一〇月一六日鎮西御教書案（「実相院文書」鎌二五二六四）。「充課国中」と「被配分」の違いは、一国平均役と国領のみへの賦課との違いを意味する可能性もある。
(30) 文治五年九月一四日条の「奥州羽州両国省帳田文已下文書」の「田文」も、国検注目録を指していると考えてよいだろう。
(31) 前掲註（6）工藤著書、前掲註（6）海老澤著書。建久図田帳群は、帳簿上の操作で田数が確定されたとされている。前述のように、それも中世検注の本来的特質だろう。
(32) 前掲註（24）井上論文。
(33) 田中稔「承久京方武士の一考察──乱後の新地頭補任地を中心として──」（同著『鎌倉幕府御家人制度の研究』吉川弘文館、一九九一年。初出は一九五六年）。
(34) 佐藤進一著『増訂鎌倉幕府守護制度の研究──諸国守護沿革考証編──』（東京大学出版会、一九七一年）。
(35) 室町追加法一一二条。
(36) 田沼睦「中世的公田体制の成立と展開」（前掲註（2）同著書。初出は一九七〇年）。
(37) 永仁七年正月二七日関東下知状案（「薬王寺文書」鎌一九九三四）。
(38) 高橋典幸「荘園制と武家政権」（同著『鎌倉幕府軍制と御家人制』吉川弘文館、二〇〇八年。初出は二〇〇二年）。
(39) 弘安八年二月二〇日関東御教書案（『薩藩旧記六』「権執印文書」鎌一五四三六）。
(40) 前掲註（37）文書。
(41) 前掲註（36）田沼論文。
(42) 室町期の大田文は確かに段銭賦課台帳として運用された。それと段銭の系譜的起源としての一国平均役とを直線的に結びつけたところに、「大田文」帳簿群本来の性格を過度に一国平均役目録に引きつけてきた一因があるのではないか。

第五章　建久八年図田帳群と本所領・武家領

はじめに

第四章では国検注目録・一国平均役目録・地頭御家人役賦課目録などの機能が異なる多様な帳簿が、軍役勤仕の有無を基準とする武家領・本所領弁別という鎌倉後期の荘園制と収取体系再編のために再利用されたことを明らかにした。また、その先に展望される室町幕府体制のもとで、これらの帳簿は段銭賦課の基礎帳簿として同質化して大田文という概念が確立することを見通した。これを踏まえて本章では九州をフィールドに、かかる過程をより具体的に把握することを課題としたい。

井上聡は宇佐宮領を主な素材に、本所領・武家領の弁別を進めた鎌倉後期の神領興行が室町期の荘園制の前提となったことを論じている(1)。ならば九州はその先行地域として本章の格好の素材となるだろう。そこで具体的には、建久八年図田帳群の位置を中心にして検討を行いたい。

治承・寿永の内乱によって変動した所領秩序を再確定したこの帳簿群は、中世を通してその枠組が規定性を有したことが明らかにされている。(2) しかし、かかる枠組が建久図田帳という帳簿群に由来すること。ひいては建久図田帳そのものの規範性といったことが、鎌倉時代の九州社会で主観的にも認識されていたか否かは、その客観的な規定性とは別の次元の問題だ。

鎌倉期には各国で必要に応じて、様々な一国田数目録が作成された徴証がある。ところがそれが完全な状態で残存する例は、原則として各国一点に限られるのだ。(3) それは多様な帳簿のなかからその一点が規範性を獲得して、大田文になったことを暗示しよう。だがこれまでは、その過程や理由は明らかにされてこなかった。

そこで本章では建久図田帳の運用姿勢やそれを取り巻く認識の推移を論じることで、かかる課題に迫ってみたい。

一　領有権訴訟・御家人役と図田帳

酒井紀美は播磨国矢野荘を例に、室町期には大田文に記載された「公田」が領域支配権を体現し、武家領主もそれを積極的に訴訟に挙示するに至ることを明らかにした。(4) では、かかる事態は何時頃まで遡り得るだろうか。管見の限り、鎌倉期に「大田文」帳簿群が領有権訴訟の挙証とされた事例は一例を除く全てが九州に集中する。(5) それらを年代順に整理したのが**表1**である。

まず宝治元年（一二四七）の①は、鮫島氏が領家新田宮の訴えにより薩摩国阿多郡北方を失う結果となる著名

表1　九州領有権等訴訟のなかの図田帳

No.	年	論所	訴人	論人	挙証の図田帳	法廷	出典
①	宝治元（1247）	薩摩国阿多郡北方	新田宮所司神官等	鮫島家高	建久8年図田帳	関東	新田神社文書（鎌6890）
②	弘安6（1283）	肥後国球磨郡永吉名	平河良貞・師時	預所代官	建保4年図田帳	関東	平河文書（鎌14898）
③	正応2（1289）	肥後国球磨郡永吉名	平河良貞	預所代官	建久8年・建保4年図田帳	関東	平河文書（鎌28298）
④	永仁5ヵ（1297）	筑後国竹野新荘	守部道盛	領家	建久8年図田帳	鎮西ヵ	生桑寺文書（鎌19471）
⑤	嘉暦4（1329）	豊後国玖珠郡帆足郷	帆足義鑒	飯田道一	建久8年・建保4年図田帳	不明	醍醐寺文書（鎌30703）
⑥	元徳元（1329）	薩摩国日置北郷吉利名	下司真忠	地頭島津宗久	建久8年図田帳	鎮西	伊作家文書（鎌30748）
⑦	正慶元（1332）	大隅国禰寝院南俣	国執行兼拒捍使	地頭兼郡司清成	建久8年図田帳	鎮西	祢寝文書正統系図（鎌31935）

〔備考〕
⑤：論敵の嫡庶関係主張を否定するために「通家飯田郷惣領之段、建久八年・建保四年図田帳注進分明也」という用い方をしている。
⑥・⑦：この2件のみ、論人側挙証として図田帳提出。

な相論の裁許に関わるものだ。その論点は多岐に渡るが「建久八年惣図帳」に触れるのはこの前欠裁許状の現存冒頭、地頭給田三丁三段の存否を問う部分である。そこでは鮫島家高は領家側への反論として「康和紛失状・建久図田帳事、依為往昔、不知及之」と述べている。領家の掲げる「建久図田帳」など知りもせぬ死せる帳簿であり、検討するに値しないと言い放っているのである。図田帳も踏まえて領家勝訴の裁許が下されている以上、これは不利な証拠を否定するための一方的主張ではある。だがそれが通用すると考えた背景には、この頃の九州地頭御家人は建久図田帳に馴染みがないという実態があったのではないか。

これに対して鎌倉後期に属する②以降の事例からは、主に地頭御家人自身が図田帳を積極的に挙証として採用・主張する、室町期につながるあり方が窺える。そしてここからは、諸帳簿のなかでも建久図田帳群の位置が卓越するものであったことも明らかだ。ただし

②・③・⑤のように肥後・豊後両国では、それとともに建保四年（一二一六）図田帳も挙示されていること。特に肥後国球磨郡永吉をめぐる地頭平河氏と預所との訴訟として連続性のある②・③では、当初は建保四年図田帳のみが挙証されていたことは無視できない。

そこでまずはその経緯を整理しておこう。(6) 永吉は文治三年（一一八七）に平河師高が安堵を受けて以後、地頭・名主職を有してきた。一方、預所職は建久三年（一一九二）に大江広元が得、元仁二年（一二二五）にその外孫・近衛中将実春に受け継がれた。ところが建長三年（一二五一）に至り預所方が地頭・名主職の押領を企てる。そこで平河良貞が幕府法廷に訴えたものの、文永二年（一二六五）に「被成非分御下知於羽林方」れるという事態に陥った（Ｉ本訴）。そこで良貞・師時兄弟は越訴を試みる。これが幕府の容れるところとなって弘安六年（一二八三）七月に平河氏の権利を認める裁許が下された（Ｉ越訴、表1―②）。この後この裁許は「不易御下知」として平河氏側に重視されていくようになる。

その結果、近衛中将実春は権利を喪失したらしく、同年一〇月に預所職には少弐景資が補任された。さらに弘安八年岩門合戦での景資滅亡の後、翌九年に預所職は「備前々司入道殿」なる人物に与えられる。(7) だがこの新預所によって、またもや押領の危機に至ったのだ。そこで正応二年（一二八九）に良貞らが訴え出たものの「奉行越中次郎郡連」と預所代官行性との「引級」により、「不易御下知」を無視した預所勝訴とする裁決が下ってしまう（Ⅱ本訴、表1―③）。

これに対して永仁年中（一二九三～九九）、良貞・師時の兄弟と思われる道照等が再び越訴を試みた。この越訴請求は正安二年（一三〇〇）の越訴方廃止の後は得宗方に可否判断が引き継がれ、「為理運越訴」とされて明石民部大夫行連を奉行とする二番引付に係属される。その結果、元亨元年（一三二一）五月に「行連返答」を得たものの、それは意に反して「不及理非御沙汰」というものであった（Ⅱ越訴）。そこで翌年道照が反論を試みたものが、元亨二年申状（Ⅲ申状）である。

それでは一連の訴訟のなかで、図田帳はどのように登場してくるのだろうか。まず注目すべきは「行連返答」のなかで、建久八年・建保四年両図田帳に言及した「建久・建保図田帳、承久・暦仁目録等者、雖有地頭所見、不審之上、文永二年相論之時、不進覧之」という部分である。両図田帳がⅠ本訴では挙示されなかったというのだから、Ⅰ越訴にみえる建保図田帳はそこで初めて、そこではみえない建久図田帳はⅡ本訴以降に挙げられたということになる。

また道照はこの指摘に「而披（彼カ）帳等者非私状、依被置国衙可被召之由、就申之、当越訴之刻、長田左衛門尉奉行之時、仰鎮西被召正校案畢」と反論する。道照は越訴の過程で手持ちの要録は「私状」ではないとして国府保管の正文との照合を求めた。そこで引付は鎮西探題を介して正文を取り寄せ確認をしたという。これは平河氏所持の要録が、そもそも国府保管の正文の転写であることを暗示しよう。平河氏はⅠ本訴の敗訴を経た後に、図田帳の存在と証拠能力を新たに認知した。そこで建保・建久の要録を順に入手していったと考えられるのではないか。

ここでⅠ本訴と建保のみが挙示されたⅠ越訴との間のこととして想起されるのが、文永九年前半頃から本格化する異国警固体制の構築である。この時期幕府は九州に所領を有する東国御家人を順次下向させるのと並行して、九州諸国に対し「相催奉行国々御家人、可警固之由」を命じている(8)。特にこの警固役については全国的にも「田文」による田数・領主権の再確認が命じられていることからみて、平時の御家人役以上に、賦課に際して「田文」群が意識される状況が生じていたと思われる。平河氏と図田帳との接触の機会は、これを措いて他にはないだろう。[9]

そしてそれが建保図田帳であったことは、この番役等賦課がまさにそれに依拠したことを暗示する。これは現存史料による限り、肥後では最新のものである。ならば守護方は単にそれを使っただけかもしれない。少なくとも、この時点では建久図田帳が規範とされたわけではなかったのだ。

ところが、しばらくすると建保図田帳の権威低下と建久図田帳の規範化をもたらす転換が生じることになる。次の史料をみてみよう。[10]

薩摩国田文事、前々雖令注進、不子細歟、神社仏寺国衙庄園関東御領等、且注分地頭・御家人、且又尋明領主之交名、来十月中、可令注申之状、依仰執達如件、

弘安八年二月廿日　　左馬権頭在御判

陸奥守同

島津下野前司跡

弘安七年の神領・名主職興行令にもとづき幕府は三名の徳政御使を下向させ、大友頼泰・島津盛宗・少弐経資の三守護とともに同八年前半の間職務に当たらせた。これはその際に諸国「田文」が集成・参照されたことを示[11][12]

すものだが、ここでは「前々雖令注進、不子細」だったことに着目したい。この「前々」の「注進」とは、前述の文永九年以降の異国警固諸役賦課に関連するものだろう。だがその際の「田文」では「地頭・御家人を注し分け、かつまた領主の交名を尋ね明らめる」には不十分なため、さらなる精査が求められたのである。

現存するのは薩摩が対象の本文書だけだが、豊後の同年九月付目録はこの調進命令に応じたものである。[13]よって同様の精査は九州全域で行われただろう。そしてそのなかで、鎌倉初頭の秩序を確定した帳簿群としての建久八年図田帳群の歴史的位置が再発見されて、興行訴訟では統一的規範とされるに至ったとは考えられないか。また肥後に即せばそれは同時に、以前に注進されたが不十分だとされた建保図田帳の立場を失墜させるものだったのだ。[14]

ところでⅢ申状によれば弘安六年のⅠ越訴後には、その勝訴を受けて永吉を独占しようとした惣領家の良貞・師時と庶子たちとの相論が発生して「於宰符面々番訴陳」えたという。その時期は特定できないが、この訴訟が徳政御使の活動期間に重なった可能性は低くない。Ⅱ越訴では前掲史料のように「長田左衛門尉奉行」のもとに図田帳正文が引付に取り寄せられた。彼は徳政御使の一人だった長田教経その人だ。一般に幕府訴訟の担当奉行を訴人が指名することはあったから、これは彼が過去の経緯を知ることを期待して、道照が指名したのかもしれない。またその経緯には、建久図田帳入手に関することも含まれていたのではないか。

それを傍証するのが表1のように、九州御家人が建久図田帳を挙証としたのは全て弘安八年より後だという事実である。建久図田帳は神領・名主職興行によって規範性を獲得した。それを取り巻く状況のなかで、九州御家人もそれを挙証として求めるようになる。こうして建久図田帳は他の図田帳類を圧倒して、ひろく九州社会に認知されていったのだろう。

二　一国平均役と図田帳

前節では領有権訴訟や軍役賦課のなかでの建久図田帳群の位置の変遷をみた。次に一国平均役賦課のなかでのその位置を検討しておこう。九州におけるその代表は、宇佐宮三三年式年遷宮造営役である。これは九州以外の伊勢役夫工米と対に位置づけられるものだ。(15)それに関して建久図田帳が登場する事例は管見の限り、正中二年（一三二五）四月五日鎮西下知状(16)のみである。だがそこから知られる論点は、史料点数の欠を補い得るものだ。これは金剛三昧院領・筑前国粥田荘の負担田数を六八〇丁とする在庁と三五〇丁とする寺家雑掌との訴訟について、ⓐ寺家雑掌の主張、ⓑ在庁の主張、ⓒ「元亨三年十二月廿五日鎮西下知状」、ⓓ「去年十月十三日関東御教書」の順に要約したうえで、三つの論点に渡って裁許を下したものである。まずは訴訟の経緯を整理しよう。

そもそも訴訟のきっかけは、国府が発給した元亨二年七月二〇日付「切符」に六八〇丁とあるのを不服とした寺家雑掌が、鎮西探題に提訴したことにあったようだ。その裁許がⓒである。その際、寺家側は「嘉禄二年・建長八年関東御使請取、正嘉元年・正応三年過書」を三五〇丁の「済例」として挙げている。だがそれを鎮西法廷は「髣髴之案文」と判断し、在庁側の掲げた「建久図田帳・正応二年納帳・去年七月廿日国衙切符」に依拠して六八〇丁分の弁済を命じる判決を下した。

これを不服とした寺家は領家から関東に交渉を試みた。その結果がⓓである。だがそこでも寺家の提示した

「嘉禄・建長請取状」は「非社家返抄」ざるゆえ「相当彼田数否不分明」とし、「去年成敗」つまりⓒのとおり「任建久図田帳」せて寺家に究済を命じたのだった。

このように訴訟開始以来「済例」によって主張を展開する寺家に対して在庁は「建久図田帳」を前面に押し出して反駁し、その結果在庁勝訴の判断が下されてきた。そこで寺家側は新たな戦術を採用する。それは敵が挙証とする「建久図田帳」を自らも採用したうえで、その記載田数の解釈をめぐって異論を構築するというものだった。

「図田帳」の粥田荘惣田数六八〇余丁は「本庄」八〇丁と「加納」六〇〇余丁の合計であり、「加納」に有木五〇丁・野母八〇丁・感田六〇丁・楠橋二〇〇余丁の計三九〇丁も含まれる。この「加納」全六〇〇余丁について「当国分弐百八十五丁、豊前方陸拾伍町」というのが「済例」たる三五〇丁であった。ところが在庁は有木・野母・感田・楠橋計三九〇丁を粥田荘とは「云本家、云地頭、…各別」とみなし、それを除外したものとして粥田荘六八〇丁への賦課をなそうとしている。だがこの四箇所を粥田荘に含まないと「図田帳」の鞍手郡惣田数と矛盾が生じるのだから、在庁の主張には理がないというのだ。

これに対し在庁は「図田帳」の解釈には触れることなく、新たに持ち出した「建久四年造営用途支配状」と「康元々年・弘安十年同切符」によって、問題の四箇所が粥田荘六八〇丁には含まれぬ、領主を別とする所領たることを主張した。だがこれが在庁にとって仇となる。鎮西探題は田数解釈では寺家側の主張を認めたうえで、康元元年（一二五六）一二月一六日関東御教書の住吉社領を傍例に寺家を勝訴としたのである。それは「建久造営時記録所徴下状」による催促に異を唱えた神主政康の訴えが、「図田帳」を基準とすべしと決着したものだった。そして「支配状・切符」＝「建久四年造営用途支配状、康元元年・弘安十年同切符」を持ちだして寺家の主張に抗した在庁の陳述を、これに抵触したものとみなしたのである(17)。

以上の経緯からは一応は、在庁は「建久四年支配状」やそれに準じた「切符」と、「建久八年図田帳」という田数・領主記載が相違・矛盾する二つの基準を都合よく使い分けてきていたものと理解できる。だが「図田帳」を挙証としながら、実はその理解は寺家の反論を許す程度の表層的なものに過ぎなかったこと。両基準間の相違・矛盾に無頓着であったことからは、明確な規範意識の存在自体を怪しむべきかもしれない。実際には、蓄積された「切符」の踏襲が曖昧に賦課・徴収実務を支えており、「支配状」や「図田帳」は場当たり的に訴訟に持ち出されただけという可能性もあろう。

いずれにせよ、宇佐造営役賦課に関しても建久図田帳群は確たる規範ではなかったのだ。ただしこの訴訟での幕府は、常に建久図田帳にもとづく側を勝訴としている。またそれは遡って康元元年にも、建久四年済例との矛盾克服を念頭に置きつつ示されていたものだった。つまり幕府としては、鎌倉期を通して建久図田帳に規範性を期待していたといえるだろう。一方、前節でみたようにそれは御家人役賦課のうえでは、弘安八年頃まで忘却されていたのである。

ところで建久八年図田帳群は薩摩図田帳に「右、件図田注文、去文治年中之比、依豊後冠者謀叛、彼乱逆之間、被引失畢、仍大略注進如件」とあるように、即物的には内乱による各国帳簿焼失を補うものだった。またその詳細な内容から、それは内乱で流動化した所領領有秩序を再確定したものとされている(18)。だがそれはなぜ内乱直後ではなく、建久八年に至ってようやく作成されたのだろうか。

海老澤衷は後白河院政期に形成された複雑な所領枠組のあり方が、直ちに荘郷地頭を設置するのを阻んだことを指摘する。[19] それに加えて着目すべきは、建久四年宇佐宮造営のあり方だ。それは記録所を頂点としながらも、幕府に支えられつつ大宰府・各国国府を動かしたものだった。[20] またそれは、よるべき田数帳簿が失われ、内乱による秩序の変動も生じた状況のなかで進めざるを得なかった。そしてそのなかでは、徴収に応じぬことを理由とする所領接収も進められたのである。[21]

鎮西奉行・天野遠景の権限行使の終見は建久四年八月、筑後上妻荘の地頭職補任施行。[22] 次いで同六年三月には頼朝の在京に供奉しているから、[23] その間に鎮西奉行を解任されたと推定される。[24] それも造営役賦課・所領接収をめぐる軋轢によるのではないか。

つまり建久四年宇佐宮造営こそ秩序確認・変更自体の動因であり、また新秩序をまとめた国別帳簿の作成を促す契機であったと考えられる。それが宇佐造営役と御家人役での、幕府の姿勢の違いにも影響したのではないだろうか。

三　本所領・武家領弁別と「公方」

このように建久図田帳は、宇佐造営役賦課では意識されつつもなかなか実際の規範とはならず、また御家人役賦課では忘却されていたものだった。だが弘安八年神領・名主職興行を機に再発見されて、本所領・武家領の弁別基準となった。井上聡はこの神領興行を、正応二年に迫った宇佐宮造営を念頭に発令されたと推定している。[25]

これを踏まえると、そのなかで建久図田帳が着目された要因は九州の所領体制を規定したことだけでなく、それが宇佐宮造営と深く関係するものであったこととも考えられる。

そしてこれを経て宇佐造営役・異国警固番役は、ともに国家的課役として本所領・武家領双方に賦課されるものとなる[26]。またその基準となったのも、建久図田帳であったのだ。さらにその射程は宇佐造営役だけではなく、他の一国平均役にも伸びていく。第四章でみたように正和三年（一三一四）には、肥前河上社造営も建久図田帳による一国平均役とするか否かが論じられていたのである。

これは武家領知行の九州御家人にとっては、宇佐造営役が異国警固番役と同様に直接負担すべき役となったことを意味している。一般に一国平均役はその所領において所務を掌握する者の負担とみなされており、地頭御家人は必ずしもその立場にありはしなかった。たとえば弘安九年の備後国大田荘での役夫工米賦課は「付配符於地頭之処、全非地頭所務之地、称為一向領家進止之由之間」という結果になっている[27]。造宮使による地頭への賦課は、「所務」権が領家にあることを理由に拒否されたのだ。

ところが元亨二年の越後国白河荘上条での役夫工米賦課に際し「惣領代平連資」が「任自惣領方切符、可令沙汰之由、大使方返答之間」と述べたように[28]、鎌倉末期には御家人自身が一国平均役をも惣領制を通して負担する事態が生じている。また高橋一樹は幕府直轄領の荘務体制がその他の御家人所領にも波及するという観点から、本所年貢を軸に地頭御家人が所務権者となっていくことを明らかにした[29]。前述の備後国大田荘の事例も、造営使には地頭が一国平均役を収めるのが常識化していたことを暗示する。このように鎌倉末期までには東・西を問わず、地頭御家人は年貢・一国平均役をともに直接負担する所務権者となったのである。

そもそも一国平均役は有力権門の場合、各国の荘園を一括した京都での徴収・免除が行われていた[30]。また散在所領を全国に持つ東国御家人の御家人役も「御家人の家毎にその所領の総計を算出した御家人交名の如き帳面」が用意され、それにもとづき鎌倉で徴収されていた[31]。どちらの場合も国別の帳簿は集計の基礎データに過ぎず、また国府や守護による現地での徴収が一国単位で貫徹していたわけではないのである。

ところが一国平均役に関しては、鎌倉後期になると有力権門の荘園ですら現地での守護の関与が深まった[32]。またその負担者となった武家領の地頭御家人も、当然に守護からの催促を受けることになる。ただしそのなかでも東国御家人の御家人役の鎌倉での徴収は、いまだ維持されていたかもしれない。ところが九州では異国警固体制構築と神領・名主職興行を経て、一国平均役・軍役ともども守護によって国別に催促・徴収されるに至ったのだ。そこでは下向後の東国御家人に対しても、異国警固は「従守護之催」えとされている[33]。

それを象徴するのが表2に整理した、鎌倉末期に特に九州御家人の譲状に現れるようになる「公家・関東御公事」文言である。このうち詫磨氏関係の譲状群を室町期まで通覧すると、弘長二年（一二六二）などの「関東御公事」[34]↓弘安一一年からの「公家・関東御公事」（表2―①）↓応永一一年（一四〇四）からの「くはうの御くうし」[35]という変遷をみいだせる。このように武家が公家と国家的所課の賦課主体として併存するようになり、それが「公方」へと収斂していくことは、これまでも中世の「公」概念や公権力の形成・再編という視座から着目されてきた[36]。一方で、これらの文言を地頭御家人の側から捉え直した場合、武家軍役と一国平均役とが、負担の質と賦課体制において一元化していく事態を反映しているとも評価できるだろう。

室町期には「公方」たる室町殿を頂点とする室町幕府―守護体制が、大田文にもとづき全ての所領荘園に国家

表2　鎌倉期譲状にみる「公家関東御公事」文言

No.	年月日	公事文言	譲与関係	譲与対象	出典
①	弘安11.4.25（1288）	但公家・関東御公事等者、随分限、舎弟等に令配分、可令勤仕之状如件、	詫磨時秀→頼秀	肥後国神蔵庄地頭下司職、諸名田、筑前国志登社地頭職等	詫摩文書（鎌16583）
②	正応元.12.5（1288）	くけふけより御やく《(む脱)》さたなく、みくふしにをいてハ、せんれいにまかせて、さたをいたすへく候、	深澤有経→信経	甲斐国井澤村内、安芸国三入庄安芸町村地頭職・公文職・惣追捕使職等	小早川文書（鎌16822）
③	正応5.4.7（1292）	京都・関東御公事者、任御公事足田数、自惣領令支配者、可勤之、	和泉保道→保在	薩摩国和泉新庄惣領職内田畠在家・山野等	薩藩旧記（鎌17869）
④	正応6.7.20（1293）	至　公家関東御公事・異国警固番役者、随惣領所勘、可致沙汰、	相良頼氏→頼秀	肥後国多良木庄多良木村	相良文書（鎌18262）
⑤	正安3.12.20（1301）	公家関東御公事番役以下合戦事、可付惣領之手、不可有別旗、	志賀泰朝→貞朝・貞泰	豊後国大野庄志賀村内地頭職、筑前国三奈木庄勲功地等	志賀文書（鎌20929・30）
⑥	徳治3.2.1（1308）	於京都・関東御公事等者、任被仰下之旨、随嫡子并庶子等田畠分限、可致其沙汰、	忽那実重→性俊	伊予国忽那島名田畠并西浦惣追捕使職等	忽那文書（鎌23158）
⑦	元亨元.11.5（1321）	公家関東御公事等者、随所領分限、可令勤仕也、	志賀貞泰→熊毗沙丸	豊後国大野庄志賀村在家田畠等、同国安岐郷内屋敷、筑前国三奈木庄勲功地	志賀文書（鎌27896）
⑧	元亨3.2.10（1323）	相副公家・関東御公事、限永代、惣領彦四郎成幹に所譲渡也、	平岡家成→成幹	常陸国岩沢郷	税所文書（鎌28328）
⑨	元亨3.6.7（1323）	くけ・ふけの御くうし、ふさたあるへからす、	周布兼信→兼宗	石見国周布郷地頭職	萩藩閥閲録（鎌28426）
⑩	元亨4.2.13（1324）	きやうと・くわんとうの御公事においてハ、そうりやうのしはいニしたかい、田数の分けんにまかせて、きんしせしむへし、	三池員致→貞鑒・貞政・貞家	肥後国鹿子木西庄下村地頭職、筑後国三池南郷地頭職等、筑後国竹野東郷諸名、土佐国田村郷内筑紫分	三池文書（鎌28664）
⑪	正中3.3.7（1326）	公家・関東の御公事ハ、分限にしたかいて、よりあいてつとむへき也、	源勝→ふくとう丸	肥前国宇野御厨等国内諸所領	伊万里文書（鎌29375）
⑫	元徳2.7.11（1330）	於公家関東御公事・番役以下合戦事者、随所領分限、可令勤仕也、	志賀貞泰→熊毗沙房丸徳毗沙房丸	豊後国大野庄志賀村田畠等、同国安岐郷内屋敷等、筑前国三奈木庄勲功地	志賀文書（鎌31142・43）

的所課たる段銭を賦課するという体制が確立する。(37) 鎌倉後期の九州で進行した事態は、その早熟的なものだった。そこでは本所領・武家領弁別の結果を基盤にして、やがて「公方」観念も成立したとみることができるだろう。そしてそれを支えたのが、建久図田帳群だったのだ。

おわりに

本章では、多様な既存の国別田数帳簿のうちの一点が、本所領・武家領弁別の台帳への再利用を経て室町期の大田文に化す過程を、その早熟的展開がみられる九州をフィールドに検討した。

九州各国で大田文の地位を得たのは建久八年の図田帳群だった。建久四年の宇佐宮造営は、治承・寿永内乱後の幕府の軍政下で実施された。いまだ混乱を残すなかで行われたその賦課は、所領の没収・権利の確認の集中的な機会となっていく。それを契機に作成された図田帳群は内乱後の領有秩序を再確定し、中世九州の所領枠組を規定したのだった。

かかる作成経緯から、幕府はそれを宇佐造営役賦課の規範とみなしていく。だが国府による実際の賦課の基準は随時的なものであり、その規範性は貫徹しなかった。また御家人役賦課では建保四年など、必要に応じて作成された帳簿が用いられている。そこでは建久図田帳の存在は、なかば忘却されていたのである。そして室町期のような、図田帳を領有権の挙証として重視する動きも生じなかった。

ところが弘安八年の神領・名主職興行は、かかる状況を一変させることになる。そこでは以前に異国警固番役賦課に用いたものが不十分だったため、各国の「田文」を精査・注進させたのだ。その結果再発見された建久八年図田帳群は、規範性を得て権威を高めていったのである。

そして、それを用いた本所領・武家領弁別のうえに、それを基準に守護が幕府軍役と一国平均役とを賦課する体制が成立する。そのもとで武家領知行の御家人に公家・関東御公事と称された両賦課は、国家的賦課として同質化していった。さらに室町期には、それは公方御公事と称されるに至る。これは地頭御家人が年貢と一国平均役をも負担する所務権者になるという全国的動向を、やや先取りするものだった。

また地頭御家人も、神領・名主職興行や諸役賦課を契機に建久図田帳群の存在を認知していった。そしてそれを挙証に領有権を主張する事態が、やはり全国に先駆けて展開していくのである。

このように、再編された荘園制のうえに幕府―守護体制が特定の規範的帳簿によって公・武の国家的諸役を賦課するという体制は、室町幕府の大田文による段銭賦課体制の雛型である。そして九州では、特定の帳簿が規範性を獲得する過程を具体的に追えるのだ。

註

（1）井上聡「神領興行法と在地構造の転換」（佐藤信・五味文彦編『土地と在地の世界をさぐる　古代から中世へ』山川出版社、一九九六年）。

（2）工藤敬一著『荘園公領制と内乱』（思文閣出版、一九九二年）、海老澤衷著『荘園公領制と中世村落』（校倉書房、二〇〇〇年）。

（3）第四章でみたように常陸の弘安二年・嘉元四年、石見の建保六年・貞応二年、肥後の建久八年・建保四年、肥前の建久・嘉禄など。また本章でみるように豊後では訴訟の挙証として建久八年・建保四年の存在が確認できるが、残存するのは弘安八年のもの。加えて清水亮「鎌倉幕府御家人役賦課制度の展開と「関東御領」」（同著『鎌倉幕府御家人制の政治史的研究』校倉書房、二〇〇七年。原型初出は二〇〇二年）は幕府による作成徴証を整理している。それによれば播磨の嘉禎四年・建治二年、但馬の建治四年・弘安八年など。だが第四章の表1が示すように、完全な残存例は常陸を例外として各国一年次のみである。

（4）酒井紀美「南北朝・室町期の公田と農民――播磨国矢野荘を中心に――」（同著『日本中世の在地社会』吉川弘文館、一九九九年。初出は一九七六年）。

（5）弘安一一年正月日若狭谷田寺院主重厳言上状案（「谷田寺文書」鎌一六四九七）。なお鎌倉前期の伊賀国黒田荘関連訴訟では、平安期の国検田目録を援用した訴訟を確認できる。だがこれは平安期以来継続してきたものであるため、本章では考察対象から除外する。

（6）以下の叙述は弘安六年七月三日関東下知状案（「平河文書」鎌一四八九八）、（元亨二年）平河道照申状（「平河文書」鎌二八二九八）による。平河氏については小川弘和「中世球磨郡の在来領主と相良氏」（熊本学園大学論集『総合科学』二三巻一・二合併号、二〇一八年）参照。

（7）佐藤進一著『増訂鎌倉幕府守護制度の研究――諸国守護沿革考証編――』（東京大学出版会、一九七一年）は、この人物を豊前守護・名越宗長ではないかとする。

（8）鎌倉追加法四四七条。

（9）鎌倉追加法四四九条では駿河・伊豆・武蔵・若狭・美作諸国に対し、鎌倉での「田文」「欠失」を補うための調進を命じている。それは全国に渡って「且神社仏寺庄公領等、云田畠之員数、云領主之交名、分明」にするという作業のなかで発覚した問題といえよう。

（10）弘安八年二月二〇日関東下知状案（『薩藩旧記六』「権執印文書」鎌一五四三六）。

（11）鎌倉追加法五四四条、五六二条。

(12)　弘安八年付豊後国図田帳（「内閣文庫所蔵」鎌一五七〇一）冒頭に付された同年九月晦日大友頼泰申状に「豊後国荘公幷領主等之事、可委細注進言上由、今年二月廿日雖被成御書候、徳政之御使依下向、去正月以来、直人相共罷向博多候間、未尋究處、御使参洛候」とある。上横手雅敬「弘安の神領興行令をめぐって」（同著『鎌倉時代政治史研究』吉川弘文館、一九九一年。初出は一九七六年）参照。ただしこの申状は第六章で検討する、後の帳簿改作の際に挿入されたと考えられるものである。

(13)　前掲註（12）文書。

(14)　前掲註（3）清水論文は、建保図田帳が建暦二年の閑院内裏造営費を御家人役に転嫁するためのものだった可能性を指摘する。そうであればそれは全国で作成されており、以前に注進されたが不十分とされたのは肥後に限らず全て建保図田帳だった可能性もある。

(15)　田中健二「鎌倉幕府の寺社造営――宇佐八幡宮を中心として――」（川添昭二編『九州中世史研究　第一輯』文献出版、一九七八年）。

(16)　「高野山金剛三昧院文書」鎌二九〇七九。

(17)　前田英之「鎌倉期造宇佐営役の研究」（同著『平家政権と荘園制』吉川弘文館、二〇一七年）もこの訴訟を分析するが「建久遷宮時の済例（但し、田数のデータは建久遷宮直後に作成された建久図田帳に依拠）」が遵守されたと結論する。だが「建久四年造営用途支配状」の否定は建久済例の否定に他ならない。よって一貫して建久済例が規範だったという説も成り立たない。本章原型論文を参照していれば、かかる史料誤読は生じなかっただろう。

(18)　前掲註（2）工藤著書、前掲註（2）海老澤著書。

(19)　海老澤衷「九州における荘園公領制の形成と鎌倉幕府」（鎌倉遺文研究会編『鎌倉遺文研究Ⅰ　鎌倉時代の政治と経済』東京堂出版、一九九九年）。

(20)　前掲註（15）田中論文。

(21)　たとえば筑前国垣崎荘・粥田荘・羽生荘の地頭職。前掲註（15）田中論文参照。

(22)　同年月一七日藤原某下文案（「上妻文書」鎌六八一）。
(23)　『吾妻鏡』同年月一〇日条、一二日条。
(24)　石井進「大宰府機構の変質と鎮西奉行の成立」（同著『日本中世国家史の研究』岩波書店、一九七〇年。初出は一九五九年）、菊池紳一「鎌倉時代の天野氏について」（鎌倉遺文研究会編『鎌倉遺文研究Ⅱ　鎌倉時代の社会と文化』東京堂出版、一九九九年）。
(25)　前掲註（1）井上論文。
(26)　高橋典幸「鎌倉幕府軍制の構造と展開」（同著『鎌倉幕府軍制と御家人制』吉川弘文館、二〇〇八年。初出は一九九六年）。高橋は本所領・武家領という基準は軍役のみに適用されたと慎重な判断を下している。だが正応二年五月六日造大神宮所使右衛門尉兼定避状案（「鹿嶋神社文書」鎌一六九九五）では、役夫工米免除の基準は「社家方一円下地進止之地」か「地頭等下地進退之所々及公田分」かによっていた。鎌倉後期には一国平均役賦課基準にも、本所領・武家領の区分に即した動きが始まっていたと考えられよう。
(27)　弘安九年六月日造豊受大神宮神部陳状案（「高野山文書又続宝簡集一四二」鎌一五九一一）。
(28)　元亨二年三月七日越後白河荘上条役夫工米配分状案（「大見安田文書」鎌二七九七四）。
(29)　高橋一樹「荘園制の変質と公武権力」（『歴史学研究』七九四号、二〇〇四年）。
(30)　本郷恵子「朝廷財政の中世的展開」（同著『中世公家政権の研究』東京大学出版会、一九九八年。初出は一九九二年）。
(31)　海老名尚・福田豊彦「「六条八幡宮造営注文」と鎌倉幕府の御家人制」（福田著『中世成立期の軍制と内乱』吉川弘文館、一九九五年。初出は一九九三年）。
(32)　上杉和彦「鎌倉期国家財政に関する一考察──臨時公事用途の賦課と免除をめぐって──」（同著『鎌倉幕府統治構造の研究』校倉書房、二〇一五年。初出は一九九四年）、同「鎌倉期役夫工米の賦課と免除──中世前期国家財政の一側面──」（前掲同著書。初出は一九九五年）。
(33)　鎌倉追加法六〇〇条。

(34) 同年八月三〇日詫磨能秀所領譲状案（「詫摩文書」鎌八八六四）。
(35) 同年七月一八日詫磨満親譲状（『熊本県史料　中世篇　第五』「詫摩文書」第一六七号）。
(36) 古澤直人著『鎌倉幕府と中世国家』（校倉書房、一九九一年）など。
(37) 田沼睦「中世的公田体制の成立と展開」（同著『中世後期社会と公田体制』岩田書院、二〇〇七年。初出は一九七〇年）。ただし現在は段銭賦課などを幕府から直接受命する所領の存在が明確になった。よってかつて想定された、守護が国内領主の全てに段銭を賦課するような像は成り立たない。大藪海著『室町幕府と地域権力』（吉川弘文館、二〇一三年）、山田徹「「分郡守護」論再考」（『年報中世史研究』三八号、二〇一三年）参照。だがその地域編成の軸は守護であったことも間違いない。そこでここでの室町幕府—守護体制は、かかる領主をも幕府が捕捉することを含意した概念として用いておく。

第六章　豊後の「図田帳」と所領体制

はじめに

第五章では、九州では弘安八年（一二八五）前半の神領・名主職興行の際に「田文」の調進が求められ、それを契機に建久八年図田帳群が規範性を獲得して室町期の大田文となっていく過程を明らかにした。ところが豊後だけは興行業務終了後の同年九月付新造帳簿が調進されており、その写本が多く残る特異な地域となっている。しかもそれは在庁が作成した原型を残し表題を「注進状案」とする系列[1]と、残存数で優越する「図田帳」を表題とする系列[2]とに大別される。後者は守護大友氏が鎌倉末期に在庁諸職を掌握するなかで、自身の関与を打ち出すかたちに改作したと推定されるものだ[3]。

その一方、建久図田帳は宇佐宮・弥勒寺領の抜き書きと思しき断簡一点しか残らない[4]。それを踏まえると康正二年（一四五六）の内裏造営段銭の賦課基準である「図田帳[5]」も弘安八年付「図田帳」系列帳簿を指すとみるべきだろう。なぜ豊後だけは弘安八年に新造されて、しかも大友氏の改作を経たものが規範帳簿となったのだろうか。

それを考えるうえで示唆的なのが、建久年間の豊後では南九州と比べて幕府の荘園・国領把握は不十分であったという海老澤衷の見解だ(6)。ここからは、弘安帳簿は豊後の建久図田帳固有の不備を克服するものだったという見通しが立てられる。

そこで本章では、まずは鎌倉末期の一相論のなかに豊後の建久図田帳受容のさまを確認する。そしてその弘安帳簿との相克を析出することで、建久図田帳が誰にとってどう不備であったのかを見定めたい。また、それを踏まえて海老澤の指摘した建久年間の状態の理解をより深めることを試みよう。かかる考察を通して大友氏による豊後支配の課題・展開と、その帰結である「図田帳」の位置が浮かびあがってくるはずである。

一　玖珠郡大隈上・下村と帆足氏・大友氏

1　鎌倉末期の帆足・飯田間相論

豊後西部の玖珠郡は、大神一族に次ぐ地域勢力・清原一族が盤踞した地だ。また今己・小田・永野の和名抄郷は中世には山田・古後・帆足・飯田の各郷に再編されており、一一世紀末頃立荘の城興寺領・長野本荘と保延五年（一一三九）立荘の安楽寿院領・長野新荘とが入り組んで存在した(7)。そのうち帆足郷は、大分郡と接する郡北東部に位置している。なかでも図1のように、南接する飯田郷との境に近いのが郡衙の有力候補地でもある大隈

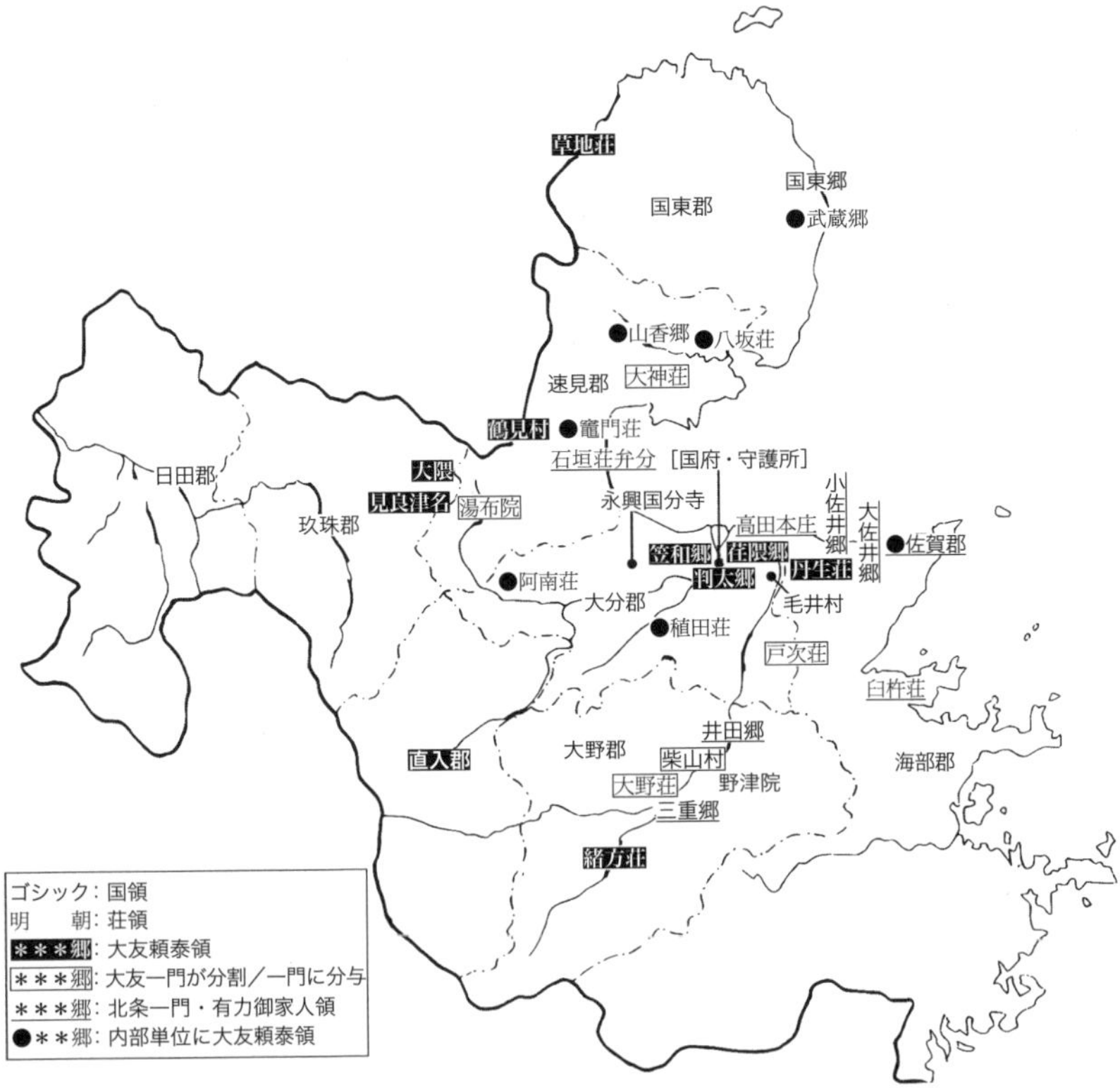

図1　豊後の荘園・国領（抜粋）

だ。

鎌倉末期、この大隈ではともに清原一族である帆足通勝（義鑒）と飯田道一との間に、その帰属は帆足郷・飯田郷どちらかという相論が展開していた。その唯一の直接的史料で、四問四答に際して通勝が提出した嘉暦四年（一三二九）八月日申状の案文[8]は前欠だが、建久図田帳をも挙証とする興味深いものである。そこでその主張を整理してみよう。

まず通勝は、正安年中に「大友羽州」の押領排除の下知を得た大隈は「守護領」ではなく「私領」だと主張する。また道一の挙証文書を逐一謀書とするなかで、保安

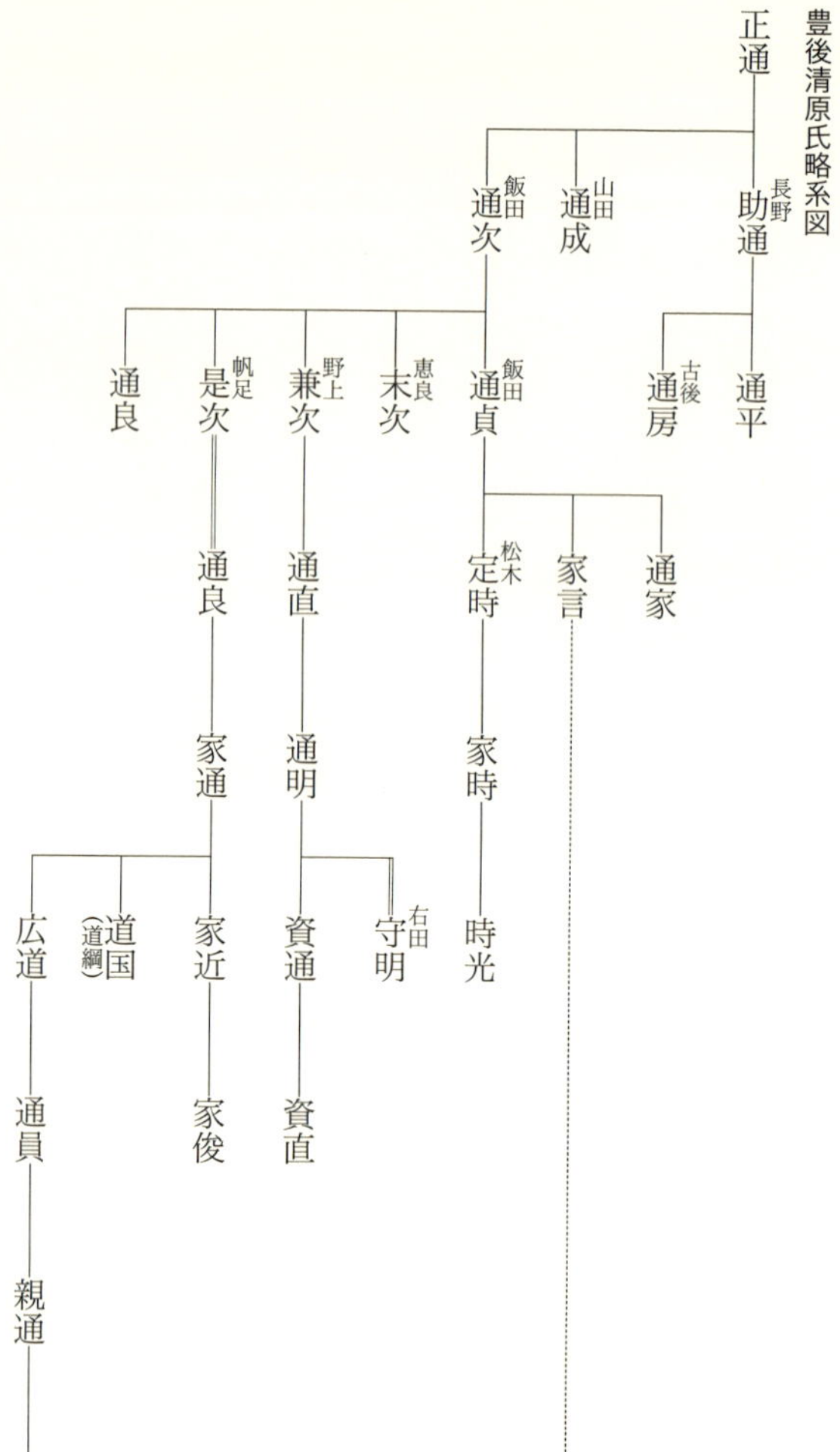

状は過去の帆足家通と飯田通家との相論のときには挙示されていないことを突いている。通家は飯田通貞から「家督」を継承した。保安状が真正の文書として存在したならば、それも継承したはずの通家が挙示しなかったわけがないというのだ。

特に重要なのは、通家が「飯田郷惣領」だったことは「建久八年・建保四年図田注進分明」としている点である。第五章では肥後を例に、最初にみいだされた建保図田帳が建久図田帳に取って代わられる過程を検討した。これはその類例であり、建久図田帳の規範化は豊後でも生じつつあったことを示している。そしてそれが飯田郷の「惣領」が誰であったかの挙証であることは、建久・建保のどちらにも飯田郷全体の地頭として飯田通家が記されていたことを意味している。

ところが弘安帳簿では、惣田数七〇町の飯田郷のうち新荘九町（見良津名）は大友頼泰、書曲村一〇町は大友親秀娘跡、恵良本村一六町小は肥前御家人長与家経、檀村七町は横尾成資跡となっている。これに対して清原一族の権益は、松藤名六町五段を松木言光・野上資直・右田守明が分有するだけだった(9)。国御家人の権益を記す建久・建保から、大友氏らの権益を記す弘安への変化は鮮明だ。そこでこの変化を解く鍵となる、大隈押領の検討に移ろう。

2　大友氏と大隈村

正安年中の「大友羽州」の押領とは、次の文書(10)にみられる事態を指す。

（端裏書）
「帆足入道申状　大隈村上下御代官事　正安二、三、十六」

大隈上下村事、自多々良殿公文所被召上候之条、無不法候子細、且預御尋、且有御哀、如元蒙安堵之御計候者、雖老耄之身候、以子息親類之中、致忠勤候事、不可有相違候、仍言上如件、

正安二年三月十七日　　沙弥西蓮

これによれば正安二年（一三〇〇）、通勝の祖父・帆足通員（西蓮）(11)は「多々良殿」（大友貞親）の公文所から突如「大隈上下村」を召し上げられた。その権益は端裏書では「大隈村上下御代官」、つまり貞親の地頭代とみなされている。この端裏書は書式からみてこの訴状を受理した鎮西探題の担当奉行が、これを論人である貞親側に下す際に付した端裏銘である可能性が高い(12)。またかかる認識は、その権益を没収し得る立場を自認する大友氏にも共有されていただろう。だが事実はもう少し複雑であったことは、ここに始まる相論に裁決を下した正和三年（一三一四）鎮西下知状(13)から判明する。

□（帆足六郎通勝与大友千熊丸相論豊後国帆足郷）久富名内大隈上下村事

右、於□（下村）地頭職者、任正治二年九月十□（四日）豊前々司能直朝臣契状、所被付渡□（通勝也、至）上村者、可令千熊丸領知矣者、依仰下知□（如件）、

正和三年五月廿二日

前上総介平朝臣□（花押）

これによれば下村地頭職は帆足通勝に、上村は大友千熊丸（季貞）に付されることになった。それは正治二年（一二〇〇）の「豊前々司能直朝臣契状」に準拠した判決だというのである。そこで弘安九年に帆足通員から大友

氏に領家検注のあれこれを伝えた書状[14]をみると、大友氏の到来が取り沙汰される「西方」「大隈御領」についての通員の物言いは地頭代としてのものである。だがそれと対比される「私領」については、以前の検注では「当郷地頭面々承服仕候」であったと、自身をも地頭の一員としているのだ。

つまり正治二年の契約以来、上村は守護領とされて帆足氏が地頭代を務める一方、下村は地頭正員・帆足氏の私領という枠組が保たれてきた。それが正安二年に破られて、帆足氏側の訴えで正和三年に元に復すべきとする判決が下されたということになる。前述のように建久図田帳で飯田氏が飯田郷の地頭だったのならば、同様に帆足氏も大隈を含む名字の地・帆足郷全体の地頭であっただろう[15]。それに対して要衝・大隈の獲得を目指した大友能直が求めたのが、正治二年契約であったと考えられる。

鎌倉初頭に帆足家通は松木家時との間に、飯田郷内野司狩場の地頭御代官職をめぐる相論を抱えていた。その権利を保証したのが建久六年から正治元年に渡る数通の地頭正員・中原親能下文だった[16]。かかる経緯が信頼関係を醸成して、親能を継いだ大友能直と家通の契約が成立したのだろう。

3　族内相論の行方

だが上村・下村の一括没収が示すように大友氏は、大隈全体が守護領であり帆足氏はその地頭代だとみなすようになる。長野新荘を含む安楽寿院領は後鳥羽院から没収された後、後高倉院に返付されたものである。またその頃から現地では、帆足氏の族内相論が激化する。かかる玖珠郡域の動揺が、大友氏の介入を後押ししたと思われるのだ。そこで族内相論の過程を追ってみよう。

その第一段階は家近・道綱兄弟間の、父・家通の遺領をめぐる紛争だ。家近は家通に勘当されたため、その遺領を分与されなかった。彼が得たのは母親の所領、山田郷内戸幡・菖蒲・佐古地頭職と戸加屋敷だけである。一方、家通・道綱父子は承久の乱で京方に参じたものの、家近の武家方奉公によって赦された。

かかるねじれた状況が、道綱の側は母の所領までの権利を主張し、家近は家通遺領の分与を求める相論を勃発させたのだ。これに対して延応元年（一二三九）に幕府は、勘当された家近に本来は父母所領の継承権はないとしながらも、母の所領継承と家通遺領五分の一の分与を認める裁許を下す。また残る五分の四は、道綱・広道兄弟に分割させることとした。(17)

ところが今度は惣領広道と家近・道国（道綱が改名）の間で、構図を変えた相論が勃発する。それに対する仁治三年（一二四二）の幕府の裁許は、先の裁許で家近のものとされた家通遺領五分の一は戸幡・菖蒲・佐古の替として道国が得る。ただし道国分給田畠屋敷等は「為守護人泰直之奉行」て、道国の知行を停止する。それ以外は広道のものとするというものだった。(18)

ここには帆足氏内の利害のもつれが、守護大友氏の介入を余儀なくしたさまが窺える。そして広道息・通員と家近息・家俊との相論を裁決した建長八年（一二五六）八月一一日関東下知状案(19)では「一　道員背御下知状、不割分守護領太熊・中嶋両所由事」と、通員を糾弾する家俊自身の側から大隈は「守護領」であると主張されるに至るのだ。

つまりは族内相論の複雑化と権利分割の進展が一方の当事者を守護大友氏への依存に傾斜させ、所領全体を守護領とする論理が受容されていったのだ。飯田氏が大隈を「守護領」と主張したのも同様の事情だろう。飯田郷に大友氏らの権益が樹立された弘安帳簿のあり方は、その帰結に位置づけられる。
また仁治裁許では道国のものとされた山田郷内戸幡・菖蒲・佐古も、弘安帳簿では肥前国御家人・平田部薬王丸のもの。同じく山田郷内の栗木名は筑前国御家人・原田種秀のものとされている。清原一族は打ち続いた家系内・家系をまたがる複雑な相論のなかで庶子たちを中心に自ら庇護を求めて大友氏に接近し、その地頭代となっていったのだろう。[20]

一方、大隈三〇町の地頭職は弘安帳簿では大友頼泰のものとされて、帆足通員の権益は久富名一七町六段の地頭職にとどまっている。だが正和三年の裁許状では、大隈上下村は久富名内となっていた。弘安帳簿では大隈を久富名から分離独立させて、帆足氏の権益を限定・削減する操作が行われたとみるべきだろう。すると正安二年の大隈没収は、弘安帳簿の記載を実質化する行為に他ならなかったのだ。

かくして大友氏は正和三年裁許を守ることなく、大隈地頭職を守護家貞親から養子の庶子家・出羽季貞、さらに宗雄へと伝領していった。[21]このように大友氏による玖珠郡域への介入は、清原一族の諸相論を媒介に着実に進んだのである。

これに対して帆足通勝の側は、本来は下村のみの地頭職を認めた正和三年裁許を大隈全体が私領である証として、こちらも正治二年契約・正和三年裁許から逸脱していった。前述のように建久・建保両図田帳では飯田郷地頭が飯田氏であったと推定される。また帆足郷地頭も帆足氏とされていた可能性が高い。ならば嘉暦四年申状の前欠部分では、それによる主張が展開されていたのではないか。大友氏とその庇護を求めた庶子家が打ち出した「守護領」の論理に対して、建久図田帳は所領分割前の「惣領」権を示す惣領家側の楯となり得た。それと弘安帳簿とは相克する関係にある。よって次なる課題は建久図田帳の作成環境、つまり鎌倉初期の豊後情勢の検討となる。

二　内乱期の豊後と緒方惟能

1　後白河院政期・内乱期の豊後情勢

後白河院政期の九州のなかで豊後は、八条院と平頼盛の影響が扶植された肥後[22]とも異なる特異な位置を占めていた。永暦元年（一一六〇）から仁安元年（一一六六）まで豊後守だった藤原頼輔の後任は、その子・頼経。そして内乱までの長きに渡って国務は頼輔の知行下にあったのだ。[23]彼は浦部十五箇荘を顚倒して宇佐宮に訴えられた。それには仁安二年に停止が命じられたものの、押領は止まなかったらしい。その知行剥奪直後の文治二年（一一八六）二月に宇佐宮は再び訴えて、四月に院庁下文で返付が命じられている。[24]

押領発生時には宇佐大宮司・公通と大弐平頼盛とが結びついていたから、[25]頼輔の動向はそれに対する抵抗の気配がある。またそれが国領確保のかたちをとったことから、その国務は豊後南部に盤踞して有力在庁も多く出した大神一族、特に緒方荘を拠点とした緒方惟能と連携したものと推定されている。[26]

かかる連携を背景に、治承五年（一一八一）初頭頃に豊後武士団は反平家の軍事行動を開始する。[27]たとえば臼杵惟隆・緒方惟能・佐賀惟憲兄弟は、寿永二年（一一八三）七月に宇佐宮に乱入して多大な打撃を与えている。[28]さらに元暦二年（一一八五）正月に惟隆・惟能は多くの兵船を用意して、源範頼麾下の幕府軍を豊後に迎え入れた。[29]

ところで平家が滅亡した同年三月付で宇佐宮女禰宜大神安子らは、幕府方に押領された所領群の回復を訴えて範頼の外題を得ている。そこには惟能による、豊前東部や豊後東郡来縄郷と緒方荘に散在する今永田畠への濫妨も含まれた。[30]これは幕府軍上陸の前後に渡って、豊後と豊前東部が惟能らの制圧下にあったことを示唆している。

平家滅亡後、幕府軍は九州における残党掃討・敵方所領没官などの戦後処理を始めるが、それは主に筑・肥は天野遠景、筑前東部・豊前西部にまたがる遠賀川流域は一品房昌寛、南九州は千葉常胤が主導した。[31]一方、豊後と豊前東部については不明だが、しばらくは惟能らによる制圧状況が継続していたとみるのが自然だろう。

そもそも豊後では関東御領が皆無なことが示すように、[32]平家による立荘が実現しなかった。それは豊前に隣接する国東・速見両郡を中心に、一一世紀のうちに宇佐宮・弥勒寺領が稠密に形成されたこと。[33]そして後白河院政期に渡って国主・藤原頼輔が緒方惟能らと連携して、国領の維持・拡大を図ったことに規制されたからだと考えられる。そのため豊後武士団は九州における反平家の橋頭堡となり、幕府軍上陸前から豊後はその制圧下にあった。かかる経緯が、その没官行為を規定することになる。

2　惟能兄弟の没落と所領没収

そのなかで数少ないまとまった没官対象とできたのが、まず緒方惟能一党、次いで大野泰基一党の所領であった。惟能一党からみていこう。

文治二年一一月九日、前述の宇佐宮乱入の罪を理由に惟能・惟隆・惟憲兄弟の配流が決定した。[34]ところが大神系図では惟能は「依九郎判官義経同心被配流、始波被預狩野助、後被預于千葉助、則取婿譲上野国沼田之庄云々」とされている。(35) 頼朝と決裂した義経は文治元年一一月初頭に「豊後武士」をともない摂津大物浦から出帆したものの、疾風により一行は四散した。(36)『平家物語』巻一二「判官都落」が惟能らの同行を記すこともあり、従来は「豊後武士」とは彼らで、真の配流理由は義経与同だとみなされてきた。(37)

ところが同年一〇月一七日には宇佐宮乱入事件の審議のなかで、「濫行武士」「張本之輩」の京都への召進が論議されている。(38) 江平望はここから、この時点で京都にいない惟能らは義経の京都脱出に同行し得ないと判断。かの「豊後武士」とは豊後冠者義実たちであると結論した。(39) 従うべきだが、惟能らは平家滅亡直後から大宰府に拘束されたという推測には疑問がある。江平自身述べるように、平家追討の功労者である彼らを範頼が捕らえる理由はない。すると拘束を主導したのは大宰府ということになるが、この時点の大宰府にそれが可能な固有の強制力があったとは考えがたいのだ。よってこの頃はまだ惟能らは比較的自由の身であったとみるべきだろう。

だが翌年六月には、すでに惟能らの身は鎌倉に送致されている。(40) 文治元年一二月、頼朝は朝廷に種々の要求を突きつけ認めさせた。そこでは解官すべき貴族のなかに豊後国主頼輔の子・頼経の名があった。また「国司」「国人」とも義経・行家に与同しており「尋沙汰」が必要として、自身の知行国に豊後を求めている。(41) 続けて翌年二月には頼朝は豊後守に、先の要求で大宰権帥に任じられた吉田経房の孫・毛呂季光を推挙した。(42) この辺りから幕府による豊後国務が実働して、配流決定にもとづく惟能らの拘束や所領没収が実施に移されたのだと考えられる。また同時に、義経に与同した「豊後武士」の所領も没官されただろう。

惟能らの旧領については弘安帳簿まで確実な史料を欠くが、そこでは緒方荘・佐賀関は守護大友頼泰、臼杵荘は北条業時、佐賀郷は北条貞時が地頭とされている。また惟能との密接な関係が指摘される高田隆澄の名字の地・大野川河口部の高田荘も、本荘が三浦宗景領となっている。(43)

ただしそれは幕府による豊後の全面的掌握のもとで、所領没収が徹底される事態には展開しなかった。確かに豊後南部に広範に盤踞した大神氏系武士団は、国府を媒介に惟能のもとに結集して平家と戦った。だが各家系の独立性は高く、一族としての恒常的まとまりはなかったらしい。かくして佐伯・戸次・阿南・稙田などの各家は、鎌倉時代にも命脈を保つ。(44)彼らは惟能兄弟とは行動をともにしていなかったのだ。

また豊後冠者義実にしても潜伏の身であったから、もとより正当な権利のある所領などなかっただろう。よって関係者の当知行地を一時的に占領はし得ても、その大半は没官領に固定できるものではなかったと思われる。ゆえにこの時の没官は、ほぼ惟能兄弟とその関係者のものに限定されたとみられるのである。

三　大野泰基の「謀叛」と建久図田帳

1　大野泰基と中原親能

かかる状況で次いで討伐の対象とされたのが、大野九郎泰基だった。泰基の父・家基は、緒方惟能とともに当初から反平家の中核をなしていたと思われる。(45)だが惟能あるいは豊後冠者義実とともに没落した形跡はないから、それとは行動を別にして勢力を保ったのだろう。ところが泰基は後に滅ぼされ、大野荘を没収されるに至るのだ。

この問題の検討を通して豊後の建久図田帳の作成環境に迫ったのが、冒頭で触れた海老澤衷の研究である。(46)海老澤は、その理由については義経に同心したという大神系図[47]の注記を採用する。そして大野荘領家の三聖寺への寄進は、義経が摂津大物浦から没落する文治元年一一月前後。その行く末に危機感を高めたからであろうとした。また建久二年三月に泰基の活動がみえた後[48]、承元二年（一二〇八）閏四月一〇日に肥前松浦党の源壱が嫡子・潔に宛てた譲状[49]では「豊後国大野九郎謀叛之時、壱令豊後上剋、次第証文於者譲渡了」とされている。よって討伐時期はまずはその間。加えて、大野荘の地頭職は貞応二年（一二二三）一一月に大友能直から妻深妙に「関東御下文・親父掃部入道譲状」を副えて譲渡されている[50]。ここから討伐は親能によるもので、その際没収された所領が能直に継承されたと判断。ここからも、下限を親能の没年でもある承元二年としたのだった。

そして以上を踏まえて海老澤は、親能はまずは泰基の討伐を要したために、一国規模での所領把握は豊後ではいまだ不十分だったと結論づけたのである。

かかる理解はおおむね従うべきものだが、三聖寺への大野荘寄進については問題がある。海老澤は、それを国主・藤原頼輔が仲介したとする通説にもとづいた。だが緒方英夫によれば、鳥羽院政期に藤原忠通領として立荘された大野荘の領家職寄進は、先行寺院をもとに三聖寺が確立する鎌倉時代中葉であるという[51]。その推定は確度が高いものであり、これに従えば泰基・頼輔の寄進や、義経与同で生じた危機の回避というその理由づけは成立しない。また海老澤自身が絞り込んだ討伐時期も、義経没落とは最低でも六年の開きがある。その理由を直接に関連づけるのは難しいだろう。一方、建久二年から承元二年という時期推定には二〇年近くもの幅がある。そこで時期をもう少し絞り込むことを試みたうえで、改めてその理由を考えたい。

中原親能については古くから鎮西奉行就任を認めるか否かの論争があり、それは上限を左右するものだ。そこで渡辺澄夫と瀬野精一郎の間で、鎮西奉行としての職権行使か否かが争われた次の事例をみてみよう。[52] 正嘉二年（一二五八）に松木時光と帆足通員は、玖珠郡の飯田郷内野司狩場について争った。時光の主張は「去建久六年前禅門之時、時光父家時拝領下作職」というものだ。これに通員は「件狩場地頭御代官職事、道員（通）祖父家道存日之比、家時致非分望之間、可止競望之由、五月五日・九月廿二日己上不記年号、建久六年・同七年・正治元年四ヶ度、自禅門給安堵御下文畢」と反駁する。そして大友頼泰は「道員所進下文等」にもとづき、通員を勝訴とする裁決を下したのだった。[53] 当事者双方が建久六年の権限行使を主張する「禅門」は、渡辺・瀬野とも中原親能に比定する。

すでに寿永二年に野司狩場は、通房ら清原姓三名から「佐賀殿」に寄進されていた。[54] 通房は古後郷を名字の地とする古後氏だが、他二名は松木家時・帆足家通でないか。また「佐賀殿」は佐賀惟憲の可能性が高い。すると次のように考えられよう。この寄進とともに清原一族は代官の地位を留保したが、宇佐宮乱入によって惟憲の権益は没収、幕府方の地頭職に切り替えられた。ただし清原一族は惟憲とは行動をともにしなかったため、その権利は維持された。ところが地頭職が建久六年に中原親能に移ったのをきっかけとして、地頭代の地位をめぐる清原一族内の紛争が表面化した、と。

大友氏の豊後守護の直接の徴証は、仁治三年に降るものだ。[55] だが建久末年頃からとする石井進[56]や野司相論の文書にみえる親能の活動を鎮西奉行の職権によるとみる渡辺澄夫の議論[57]などを踏まえて、その各国守護への分化当初からとする理解が優勢である。

一方、清水亮は鎮西奉行・天野遠景について、その実体は九国地頭であったとする大山喬平の説[58]を踏まえつつ、その支配の実効性には没官領地頭職の確保に左右された地域差があったことを明らかにした。[59] かかる性質は鎮西奉行の各国守護への分化にともない、主に没官領からなる守護領と守護による管国支配との関係に引き継がれることになる。そして清水が検出した遠景所領には、筑前国原田荘が武藤資頼に渡ったような例が確認できるのだ。前述のように緒方荘・佐賀関が弘安帳簿で守護大友氏領として検出されるのは、同様の事情によるだろう。また神蔵荘など肥後中央部にまとまりをみせる大友氏領も、遠景からの継承とみるのが自然ではないか。ならばそれは鎮西奉行が三前は武藤資頼・三後は中原親能に分化・継承された建久六年初頭頃、その地位にともなうものとして受け継がれたとみるべきである。また大友氏の就任の有無に論争がある筑後・肥後も含めて、それらは建久八年後半に各国守護職に切り替わったと考えてよい(60)。

親能の野司相論への関与は地頭代の地位認定である以上、直接には野司地頭の立場によるものだ。だがその活動徴証は他ならぬ建久六年からであり、これも鎮西奉行分掌とともに得たとみるべきだろう。よって親能による泰基討伐の上限は、建久六年まで下げられる。

一方の下限だが武藤資頼との分掌後も、援軍要請による肥前御家人動員は可能だろう。よってその前・後は指標にならないので、別の角度から考えてみよう。親能は正治元年までは、野司狩場の下文を発給していた。ところが翌年中葉の大隈分割契約では、その主体は大友能直に変わっている。その間に地位と所領の相続があったと考えられるから、下限は正治二年中葉頃としてよいだろう。

2　豊後の建久図田帳体制

このように泰基の討伐時期は、建久六年から正治二年の四・五年程に絞り込める。これは義経没落から最低でも一〇年経過しており、やはりそれと直接関連づけるのは無理があるといえるだろう。それでは、その討伐理由は何であったか。建久六年に中原親能が豊後に臨んだ際には、まだ泰基勢の占領支配が各所で継続していた。それが両者に緊張を生んだのだろう。また残念ながら泰基討伐と建久八年図田帳作成との前後関係は明らかでないが、それが近接することは確実だ。もし図田帳作成が先ならば、それは惟能一族・与党旧領の他は没官も手つかずのなか、泰基勢を眼前に強行されたことになる。緊張の急上昇から衝突に至るには十分な理由だろう。また逆に、障害となる泰基の排除を敢行したうえで図田帳の作成が行われたのかもしれない。だがその場合も没官対象はあまり増加しなかったのではないか。

豊後の荘園・国領の大枠は幕府軍上陸前にほぼ確定しており、それは弘安帳簿にも引き継がれたとされている。[61]また宇佐宮が提出した「八幡宇佐宮御神領大鏡」が、図田帳の直接の素材とされたとも推定される。[62]これらも豊後では大規模な制圧・没官による秩序再編はなかったことを示すだろう。[63]こうして建久図田帳は、基本的には旧秩序を温存・固定するものとなったのだ。

前掲の図1は先行研究の成果を踏まえて、大友氏と北条一門を中心に東国御家人の所領を示したものである。[64]まず惟能・惟隆・惟憲兄弟や高田隆澄の拠点だった緒方荘・臼杵荘・佐賀郷・高田荘は、その没落とともに没収されたと推定される。よってこれらは建久図田帳にも記されただろう。また大野泰基の拠点だった大野荘は当然のこと、その周辺の大野川中流域の所領群も幾つかは泰基旧領だろう。そしてこれらを中核とする守護領・幕府関係所領のあり方は確かに、石井進と渡辺澄夫が指摘するように国府近傍型の分布を示す。[65]

しかしそのなかには大神姓戸次氏に大友親秀の次男・重秀が養子に入り名字と所領を継承した、戸次荘のようなケースも含まれる。よってその全てを没収所領とすることは困難だ。惟能勢や義経与同者・泰基勢からの没収によって獲得された守護領は、思いの外少なかったのではないか(66)。また、もし泰基鎮圧が図田帳作成よりも後ならば、そこに記載・固定し得た没官領はさらに少なかったことになる。

しかも大野荘などは、分割相続を通して庶子家に流出していった。一方、時期の特定は不可能なものの、得宗家などにより順次接収・確保されていった守護領があったことも読み取れる。そしてこの二つの動向は、徐々に純然たる守護領を目減りさせていくものだった。渡辺澄夫は大友氏が鎌倉期を通して戸次荘のような養子関係や寄進・押領など様々な方法を駆使しつつ、所領の獲得・増大に努めたこと。その背景に、承久の乱後頃からの庶子家の下向・定着やそれにやや遅れた惣領家の下向による、所領確保の必要があったことを指摘した(67)。それはかかる豊後特有の守護領のあり方に規定されたものではないか。

そしてその過程を具体的に追える事例であるのが、清原一族の盤踞でほぼ手つかずだった玖珠郡域なのだろう。かくして建久図田帳は豊後でも中世的体制を規定した。しかしそれは守護大友氏にとっては、克服・上書きすべき規定性だったのである。

おわりに

豊後では平家による立荘・編成が進まず、治承・寿永の内乱では九州における幕府方の橋頭堡となった。そのため所領の没収・秩序再編は小規模にとどまり、建久図田帳もそれを固定するものとなったのだ。

こうして限られ目減りもしていく守護領を確保するために、大友氏は様々な方法で所領の入手に務めていった。また惣領家との紛争を抱え始めた国御家人の庶子家にも、それに呼応する動きが生じていく。彼らは守護領化を受容しつつ、その地頭代として権益を確保しようとしたのだった。

かかる大友氏にとって弘安八年の「田文」調進命令は、その成果を固定する絶好の機会となったのだ。それは所領枠組こそ建久図田帳からあまり変えられなかったものの、その権利者は大友氏を中心に大きく上書きされたのである。その帳簿こそが「注進状案」だった。(68)

ところが国御家人の惣領家は、九州全体で規範性を獲得し始めた建久図田帳を用いて抵抗を開始した。彼らはそれを自らが所領のまさに「惣領」者である証拠として、大友氏とそれに依拠する庶子家に訴訟を挑んだのである。

一四世紀初頭に在庁諸職も掌握した大友氏が「注進状案」を「図田帳」を表題とする帳簿に改変するのは、かかる状況のなかでのことだった。「注進状案」と「図田帳」との間には権益配置の記載に大差はない。ならばその目的は自身の関与の強調とともに、名称そのものにあったのではないか。建久図田帳群が規範性を獲得するなかで、図田帳というターム自体が権威を発し始めていたのだろう。

大友氏は建久図田帳の記載内容のみならず、その存在自体の上書き・克服をも課題とせねばならなかった。図田帳の名を冠する帳簿は、そのためにこそ必要とされた。それとともに豊後の建久図田帳は、廃棄されていったのではないか。こうしてそのタームは大友氏と固く結びつけられて、中世後半には弘安八年付「図田帳」こそが規範帳簿としての地位を獲得した。

内乱の結果を集約した建久図田帳が、所領枠組を規定する。それは中世九州に普遍的な問題だが、そこに豊後では特有のねじれがともなった。それを大友氏は克服せねばならなかった。かかる歴史過程が弘安「図田帳」には刻印されている。

本章の考察結果をまとめると以上のようになる。最後に、それを踏まえて豊後の荘園制再編と室町的体制を展望しておこう。

不発気味に終わった弘安興行と異なり、正和の神領興行では宇佐宮領が濃く分布する豊前・豊後に集中しつつ多くの興行訴訟が検出されている。(69) 井上聡は、それが在庁別名のような大型名から内部の名を分離するかたちで神領・武家領を弁別する結果となったことを明らかにした。(70) これは大友氏が久富名から大限を分離して、帆足氏の権利を残余の久富名に限ったのと軌を一にするものだ。豊後の荘園制はかかる方向で再編されながら、そこに大友氏の権益を練り込んでいった。こうして建久図田帳の枠組も、実質的には分解されていったと思われる。

かかる動向は南北朝内乱のなかで、小規模所領の闕所化・宛行を繰り返すことにより加速しただろう。(71) こうして個々の知行主体は変動させながらも、神領興行が生んだ方向性が室町期豊後の所領枠組を規定した。

そのもとでは荘・郷・村・名の政所が、均等名に再編された田染荘などを典型とする名体制を基礎に年貢・段銭の徴収・上納などを担っていた。(72) 当然に守護領の政所には国人・被官が任じられ、宇佐宮領でも支配安定のため国人を登用する例が知られている。そして大友氏は守護領・神領双方の政所を、自ら裁決する所領打渡の執行に利用した。(73) それは守護が領主の利害調整を担ったことを象徴する。

このように室町豊後では、鎌倉後期に枠組再編が始まった所領が荘園制由来の機構で知行され、その間の利害が守護を軸に調整された。また冒頭でみたように一五世紀中葉には、内裏造営段銭も大田文たる「図田帳」にもとづき徴収されている。その限りでは豊後もまた、第一部でみた室町播磨の荘園制・室町幕府―守護体制と同じ土壌から生まれた似た様相を呈す。

だがそこでは王家領・摂関家領荘園や京都の公家・寺社が有した領家職は、おおむね不知行となっていく(74)。大内氏が京都と媒介した豊前・筑前を除けば九州では、南北朝内乱で宮方が長く優勢を保った遠国という条件のもと、都と鄙の個別所領をつなげる糸は断ち切られてしまったのだ。かかる室町九州は、中世後期の国制にどう位置づけられるのか。また、それをも含めた中世日本を荘園制社会と規定し得るのか。ここでは問題の所在の確認にとどめておこう。

註

（1）「平林本」鎌一五七〇〇。

（2）「内閣文庫所蔵」鎌一五七〇一。

（3）海老澤衷「豊後国大田文の基本的性格」（『早稲田大学大学院文学研究科紀要』別冊六集、一九八〇年）、同「豊後国大田文の伝写過程と現存写本――「豊後国図田帳考証」の再検討――」（同著『荘園公領制と中世村落』校倉書房、二〇〇〇年。初出は一九八一年）。本章では「注進状案」と「図田帳」は「 」を付して示し、両者を総称する場合は便宜上、弘安帳簿と呼ぶ。

（4）「到津文書」鎌九二二七。

（5）同年七月二三日豊饒直弘・石合氏伝連署状案（「柞原八幡宮文書」豊五（上）賀来荘一〇二）。ただし『豊後国

荘園公領史料集成』を通覧すると賦課田数には建久図田帳・弘安帳簿・その他のばらつきがみられる。完全に基準が一元化したのではなく、実際には過去の徴符を踏襲するようなこともままあったのだろう。

(6) 海老澤衷「九州における荘園公領制の形成と鎌倉幕府」(鎌倉遺文研究会編『鎌倉遺文研究Ⅰ　鎌倉時代の政治と経済』東京堂出版、一九九九年)。

(7) 飯沼賢司「玖珠の荘園」、同「南北朝の争乱と玖珠城の戦い」(『玖珠町史　上巻』玖珠町教育委員会、二〇〇一年)。なお新荘のうち飯田郷は弘安帳簿で一乗寺領とされ、嘉暦四年八月日帆足義鑒申状案(「醍醐寺文書」鎌三〇七〇三)では「帆足郷者、本家鳥羽安楽寿院、領家親王宮御領也、飯田郷者、本家南都一乗院、領家西南院大納言僧都御房御領也」と主張されている。

(8) 前掲註(7)文書。

(9) 弘安帳簿の原型をより残すのは「注進状案」だ。だが玖珠郡の記載には欠落があり、飯田郷は末尾の松藤名・書曲村しか残らない。よってここは「図田帳」による。

(10) 「大友文書」鎌二〇四〇二。ただし『鎌倉遺文』は端裏書を省略するので豊八(上)帆足郷二二で補った。

(11) 清原姓野上氏略系(「上田節蔵蔵野上文書」豊八(上)飯田郷五)、清原姓野上氏系図(「上田節蔵蔵野上文書」豊八(上)飯田郷付録一)。

(12) 高橋一樹「訴陳状の機能論的考察」(同著『中世荘園制と鎌倉幕府』塙書房、二〇〇四年。原型初出は二〇〇一年)。

(13) 「志賀文書」鎌二五一四三。朽損は「安心院文書」鎌二五一四四の写で補った。

(14) 「立花大友文書」鎌一五九八一。

(15) 治承二年七月八日帆足道良譲状の案文二通(「大友文書」平三八四九・五〇)は、前者は良時に「大限四至東限河 西限久保田高岸 南限櫻町縄 北限河」を「田一町五段畠一薗」は清原三子のものとする条件を付して譲るもの。後者は家通に「大限四至東限河 西限古後境 南限長野辻穴温上 北限南高岸弁中嶋」を「田一町五段薗一懸」は清原四子のものとする条件を付して譲るもの。大限が帆足氏のものだったのは確実だ。また前掲註(7)飯沼論文は、この分割相続を大限を上村・下村に分かつ契機と推定する。この二通は他の所領を省略しており、大隈相論の挙証に作成されたのだろう。この相論については後述する。
(16) 正嘉二年四月五日大友頼泰書下案（「大友帆足文書」鎌八二〇八）。
(17) 同年一二月九日関東下知状案（「大友文書」鎌五五〇五）。
(18) 同年二月一八日関東下知状案（「大友文書」鎌五九八四）。
(19) 「大友文書」鎌八〇二〇。
(20) この他、野上資直とその祖父・道明の養子・右田守明との相論（正嘉元年閏三月二四日関東御教書「野上文書」鎌八〇九五）。資直と姉との相論（文永七年四月二六日関東下知状「野上文書」鎌一〇六一七）。資直と母・平氏との相論と和与（文永七年五月六日関東御教書「野上文書」鎌一〇六二三）などが確認できる。
(21) 延慶三年六月五日大友貞親譲状（「志賀文書」鎌二四〇一一）、文保元年四月二三日出羽季貞譲状（「志賀文書」鎌二六一五二）。
(22) 小川弘和「府官系武士団の展開と肥後国」（同著『中世的九州の形成』高志書院、二〇一六年。初出は二〇一五年）。
(23) 菊池紳一・宮崎康充「国司一覧」（児玉幸多・小西四郎・竹内理三監修『日本史総覧II　古代二・中世一』新人物往来社、一九八四年）。
(24) 同年月一三日後白河院庁下文（「益永家記録」鎌八五）。
(25) 工藤敬一「内乱期の大宮司宇佐公通」（同著『荘園公領制の成立と内乱』思文閣出版、一九九二年。初出は一九七二年）。
(26) 渡辺澄夫「豊後国衙領と大友氏」（同著『増訂豊後大友氏の研究』第一法規、一九八一年）。
(27) 『玉葉』同年二月二九日条、『吾妻鏡』同日条。
(28) 元暦文治記写（「九州大学文学部日本史研究室蔵」豊七（下）緒方荘二一）。
(29) 『吾妻鏡』同年月一二日、二六日条。
(30) 同年月日八幡宇佐宮女禰宜大神安子等解案（「益永文書」平四二四〇）。

(31)　清水亮「初期鎌倉幕府の九州支配における没官領地頭の意義――九州における天野氏の地頭職獲得過程――」（同著『鎌倉幕府御家人制の政治史的研究』校倉書房、二〇〇七年。初出は二〇〇一年）、前掲註（22）小川論文。
(32)　筧雅博「関東御領考」（『史学雑誌』九三編四号、一九八四年）。
(33)　井上聡「宇佐宮領の形成と荘園公領制」（『歴史評論』六二二号、二〇〇二年）。
(34)　『玉葉』同日条、応安四年五月一三日中原師香勘文（『後愚昧記』同年月一九日条所引）。
(35)　「太田吉蔵本」豊七（上）大野荘八。
(36)　『玉葉』同年月三日、五日、七日、八日条、『吾妻鏡』同年月三日、六日条など。
(37)　渡辺澄夫著『増補新訂版源平の雄緒方三郎惟栄』（山口書店、一九九〇年）など。
(38)　『玉葉』同日条。
(39)　江平望「豊後冠者義実について」（同著『改訂島津忠久とその周辺　中世史料散策』高城書房、二〇〇四年）。
(40)　同年月一六日宇佐宮仮殿遷宮定記（「広橋家記録」豊七（下）緒方荘二九）。
(41)　『吾妻鏡』同年月六日条、『玉葉』同年月二七日条、『吾妻鏡』同二年正月七日条。
(42)　『吾妻鏡』同年月二日条。
(43)　吉良国光「鎌倉時代豊後国における地域的流通圏について――大野川流域を中心として――」（『大分県県立芸術文化短期大学研究紀要』三三号、一九九五年）。
(44)　福田豊彦「第二次封建関係の形成過程――豊後国における大友氏の主従制を中心として――」（同著『室町幕府と国人一揆』吉川弘文館、一九九五年。初出は一九六四年）。
(45)　『吾妻鏡』治承五年二月二九日条。
(46)　前掲註（6）海老澤論文。
(47)　前掲註（35）。
(48)　同年月一一日深山八幡宮神田坪付案（「上津八幡宮文書」鎌五二二二）。
(49)　「石志文書」鎌一七三八。

(50) 同年月二日大友能直譲状案（「志賀文書」鎌三一七一）。

(51) 緒方英夫「三聖寺領豊後国大野荘の成立と伝領に関する一試論」（『大分県地方史』一五三号、一九九四年）。

(52) 渡辺澄夫「大友氏の下向土着と在地領主との対応関係」（前掲註（26）同著書。初出は一九六一年）、瀬野精一郎「鎮西統治機関の研究」（同著『鎮西御家人の研究』吉川弘文館、一九七五年）。

(53) 前掲註（16）文書。

(54) 同年一一月二日清原通房狩庭去状案（「大友文書」平四一一六）。

(55) 同年二月一八日関東下知状案（「大友文書」鎌五九八四）。

(56) 石井進「大宰府機構の成立と鎮西探題の成立」（同著『日本中世国家史の研究』岩波書店、一九七〇年。初出は一九五九年）。

(57) 親能の権限行使は惣地頭としてのものに過ぎないとする前掲註（52）瀬野論文に、前掲註（52）渡辺論文は親能は惣地頭ではないと反論。また仮に惣地頭としても、それは鎮西奉行とともに得たものとした。飯田郷地頭は飯田氏・帆足郷地頭は帆足氏だから、大友氏は野司狩場地頭とみるべきだ。だがそれを鎮西奉行と関連づけるのは後述のように首肯される。

(58) 大山喬平「鎮西地頭の成敗権」（『史林』六一巻一号、一九七八年）。

(59) 前掲註（31）清水論文。

(60) 小川弘和「中世肥後国府と菊池氏」（熊本学園大学論集『総合科学』二四巻一号、二〇一八年）では、大友氏と肥後菊池氏・北条名越家との姻戚関係も重視した。菊池氏との関係は二世代に渡るものであり、大友氏の肥後への深い関与を示している。また名越家は承久年間以降の筑後・肥後両国守護である。それは大友氏から引き継がれたものなのではないか。

(61) 海老澤衷「豊後国の荘園公領制と国衙領」（前掲註（3）同著書。初出は一九八〇年）、前掲註（26）渡辺論文。

(62) 中野幡能「解題」（大分県史料刊行会編『大分県史料(24)第一部　宇佐八幡宮文書之一』大分県立教育研究所、一九六四年）。

(63) 清水亮「鎌倉時代の惣地頭・小地頭間相論と鎌倉幕府」(前掲註(31)同著書。原型初出は二〇〇二年)が検出した惣地頭・小地頭間相論は、豊前・豊後・日向では皆無である。ただ南部に島津荘を含む日向のことを考慮すると、史料の偶発的残存性は無視できない。だが大局としては、平家の立荘が展開した筑・肥、島津荘にモザイク状に覆われた薩摩・大隅との没官状況の違いを示すものだろう。

(64) 石井進「鎌倉時代「守護領」研究序説」(前掲註(56)同著書。初出は一九六七年)、前掲註(61)海老澤論文、同「豊後国」(網野善彦・石井進・稲垣泰彦・永原慶二編『講座日本荘園史10　四国・九州地方の荘園』吉川弘文館、二〇〇五年)、前掲註(26)渡辺論文、前掲註(43)吉良論文など。図1のベースには海老澤「豊後国」の図を利用した。なお大友氏所領の内部単位が各国御家人に分配されているもの。玖珠郡域のような鎌倉中期以降の蚕食と思われるもので大友氏以外のものは、あまりに煩雑となるので省略した。

(65) 前掲註(64)石井論文、前掲註(26)渡辺論文。

(66) 前掲註(26)渡辺論文は直入郡領家清凉寺一三〇町を大友頼泰領とする弘安帳簿の一写本を採用しつつ、豊後大神氏系図(「都甲文書」豊七(上)大野荘九)で「直入三郎惟友」が惟能の子とされることから、これを没収所領と推定する。だが惟友は他に所見がなく判断は難しい。国府近傍の笠和・荏隈・判太各郷は、緒方惟能の国府への影響力を重視し処断時没収とみることもできる。だが一方、鎌倉後期に大友氏が国府への影響を増すなかでの獲得とみることもでき、判断が難しい。

(67) 前掲註(52)渡辺論文。

(68) 前掲註(64)石井論文によれば、大友氏の在庁諸職掌握は正安元年以降である。また「注進状案」の作成責任者も直接には税所・小野幸直だった。だが幕府からの作成命令を在庁にどの程度強く働きかけて実行に移すかには、守護大友氏の意思が作用したと考えられる。それが作成の有無の九州他国との相違に結果したのだろう。

(69) 海津一朗「正和の九州五社神領興行法」(同著『中世の変革と徳政――神領興行法の研究――』吉川弘文館、一九九四年)。

(70) 井上聡「神領興行法と在地構造の転換」(佐藤信・五味文彦編『土地と在地の世界をさぐる　古代から中世へ』

山川出版社、一九九六年）。
（71）『豊後国荘園公領史料集成』を通覧すると、南北朝期には人名比定も困難な人物の着到状・軍忠状や、それに対する零細な所領の宛行状が散見する。
（72）工藤敬一「九州における均等名体制の成立と性格」（同著『九州庄園の研究』塙書房、一九六九年。初出は一九六六年）。
（73）外山幹夫著『大名領国形成過程の研究――豊後大友氏の場合――』（雄山閣出版、一九八三年）、木村忠夫「大友氏所領打渡機構と日田」（杉本勲編『九州天領の研究――日田地方を中心として――』吉川弘文館、一九七六年）など。政所は大友氏直轄地での検出例が多く、領国支配発展論のなかでその支配機構に位置づけられてきた。だが田染荘・来縄郷など宇佐宮の主要神領にもみられるから、領主を問わず普遍的なものである。事例の偏りは、史料残存のあり方によると考えるべきだろう。
（74）豊後は宇佐宮・弥勒寺領が稠密で、それは建武政権により本家の支配から解放された。よって京・奈良の権門領はそもそも多くないという条件にある。だがそのなかにも稙田荘・戸次荘・長野新荘などの王家領や臼杵荘のような摂関家領、また高田荘・阿南荘・笠和郷など公家・寺社が領家とされる荘・郷が多数存在した。前掲註（64）海老澤論文参照。

第三部　地下の文書と荘園制

第七章　地下文書の成立と中世日本

はじめに

第一部では矢野荘の地頭御家人・有力名主を軸にして、第二部では大田文から俯瞰して荘園制再編を論じてきた。第三部ではその民衆世界との動的な相関を、文書主義の内在的浸透という視座から論じたい。まず第七章では、地下文書全般の成立と確立の様相を把握する。そして第八章では起請文の神仏体系を材料に、荘園制に媒介された社会統合の実相を覗き込んでみよう。

中世日本の地域社会に関する文書の研究は、荘園制文書・惣村文書・売券などのどれかに偏りがちだった。それを脱するために、その全てを包含したのが地下文書という戦略的仮説概念である(1)。そうすることで荘園・公領の現地における、文書の作成・管理・運用の総体を捉えようというわけだ。この概念は「地下文書」という史料用語をもとに立てられたが、それとの次のようなズレも抱えている。

現地を意味する「地下」は荘園制の定着とともに、権門領主が現地への関心を高めるにつれ登場する。またそれと「文書」の成語たる「地下文書」も一四世紀に入る頃に、領主の側から用いられるようになる。それは安堵の院宣・下文や手継の譲状群と対比されるものだった。その内訳は検注目録など荘園現地の経営・収納に必須であり、ゆえに支配の事実の証左にもなる文書、つまり荘園制文書の範疇に限定される。(2)

だが本章ではそれを承知で地下文書概念の戦略性を生かし、その成立と歴史的前提を論じたい。「地下」「地下文書」定着の背景には、分割相続の行き詰まりなどによる権利紛争激化のなか、領主にとって現地掌握の重要性が増したこと。(3)第三章でみたように、そこでは権利証書たる文書の作成・保持の重要性も増し、文書主義の浸透が進んだことを位置づけられる。そして、それは民衆の世界にも及ぶものだった。

彼らとて早くから売券などを用いてはいた。しかし記憶と口承によった規範が、社会の流動化のなかで村落定書として文書化される。あるいは領主の下知を保管し、先例となり得る幕府の裁許状を入手する。そしてそれを訴訟に際して主体的に運用するといった動きが現れるのは鎌倉時代後期である。(4)そのなかで注状《しるしじょう》のように既存の文書様式を利用・改変しつつ、地下様とも呼び得る独自の様式・機能を備えた文書も生み出された。(5)

かかる中世民衆による様々な文書の作成・管理・運用は、荘園制のなかで育まれた。そしてそれは惣村を尖鋭的例とする現地の共同体が、荘園制から相対的に自立するとともに確立する。このように見通したとき、その総体を指す地下文書という概念は一定の有効性を持つだろう。

一　『雑筆要集』と『儒林拾要』

1　『雑筆要集』の「在地様文書」

鎌倉時代初頭に編纂された文例集『雑筆要集』には、当時の文書様式がほぼ尽くされている。よって所収文書が様々な研究で活用される一方、その編者や編纂動機も検討されてきた。なかでも五味文彦は、これは中下級官人の荘園支配実務マニュアルであるとした。彼らが荘務で作成・授受を要することになる、文書の例を集成したというのである。(6) そのうえで所収文書の多くは「在地様文書」と呼べるという五味の見解には、荘園制成立と地下文書について問うという視座が内在されている。

ただし『雑筆要集』には多くの写本が残っている。その系譜関係を整理した上杉和彦は異本である『儒林拾要』(7) こそ古体を残し、五味が検討した『続群書類従』本との間には排列などに大きな違いがあると指摘する。(8) また「在地様文書」という呼び方にも問題がある。「××様」はあくまで様式論の概念である。そして公家様・武家様などに対置できる独自の文書を地下の社会が生み出すに至るのは、前述のように鎌倉時代後期であった。また『雑筆要集』の読者に想定される中下級官人は、都鄙を往反して都市の権門領主と地下とを媒介した人々だった。(9) それを「在地」にのみ引きつけては、彼らの固有性を見失うことになろう。よってここでは五味の視座と方法を批判的に継承しつつ、『儒林拾要』を通して当該期の地下文書の様相に迫ってみたい。

2 『儒林拾要』から『雑筆要集』へ

表1は『儒林拾要』の文書排列を挙げて、その構成についての試案を示したものである。各文書には『雑筆要集』での排列と、その五味による分類との対応関係も表示した。上杉はNo.56までが原構成、No.57からは追補とする。その根拠をみておこう。

一見して明らかなようにNo.58は一七点、No.72は一二点もの文書に一括してつけられた番号である。よってこれらはNo.56までの文書とは別のソースによってまとめて挿入されたと考えられる。その二つに挟まれ内容のまとまりも乏しいNo.59〜71も、同じく追補とみなすべきだろう。またNo.47〜56には神仏への祈願・誓約文書としてのまとまりがある。これに対してNo.57は、幕府の追討使が摂津国御家人等の参陣を求める著名な廻文であり、前・後とのつながりに欠けている。

かかる上杉の判断は妥当なものだ。そこでそれを踏まえたうえで『儒林拾要』から『雑筆要集』への改変のさまをみてみよう。まず前者はNo.58・72のように複数の文書に一括して番号が振られており、如何にも未完成の様相を呈する。そこで文書一点ごとに番号を振り直し、体裁を整えようとしたのが後者であると評せよう。

ところが前者ではNo.1〜18の上意下達文書と請文に、ペアであることを明示するため意図的に一括した番号を振っていた。それすら後者は別々の番号に分解し、あまつさえNo.6・16などは追補部分のなかに移動させてしまっている。つまり『雑筆要集』は表層的な見栄えに囚われた無理解によって、本来の構成論理を破壊するものとなってしまったのだ。よって構成分析にもとづく編纂意図の推定は『儒林拾要』の、まずは原構成部分に即して行わねばならない。

表1　『儒林拾要』の構成

No.	文書	雑No.	五味
I	上意下達文書と請文		
1	宣旨	1	①
	同請文	2	〃
2	院宣	3	〃
	同請文	4	〃
3	院庁下文	5	〃
	同請文	6	〃
4	太政官符	7	〃
	同請文	8	〃
5	令旨	9	〃
	同請文	10	〃
6	同宮庁下文	98	⑦
	同請文	99	⑦
7	親王宣	11	①
	同請文	12	〃
8	同宮庁下文	13	〃
	同請文	14	〃
9	関白宣	15	〃
	同請文	16	〃
10	同殿下政所下文	17	〃
	同請文	18	〃
11	検非違使別当宣	19	〃
	同請文	20	〃
12	検非違使庁下文	21	〃
	同請文	22	〃
13	国宣	23	〃
	同請文	24	〃
14	国司庁宣	25	〃
15	留守所符	26	〃
	(他文例1)		
16	府牒	96	⑦
17	牒状	27	①
	返牒	28	〃
18	御教書	29	〃
	同請文	30	〃
II	上申文書		
19	奏状	31	②
20	解状3	32	〃
21	折紙	33	〃
	(他文例1)		
22	陳状2	34	〃

No.	文書	雑No.	五味
III	土地・物品処分関係文書		
23	寄文	35	③
	(他文例1)		
24	去文	36	〃
25	送文	37	〃
	(他文例3)		
26	宛文	38	〃
	(他文例1)		
27	下文	39	〃
	(他文例1)		
28	処分帳2	40・41	〃
29	譲状2	42	〃
30	不理状	43	〃
31	怠状	44	〃
32	曳文2	45	〃
33	紛失状	46	〃
	(他文例1)		
34	券文3	47	〃
IV	権門家政関係文書		
35	置文	48	〃
36	任符2	49	〃
	(他文例1)		
37	名簿	50	〃
	(他文例1)		
38	着到	51	〃
39	宿直番文	97	⑦
40	日記	52	③
41	目録	53	〃
42	下文	54	〃
43	欄遣札文	55	〃
44	注文	56	〃
45	納帳	57	〃
46	下帳		
V	神仏祈願関係文書		
47	願文	58	④
48	呪願文	59	〃
49	表白	60	〃
50	諷誦文	61	〃
51	願書	62	〃
52	断菜文	63	〃
53	御明文		
54	祭文	64	〃
55	天判祭文札	65	〃
56	起請文	66	〃

No.	文書	雑No.	五味
VI	未整理追補		
57	廻文	67	④
58	頭差帳	68	〃
	請定文	69	〃
	縁起	70	〃
	勧進文	71	〃
	奉加帳	72	〃
	施入文	73	〃
	結番衆帳	74	〃
	過去帳	75	〃
	検田取帳	76	⑤
	丸帳	77	〃
	徴符	78	〃
	雑物請文	79	〃
	文抄	80	〃
	返抄放	81	〃
	点定札文	82	〃
	制止札	83	〃
	結解文	84	〃
59	問注記	85	⑥
60	明法勘状2	86	〃
61	勘文	87	〃
62	諸書籍序		
63	暇文	88	〃
64	序	89	〃
65	和歌題		
66	表書	90	〃
67	御祈禱巻数	91	〃
	(他文例1)		
68	牓示銘書	92	〃
69	占形書	93	〃
70	舞奏書	94	〃
71	闕字平出	95	〃
72	消息	100	⑦
	(他文例6)		
	御教書	104	〃
	同請文	〃	〃
	供料請文	101	〃
	祈雨法辞書	102	〃
	御修法等請文	103	〃

＊「解状3」など：『雑筆要集』にも収載のもの
「(他文例1)」など：『雑筆要集』で略されたもの

＊五味：五味論文での分類(①上意下達文書と請文、②上申文書、③荘園の雑務・所務関係文書、④神仏関係文書、⑤荘園の所務関係文書、⑥その他の文書、⑦追加の文書)

二　『儒林拾要』にみる地下文書

1　『儒林拾要』の編纂目的

『儒林拾要』の構成は表1のようにⅠ上意下達文書と請文・Ⅱ上申文書・Ⅲ土地・物品処分関係文書・Ⅳ権門家政関係文書・Ⅴ神仏祈願関係文書・Ⅵ未整理追補に大別するのが適当と考える。このうち、Ⅰ・Ⅱ・Ⅴは五味の判断と基本的に変わらない。ただし五味はNo.58の前半部（『雑筆要集』ではNo.68～75）が縁起・過去帳などであることから、そこまでを「神仏関係」と一括した。そのためⅤとNo.58に挟まれたNo.57軍勢催促の廻文をも、そのなかに含めるという無理を生じさせている。これはNo.57以降を追補と考えず、原構成と追補とをまたいで分類したからだ。

大きく判断が異なるのは五味が「荘園の雑務・所務関係文書」と一括した部分を、Ⅲ・Ⅳに分けて捉えた点である。五味はこの部分と「荘園の所務関係文書」とみなしたNo.58後半部（『雑筆要集』ではNo.76～84）とをあわせて、荘園支配関係文書がその過半を占めると判断した。そしてこれらの文書を「在地様文書」、『雑筆要集』を荘務マニュアルと評価したのだった。

確かに追補であるNo.58後半部は検注・収納などの荘務にまつわる、まさに後に「地下文書」と呼ばれることになる文書群で占められている。また表2に整理したようにⅢには、年貢等上納や給田宛行など荘園制的なものもみられはする。だがⅢの大半は田畠私領の寄進・譲渡・売買やそれに関連するものである。これを荘務に括ることはできないだろう。これらは年貢・過料関係も含めて、ひろく土地・物品の処分に関わる文書群とみた方がよい。

表2　III　土地・物品処分関係文書の詳細

No.	文書	発給者	受給者	内容	分類
23	寄文ⓐ	姓名某	某人	某荘内私領田畠を寄進・下司職相伝留保	不・寄
	ⓑ	官位姓名一	某寺	荘園一所を寄進・地頭職相伝留保	不・寄
24	去文	官位姓名某		某荘内某名某町等を公事未進で去渡す	不・荘
25	送文ⓐ	公文・下司・郷司代		某郡の某年年貢米運上	貢・荘
	ⓑ	御厨預某		某物の進上	貢・荘
	ⓒ	御厨預某		某物の貢上	貢・荘
	ⓓ	姓名		某御坊のための御布施米奉送	貢
26	宛文ⓐ			侍某に某荘内給田1町宛行	不・荘
	ⓑ	姓	某人	某荘内相伝私領計2町を事縁あるにより宛行	不
27	下文ⓐ	某殿政所	某御荘官等	某物の進上命令	貢・荘
	ⓑ		某荘	材木の採進命令	貢・荘
28	処分帳ⓐ	姓某	女子	私領田地1町を処分	不
	ⓑ	姓・嫡男	女子	釜鉛鎧壺瓶皮子など調度資材等処分	動
29	譲状ⓐ	姓	某人	父子の約により某荘内私領田畠山林等1町譲与	不
	ⓑ	僧	同行僧某	奉仕の志あるにより某荘内田1町・房舎1宇仏具等譲与	不・動
30	不理状	養父姓	(在地)	養子某姓某丸を心操不理により義絶／在地加署判2名	財
31	怠状	姓		御勘責への謝罪	支
32	曳文ⓐ	姓丶丶		罪科の過料として白布百端を曳進	動・支
	ⓑ	姓		一男某の罪科の過料として父子両人の身を曳進	動・支
33	紛失状ⓐ	姓	在地諸人	盗難された私領田畠公験の無効を申請／在地加判2名	財
	ⓑ	官位姓某	在地	焼失した文書公験の保証申請／在地署判2名	財
34	券文ⓐ	売人姓	人	某荘内某坪私領の売渡	不
	ⓑ	売人姓名・一男姓	某人	某荘内私領山地の沽却	不
	ⓒ	姓	某人	私地京屋地1戸主の沽却	不

【分類】不：不動産の権利移転文書、動：動産・人身の権利移転文書
財：財産相続予定者の身分ないし財産の証書にかかわる文書
荘：荘務のなかでの文書、支：支配・被支配関係のなかだが荘園支配とは断定できぬ文書
貢：年貢等荘園の貢納物の上納・使途に関する文書、寄：寄進によって権門領荘園が成立する文書

表3　Ⅳ　権門家政関係文書の詳細

No.	文書	発給者	受給者	内容	分類
35	置文		(末代領主)	某荘年貢斗代の決定	荘
36	任符ⓐ	某殿政所	某御荘官等	藤原某を預所職に補任(下文)	荘
	ⓑ		某御荘	姓名某を下司職に補任(下文)	荘
	ⓒ		在郷	姓名某を権行事職に補任(下文言欠)	荘
37	名簿ⓐ	＊→		平治元年2月16日平朝臣某・建久3年12月18日藤原某	人
	ⓑ	＊→		某年月日藤井正友丸(生年30歳)	人
38	着到	始之姓――	結番者たち	左衛門陣大番宿直人の結番通知・勤仕命令	人
39	宿直番文	始之	結番者たち	侍宿直の結番通知・勤仕命令	人
40	日記			某人の紀伊国在田郡から高野山への参詣記録	他
41	目録			官位・職員など令の立項を踏まえた何らかの章立て案	他
42	下文ⓐ		某荘公文所	二ヶ年年貢未進結解勘文の進覧を命ず	荘
	ⓑ		上所	御倉納米の下行を命ず	荘
43	欄遺札文			主不明の放散牛馬の取得は咎なきことの札書	他
44	注文	公文姓		小田荘の杣入人夫員数の注進	荘
45	納帳			某荘の御米運上状況の注進	荘
46	下帳			某荘の御米下行状況の注進	荘

【分類】荘：荘官補任・年貢等貢納物の処理など荘園支配のなかでの文書
人：名簿奉呈による家人化や宿直番命令など権門の人的編成にかかわる文書
他：その他、権門家政の便宜に供するための文書

一方、残るⅣも表3のように、荘官補任・貢納など荘務関係が多いものの、家人の編成・動員に関わるものも無視できない。これらは荘園支配をも含む、権門の家政文書群とみる方が妥当だろう。

以上を踏まえて『儒林拾要』を通覧すると、Ⅰ・Ⅱはおおむね朝廷の業務のなかで授受する文書、Ⅳは権門の家政のなかで授受する文書、Ⅴは自身での発給も、主人のための代筆も考え得る文書と捉えられる。またⅢについては後述するが、これも自身での発給・代筆ともに想定できる文書群だ。つまり『儒林拾要』とは、中下級官人が公私に渡って授受・作成する文例を網羅したものなのである。

2　『儒林拾要』と地下文書

よって『雑筆要集』を荘務に特化したマニュ

アルとし、そこに「在地様文書」をみいだした五味の見解は成立しない。だがそこには五味程の碩学が誤認する程に、荘務・現地関係文書が含まれた。特に、原構成では不足ありとして追補されたVIに明確なまとまりをもって「地下文書」が挿入されたことには、やはり重要な意味があるだろう。

院政期には荘園制の形成とともに、その権門家政に占める比重が増大した。そこで実務を担う中下級官人の、地下との関係も増大・多様化していく。それを暗示する『儒林拾要』の歴史的位置は、『雲州消息』『高山寺本古往来』など摂関期の文例集と対比すると明瞭だろう。後者はまだ、その種の文書をほとんど採っていないのだ。

そして、何より注目に値するのはIIIである。そこには荘園寄進状や年貢送文など、中下級官人自身が発給者になり得る文書もみられはする。だが現地の比較的狭小な所領の譲与・売買状や、とりわけ文書紛失や養子離縁の確認・保証を「在地」、つまり地域社会の隣保的関係者に求めたものはそうではないだろう。これらは地下の人々が、その生活のなかで互いに授受した文書とみなせるのだ。それが多く『儒林拾要』に収載された背景には、中下級官人による地下の人々への作文指導や代筆が想定できる。

地下の人々は領主から下される文書からその様式・機能を学びとっていき、それが地下文書成立の前提となった(10)。そしてその現場には、彼らと中下級官人とのリテラシーをめぐる接触があった。『儒林拾要』は、地下文書が荘園制の成立とともにあったことを示すのだ。

三　地下文書の歴史的前提

1　受領制と随近在地

中下級官人を媒介に形成され深化した都鄙間関係が、文書による意思疎通システムを地下が受容する環境をつくった。それは共時的構造としては如何にもわかりやすいものだろう。だが都鄙間関係も地域社会で授受される文書も、荘園制が突然もたらしたものではない。ここでは、地下のリテラシーの源泉を通時的に遡って考えたい。一人ひとりを戸籍・計帳に登録して把握・徴税する律令国郡制は、在地首長の地域掌握を媒介とした。だが一〇世紀の東アジアは唐・新羅・渤海が滅亡し、日本列島でも承平の乱が勃発するという激動に覆われる。そのなかで在地首長の多くは没落し、地域社会も分解していった。それを経て形成されたのが受領制である。

受領は朝廷からの管国統治委任のもと、人と違って逃げない水田を名に編成した。そしてその請負者たる負名を媒介に、水田面積を基準に所当官物を収取したのである。一方、地域社会は復興のために外部の技術や資金を求めた。それに応えた京・奈良の中下級官人や僧侶らは、対価として私領と称する自らの収益権を樹立する。受領制はかかる新たな都鄙間関係に下支えされるとともに、私領をもととする荘園制の母胎にもなったのだ。(11)

かくして復興した地域社会には「在地」「随近在地」などと称される関係が形成された。『儒林拾要』所載の紛失状に「在地」として証判したような者こそ、それを主導した人々だ。この頃に郡・郷のなかに現れ、その末端となる新たな郷・村は、随近在地を基盤に編成された。(12)彼らは共同体の秩序を担う顔役であり、ゆえに負名に編成された。また郡郷司や、それと一体となって地域行政を担う郷村の刀禰として受領制下の収取・行政を支えもした。「在地司」と総称された郡郷司・刀禰によるかかる体制は、その郷村が荘園となった際には荘務機構に転化するものだった(13)。

そして実は負名体制と在地司体制は、一定の文書作成・運用を必要とした。また中下級官人・僧侶らの村落経営への関与と私領形成は、都市の文書体系と随近在地との接触の契機となっただろう。受領制には地下文書の歴史的前提が萌芽している。その具体相に分け入ってみよう。

2　負名体制と文書の作成・保管

負名体制は国府に対して負名が耕作・収納の請負を申請する作田請文、郡郷の収納所などにその都度官物を納入する際の領収証である返抄、その決算書である結解など、一年を通して様々な文書の作成・授受を不可欠とした(14)。そしてそれには郡郷・現地荘務機構や随近在地での、保管・運用体制がともなっていた。

春日社領の大和国大嶋荘では下司・伴常国のもとに「作人等請文」が保管されており、それが保安四年（一一二三）の川原寺住人との紛争では権利証書として提示されている(15)。下司職は在京の可能性もある職だが、この場合はどうだろうか。下司には蓮寂の勘当後に「住人」重末、その死後に常国が補任されたという。一方で「絵図券案等」は「領主」宋覚の許にあったから、これは現地の下司と判断してよいだろう(16)。するとここには、在京領主の権利証書と地下の荘務文書との対が成立していることになる。

次は伊賀国鞆田荘の例である。ここでは国府との紛争が絶えなかった。それは官物の一部を寺社の財源に充てる便補の制のもと、国府の官物と東大寺封米の双方を負担したためだ。そしてその住人等二五名は天永二年（一一一二）、東大寺による封米追徴を不当として本家政所に訴えた。その解は封米の結解二通を証拠文書に副えて、預所・平正盛に委ねられている。[17] これは住人組織による、受給文書の管理・運用体制の存在を示唆するものだ。

封米の結解は官物の結解に準じる。そして蓄積されたそれらはこのように、不当な追徴に抗する証拠にもなった。よってその蓄積が始まる摂関期の随近在地にも、その保管体制があったと考えても無理はない。そこで主に一一世紀の文例を収める『高山寺本古往来』[18] をみてみよう。

その一四は郡郷司と目される人物が、恐らく国府に送った書状だ。そこには「去年の春、人々は秋に利息を納める約束で出挙を申請して「文契」を進めた。だがそのなかには逃亡・死去したり、疲弊して弁済できない者たちがいる」旨が記されている。摂関期の郡郷司も出挙の請文を保管していたわけだが、作田請文も同様だろう。負名体制は国府・郡郷司と負名とが、様々な文書を互いに作成・受給するものだった。そしてそこには、その文書の保管体制が組み込まれていた。それは随近在地の一員でもある郡郷司・負名らと、リテラシーとの接点だったのである。

3　「荘住人等解」と「郡司・刀禰等解」

一一世紀には荘園の住人等が領主に要求・報告をする際に、荘住人等解という上申文書が用いられた。それはやがて百姓等申状に変容し、地下文書の一角をなす。また荘住人等解の署判者には、しばしば荘官らも含まれていた。このように階層的に未分化だった随近在地のなかで、荘住人等解は荘司等解から派生する。[19] かかる荘司の実像を、簡単な位署から知るのは難しい。だがなかには「典薬大属中原守任」[20] のように、中下級官人であることが明らかな者もいる。彼らによる中世地下での作文指導や代筆は、摂関期に端緒があろう。

また当該期の荘務体制は在地司体制と互換的だった。そこには郡司・刀禰がともに在地司として署判し、国府や権門に上申された郡司刀禰等解という文書がある。ならば随近在地に内在的なリテラシーの源泉も、中下級官人との接触とは別に考えねばならないだろう。

中世の荘園には文書の作成・保管・運用に当たる公文という荘官がいた。高橋一樹はその前身を、受領制下で地域行政に当たった国府官人に求めている。(21) また小原嘉紀は刀禰は郡郷下部職員の汎称であり、その書生としての側面を具体化した場合には「図師」や「公文預」として現れることを指摘する。そのうえで、それは律令国郡制下の郡雑任の系譜にあり、荘園制下の公文職につながると推定した。(22)

高橋・小原の見解は、どちらも妥当なものだと思う。だが残念ながら史料的制約により、その系譜関係を直接論証するのは困難だ。そこでここでは刀禰が署判の際に記した肩書と活動内容に着目して、それを通時的に追ってみよう。

【八世紀末〜九世紀】その所見は畿内近国に限られ、特に山城・大和に集中する。多くは初位〜七位程度の位階と舎人・史生など、中央官庁の下級官職を帯びる。またその活動は郡司・郷長のもとでの売買立券保証にほぼ限定される。(23)

【一〇世紀】その所見は伊勢・志摩などにもひろがっていく。また徐々に郷長が消滅して、郡司―刀禰の統属関係に収斂する。官職には前代のものに判官代などの在庁職や国司代など一〇世紀的な郡司の職、諸国の掾が加わってくる。活動も私領の四至勘申などにひろがり、新たな郷村を単位に設置された刀禰も現れる。また中葉には「保証刀禰」「在地」による保証行為もみえてくる(24)。その所見は北部九州などにひろがり在地司体制も確立する。帯びる官位は前代と大差ないものの、【一一世紀】端的に「刀禰」とのみ署判し、他の肩書は記さないことが多くなっていく(25)。

このように一〇世紀を境に、刀禰には国郡行政に関わりつつ随近在地を構成する人々が現れる。それは一一世紀には定着して在地司体制に結実した。これは一〇世紀の激動を経て再構築された、地域社会のあり方と相関するものだ。かかる人々を登用したことで、受領制は存立し得た。彼らはそれに応えつつ、リテラシーを得ていくことになる。そしてそれは文書を挙証とした訴訟にみるように、随近在地のなかで主体的に内在化されていったのである。

おわりに

地下文書は受領制のもとで萌芽して、荘園制とともに成立した。そして荘園制再編の激動のなかで、その枠組からも相対的に自立しつつ確立したといえるだろう。荘園制下の荘務や領主の権利確認は、文書の授受を不可欠とした。また地下の諸関係も、口承や口頭・暗黙の了解だけでは担い切れぬものだったのである。

その大きな分水嶺は、やはり一〇世紀の激動による社会の流動化に求めたい。律令制は、中華帝国で完成した高度な文書行政システムを列島社会に持ち込んだ。だがその外皮の下には、在地首長が掌握する対面的関係が多くを占めた地域社会があった。そこでは文書体系と民衆との接触は徐々に進んでも、なお端緒的なものにとどまっただろう。だが受領制は、安定した人間関係を基盤とはできなくなった。負名体制は人ではなく土地把握にもとづいた。またその耕作・貢納者は、毎年替わり得る請負契約で定まったのだ。

そこには作田請文という文書の授受で、関係を証拠だてる手続が不可欠となった。返抄・結解もまたしかり。一方で地域社会では内・外に人々が流動し、見知った間柄ばかりではなくなった。その諸関係を再構築する際にも、文書という永続的ツールでの約束・確認が求められるようになったのではないか。随近在地・地下のリテラシー受容には、かかる内在的契機があった。それは律令的文書主義の下降浸透だけでは説明できないものだろう。(26)

このように一〇世紀と、一三世紀後期から一四世紀の間のそれぞれに固有の社会の流動化のなかで、民衆世界でも文書の作成・運用・保管の動きが内在的に高まった。それとともにそのリテラシーの源泉である、多元・重層的な都鄙間関係も深化していくことになる。そしてそれは境界における東アジア世界との葛藤を孕みつつ、列島規模での日本社会を形成していった。(27) 都鄙間を、また地域社会を行き交う数多の文書は、そのよすがとなったのである。(28)

註

（1）春田直紀「中世地下文書論の構築に向けて」（同編『中世地下文書の世界　史料論のフロンティア』勉誠出版、二〇一七年）。

（2）佐藤雄基「「地下」とは何か」（前掲註（1）春田編書）。正和二年頃の播磨国矢野荘文書目録（「教王護国寺文書二五一」相文三一）など参照。

（3）高橋一樹「荘園制の変質と公武権力」（『歴史学研究』七九四号、二〇〇四年）。

（4）蔵持重裕著『日本中世村落社会史の研究』（校倉書房、一九九六年）。

（5）佐藤雄基・大河内勇介「秦家文書」（前掲註（1）春田編書）。
（6）五味文彦「中世の古文書学」（同著『中世社会史料論』校倉書房、二〇〇六年。初出は二〇〇五年）。
（7）『続群書類従　第三十一輯下　雑部』。
（8）上杉和彦「『雑筆要集』を中心とする日本中世文例集史料の研究」（『明治大学人文科学研究所紀要』五〇号、二〇〇二年）。
（9）佐藤雄基「院政期の挙状と権門裁判――権門の口入と文書の流れ――」（同著『日本中世初期の文書と訴訟』山川出版社、二〇一二年。初出は二〇〇八年）。
（10）春田直紀「中世浦社会にとっての文書主義――「秦文書」からの考察――」（同著『中世浦社会の研究』同成社、二〇二四年。初出は一九九六年）。
（11）小川弘和著『古代・中世国家と領主支配』（吉川弘文館、一九九七年）、同「藤原清廉・実遠の官物請負と受領制――十一世紀における一国統治構造の一断面――」（『日本歴史』七一〇号、二〇〇七年）。
（12）田村憲美著『日本中世村落形成史の研究』（校倉書房、一九九四年）、前掲註（11）小川著書。
（13）斉藤利男「十一～十二世紀の郡司・刀禰と国衙支配――「中世的郡郷制」再検討のために――」（『日本史研究』二〇五号、一九七九年）。刀禰そのものは八世紀から、売券の保証主体として登場する。だが郡郷司とともに受領制を支えるのは一一世紀からである。
（14）大石直正「平安時代の郡・郷の収納所・検田所について」（豊田武教授還暦記念会編『日本古代・中世史の地方的展開』吉川弘文館、一九七三年）、佐藤泰弘著『日本中世の黎明』（京都大学学術出版会、二〇〇一年）。
（15）同年四月一一日春日社領大嶋荘下司解（「東寺百合文書モ」平一九八七）。
（16）年欠四月二五日宋覚書状（「東寺百合文書モ」平一九八八）。前掲註（9）佐藤論文参照。
（17）同年一二月一四日伊賀国鞆田荘住人解（「東南院文書三ノ六」平一七五七）。
（18）高山寺典籍文書綜合調査團編『高山寺本古往来・表白集』（東京大学出版会、一九七二年）。
（19）木村茂光著『日本中世百姓成立史論』（吉川弘文館、二〇一四年）。

(20) 天喜三年一〇月二八日伊賀国玉瀧杣惣検校等解(「黒田太久馬氏所蔵文書」平七三六)。

(21) 高橋一樹「荘園制と都市・村落」(近藤成一・小路田泰直・ローベルト　ホレス・デトレフ　タランチェフスキ編『中世　日本と西欧——多極と分権の時代——』吉川弘文館、二〇〇九年)。

(22) 小原嘉紀「平安後期の官物と収取機構——荘園制前史としての摂関期——」(『日本史研究』六四一号、二〇一六年)。小原は一〇世紀の社会構造変動論には批判的だが、それはまだ実証的に全否定に至っていない。よってそこには社会変化を内在的契機から考えるうえで、いまだ一定の有効性があるだろう。

(23) 延暦七年一二月二三日大和国添上郡司解(「薬師院文書」平五)から昌泰三年八月二〇日河内国某田地売券(「角田文衛氏所蔵文書」平四五五〇)まで。なお刀禰の活動を全て列挙すると膨大なので、ここでは各時期の初見・終見のみ挙げる。

(24) 延喜二年一一月七日近江国依知秦又子施入状(「東南院文書五ノ三」平一八七)から長徳二年一一月三日伊福部利光治田処分状案(「光明寺古文書」平三六七)まで。

(25) 長保四年六月一三日東大寺都維那某家地売券(「關戸守彦氏所蔵文書」平四二二)から嘉保二年三月一五日山城国賀茂荘別符立券案(「東大寺文書三ノ二」平一三四二)まで。

(26) 一方で前近代には渡辺滋著『古代・中世の情報伝達——文字と音声・記憶の機能論——』(八木書店、二〇一〇年)が論じるように、文字と音声とが不可分な相補性を有していた。ただし地域社会の文書受容に関する渡辺の議論は下降浸透論的で、その能動性・内在性は考慮されていない。

(27) 小川弘和著『中世的九州の形成』(高志書院、二〇一六年)。

(28) 入間田宣夫著『百姓申状と起請文の世界　中世民衆の自立と連帯』(東京大学出版会、一九八六年)は、中世日本が未開の周縁社会と中華帝国に由来する文明との交差のなかにあったという視座を打ち出した。そして起請文や百姓等申状を駆使した中世民衆の行動と心性を、東アジア世界のひろがりのなかで捉える必要を提起した。中世地下文書の世界の解明も、そのひろがりのなかに位置づけつつ進めねばならないだろう。

第八章　起請文の神仏と荘園制

はじめに

第七章では受領制形成期と荘園制再編期のそれぞれに固有の社会の流動化のなかで、地下でも文書の作成・運用・保管の動きが内在的に高まることを明らかにした。これを踏まえて本章では、地下の人々が記し用いた起請文の神仏体系を分析したい。

中世日本の神仏体系は神仏習合・本地垂迹のもとに、天竺・震旦・本朝からなる仏教的世界を表現した。そこでは日本は、仏が神の姿を借りて現れる「神国」に位置づけられる。(1) それは摂関期の神祇体系再編を前提に、院政期に神・仏の本地関係が設定されて確立した。(2)

つまりそれは東アジアのなかに日本を定位しつつ、列島社会を統合する観念装置であった。また近世にはそこに「御公儀の御威光」が加味された観念によって「日本」の枠組が内面化されると指摘されている。(3) その検討は、近世を見通すうえでも意味があるだろう。

そして宣誓内容に偽りあらば神仏の罰を我が身に蒙るべしとする起請文は、様々な社会関係のなかで用いられた。そこに列挙された神仏のあり方は、中世民衆による神仏体系の受容や内面化の様相を検討するための格好の素材だろう。

かかる作業は、すでに戦国期についてはー定の蓄積がある。そこでは荘園制や国郡制とは異なる「日本」―大名領国―村という、近世幕藩制に続く地域秩序観形成のさまが示されている。(4)ところが他の時期では天竺・震旦から荘鎮守に渡る神仏のひろがりの方に関心が向けられたため、個別具体的な様相の検討は深められてこなかった。(5)また、それがどのように列島各地に持ち込まれたかについても見解は割れている。河音能平は、領主の神仏を分祀して成立する荘鎮守がイデオロギー的支配の最前線として機能して、荘民を呪縛していくことを論じた。(6)荘園制形成と神仏勧請とを明確に関連づけつつ個別的活動の集積を重視したこの説は、以後の議論を規定した。ところが上島享は、その相対化を試みている。摂関期の受領は国一宮・郡鎮守制の整備を行った。それによって神祇体系の組織的な地域導入もなされており、院政期の荘園形成・諸神仏導入もそれに規定されたというのである。(7)

一方、荘内に荘鎮守と拮抗し得る寺社が複数存在した事例や、荘園化以前よりの現地神が荘鎮守となり、そこに領主が容易に食い込めなかったという事例も蓄積されている。それは荘内に遍在する多様な諸神仏を媒介とした、外界との多様な交通関係を示すものだ。(8)そこでは荘鎮守の中心性も、国郡制の規定性も相対化されている。

このような多様な神仏は、起請文にはどう表出するのだろうか。そこでは荘園・公郷の差や局面での違いもあるのか。本章ではかかる観点から起請文を中心に、ひろく罰文を備えた文書を整理・検討していきたい。

一　中世前期・寺領の起請文

まず中世前期に寺領の領主・荘民間で取り交わされた起請文・罰文の神仏体系から、寺領の統治論理＝建て前を抽出しておきたい。対象を中世前期に限るのは第一に、後述のように一三世紀末に神仏体系の変容が始まること。第二に『平安遺文』『鎌倉遺文』に依拠することで網羅的検討が可能な中世前期に対し[9]、中世後期ではそれが困難なことによる。

結論を先に述べるが寺領における神仏体系の原則は、天竺・震旦諸神や自らも属する「日本国中大小神祇」を背景に、領主の本尊が立ち現れるというものである。荘民はまず領主の本尊に直面し、それを媒介に本尊が属する「日本国中大小神祇」が感知されるのだ。そこには荘民は領主を媒介にして初めて「日本」に接続されるという統合構造がみいだせる。

一方、荘鎮守や国一宮・郡鎮守は、寺領の神仏体系からは排除されている。それらが起請文・罰文に登場するのは、領主との衝突のなかで荘民が地域神を拠り所とする場合に限られる。また領主が勧請する荘鎮守も、観念上はあくまで分枝として本尊に包摂され解消してしまうのだろう。

以下ではまとまった検討が可能な高野山領と東大寺領を表で例示し、荘鎮守などの登場例を逐次検討してこの結論を確認したい。なお他の断片的事例も同一の傾向に収斂するが、煩雑となるため一々の言及は省略する。

1　高野山領

表1に整理したように、史料は備後国大田荘と紀伊国の膝下荘園群に集中する。紀伊国の諸荘では〈(天竺・震旦諸神・)日本諸神＋大師・金剛天・丹生高野両所権現(＝天野社)〉が基本構成で、ときに本尊的な三神仏のうちいずれかを欠く。珍しい例は貞応元年(一二二二)の南部荘の沙汰人百姓等年貢請所注進状の罰文で、これは領主の神仏すら欠けている(②)。

備後国大田荘(①・㉕・㉙)

大田荘は永万二年(一一六六)に後白河院を本家・平家を領家に蓮華王院領として立荘されたが、平家没落後に高野山に寄進された。建久三年(一一九二)正月一五日鑁阿下文(①)は鑁阿による荘務規定の奥に公文・下司らが請文を加筆した複合文書であり、双方が共通の神仏に誓約するかたちとなっている。そこに「大師」とともに挙げられる「当御庄鎮守八幡大菩薩」を、前原茂雄は井原八幡宮に比定したうえで「鑁阿は、新興である高野山の鎮守神ではなく、従来からの庄鎮守を起請文言に持ち出さざるをえなかった」とする。(10)首肯すべきだろう。一方、鎌倉末期の寺家方雑掌補任請文では荘鎮守は欠落している(㉕・㉙)。そちらが領主・高野山にとっての原則であり、荘鎮守の表出は領主交替時の過渡的事態だったと考えられる。

紀伊国小河柴目荘(④・㉚〜㉝)

石清水八幡宮領だった小河柴目荘は元弘三年(一三三三)、後醍醐天皇の勅裁により高野山に付せられた。荘鎮守・八幡大菩薩は石清水が勧請したものと思われる。新領主・高野山への臣従を迫られた荘官・百姓が従来からの荘鎮守を拠り所としたことが、その罰文への表出理由と考えられよう(㉚〜㉝)。なお文永六年(一二六九）の柴目村番頭百姓等起請文（④）は、悪党・守護代による濫妨を訴えたものだ。分裂した地下の一方の集団が高野山への接近・接触を図るという、高野山領化の前提となる事態の進行が窺える。

紀伊国荒川荘（⑦～⑭・⑯・⑱・㉑・㉖）

荒川荘は王家が本家であり、高野山は平治元年（一一五九）に領家職を獲得した。著名な荒川悪党事件の舞台であり、ここでの起請文もそれに関連するものである。⑧～⑬は、悪党・源為時の同族に対し高野山が服従を誓わせたもの。立荘前からの現地神である荘鎮守・三船八幡は、為時一族の拠り所でもあったために表出したと思われる。一方、正応四年（一二九一）の⑯～⑲や正慶元年（一三三二）の㉖～㉘は、荒川荘を含む膝下荘園群の荘官層に寺家側で用意・強制したと思しき同一様式をもって提出させたものである。こちらは当然のように荘鎮守など現れない。領主・荘民の衝突状況が荘鎮守を表出させ、それが領主によって圧服されたという経緯が読みとれる。

案件	備考	鎌No.
領主・荘官間の荘務誓約	1186年王家領を寄進	575
沙汰人等による収納状況報告	1193年本家獲得、請所型荘園	2977
惣刀禰職請文	神野荘内猿川村	7803
番頭・百姓等による悪党不与同誓約	石清水領、神野・真国荘と相論の地	10481
荘官等の服従誓約	1221年領家職獲得、本家は王家	10839
荘官等の服従誓約		12184
源為時(法心)の服従誓約	前年より御手印縁起を根拠とする神領興行開始	15998
源義賢の服従誓約	三船社は古代以来の神社	17411
成妙の服従誓約	⑧～⑬は為時蜂起後の同族への規制	17413
如願・法心・真阿の服従誓約	1159年領家職獲得、本家は王家	17415
真阿の子息大弐房義絶誓約		17416
西阿の孫大弐房義絶誓約		17417
法心・金主の甥・孫大弐房義絶誓約		17420
金収の法心・大弐房義絶誓約	⑭～㉑は為時・高野山紛争下の規制	17650
荘官等の服従誓約		17681～91
湯浅定仏の服従誓約	⑯～⑲は同一フォーム	17725
番頭の服従誓約		17726
西信の服従誓約	16867、西信荒川荘に田地有す見ゆ	17729

表1　鎌倉期高野山領の起請文

No.	年	荘	国	神仏
①	建久3 (1192)	大田荘	備後	両界諸尊并大師明神罰、近当御庄鎮守八幡大菩薩并御庄内大小諸神罰
②	貞応元 (1222)	南部荘	紀伊	奉始上梵天帝釈四大天王三界空居四善八定天王天衆、下至于率土之上若干大小諸神部類眷属神罰
③	建長6 (1254)	猿川荘	紀伊	梵天帝釈四大天王、惣日本国中六十余州大小神祇、別丹生高野両所権現部類眷等之神罰
④	文永6 (1269)	柴目村	紀伊	奉始梵天帝釈四大天王、三界空居炎魔王界、殊八幡大菩薩、別丹生高野両大明神、部類眷属百廿伴、王城鎮守諸大明神、惣日本国中大小諸神之御治罰
⑤	文永8 (1271)	神野・真国・猿川	紀伊	梵王帝釈四大天王、日本国中大小神祇、天野四所部類眷属、大師金剛天等両部諸尊神罰冥罰
⑥	建治元 (1275)	神野・真国・猿川	紀伊	日本国中大小神祇・天野四所権現部類・高祖大師・金剛天等御治罰
⑦	弘安9 (1286)	荒川荘	紀伊	梵王帝釈四大天王、日本国中大小神祇、天野四所権現部類眷属、大師金剛天等両部諸尊神罰冥罰
⑧	正応3 (1290)	荒川荘	紀伊	奉始梵天帝釈四大天王、殊大師明神、当庄鎮守三船八幡、惣日本国中大小神祇之神罰冥罰
⑨	正応3 (1290)	荒川荘	紀伊	奉始梵天帝釈四大天王、殊大師明神、当庄鎮守三船八幡、惣日本国中大小神祇之神罰冥罰
⑩	正応3 (1290)	荒川荘	紀伊	奉始梵天帝釈四大天王、殊大師明神、当庄鎮守三船八幡、惣日本国中大小諸神之神罰冥罰
⑪	正応3 (1290)	荒川荘	紀伊	奉始梵天帝釈四大天王、殊大師明神、当庄鎮守三船八幡、惣日本国中大小諸神之神罰冥罰
⑫	正応3 (1290)	荒川荘	紀伊	奉始梵天帝釈四大天王、殊大師明神、当庄鎮守三船八幡、惣日本国中大小諸神之神罰冥罰
⑬	正応3 (1290)	荒川荘	紀伊	奉始梵天帝釈四大天王、殊大師明神、当庄鎮守三船八幡、惣日本国中大小諸神之神罰明罰
⑭	正応4 (1291)	荒川荘	紀伊	上ほんてんたいしやくをはしめたてまつり、そうして日本国中大小諸神、ことにおいてハ、大師明神両部諸尊、ミふねやわたの御はち
⑮	正応4 (1291)	神野・真国・猿川	紀伊	梵天帝釈四大天王、日本国中大小神祇、天野四所部類眷属・大師金剛天等両部諸尊神罰冥罰
⑯	正応4 (1291)	荒川荘	紀伊	梵天帝釈四大天王、日本国中大小神祇、天野四所部類眷属・大師金剛天等両部諸尊神罰冥罰
⑰	正応4 (1291)	真国荘	紀伊	梵天帝釈四大天王、日本国中大小神祇、天野四所部類眷属・大師金剛天等両部諸尊神罰冥罰
⑱	正応4 (1291)	荒川荘ヵ	紀伊	梵天帝釈四大天王、日本国中大小神祇、天野四所部類眷属・大師金剛天等両部諸尊神罰冥罰

坂上清澄の服従誓約		17730
荘官等の悪党追放誓約		17737
日置光房の悪党不与同報告	17954の石王法師のものも	17953
公文の服従誓約		21325
預所職請文	円満院門跡を圧迫し翌年譲渡	21564
荘官等の服従誓約		25676
桑原方雑掌請文		27111
荘官等の服従誓約	㉖～㉘は同一フォーム	31777
荘官等の服従誓約	翌年、元弘勅裁により寺領化	31778
荘官等の服従誓約		31779
大田方雑掌請文		31860
田所の服従誓約	元弘勅裁により石清水領から寺領化	32697
番頭・百姓等の服従誓約		32698
荘官等の服従誓約		32700
宗融の服従誓約		32765

⑲	正応4(1291)	官省符荘ヵ	紀伊	梵天帝釈四大天王、日本国中大小神祇、天野四所部類眷属・大師金剛天等両部諸尊神罰冥罰
⑳	正応4(1291)	名手荘	紀伊	梵天帝釈四大天王、日本国中大小神祇、天野四所部類眷属・大師金剛天等両部諸尊神罰冥罰
㉑	正応5(1292)	荒川荘	紀伊	惣奉始梵天帝釈四大天王、日本国中大小諸神、殊大師大明神・当庄鎮守三船三所大明神・八幡大菩薩御治罰
㉒	乾元元(1302)	猿川荘	紀伊	梵王帝釈四大天王、日本国中大小神祇、天野四所部類眷属、大師金剛天等両部諸尊神罰冥罰
㉓	乾元2(1303)	阿弖河荘	紀伊	奉始　梵天帝釈四大天王、別丹生高野両大明神、十二王子百二十伴、惣日本国中大小諸神御治罰
㉔	正和4(1315)	神野・真国・猿川	紀伊	日本国中大小神祇、天野四所権現部類、高祖大師金剛天等御治罰
㉕	元応元(1319)	大田荘	備後	梵天・帝釈・四大天王・堅牢地神・龍神八部・殊丹生・高野両所権現・十二王子百廿伴、惣王城鎮守正八幡宮・北野天神等・日本国中大小諸神神罰冥罰
㉖	正慶元(1332)	荒川荘	紀伊	梵王・帝釈・四大天王、日本国中大小神祇、天野四所部類眷属、大師・金剛天等両部諸尊神罰冥罰
㉗	正慶元(1332)	調月荘	紀伊	梵王・帝釈・四大天王、日本国中大小神祇、天野四所部類眷属、大師・金剛天等両部諸尊神罰冥罰
㉘	正慶元(1332)	神野・真国・猿川	紀伊	梵王・帝釈・四大天王、日本国中大小神祇、天野四所部類眷属、大師・金剛天等両部諸尊神罰冥罰
㉙	正慶元(1332)	大田荘	備後	梵天・帝釈・四大天王・堅牢地神・龍神八部・殊丹生・高野両所権現・十二王子百二十伴、惣王城鎮守正八幡宮・北野天神等・日本国中大小諸神神罰冥罰
㉚	元弘3(1333)	小河柴目荘	紀伊	惣日本国中大小諸神、別当庄鎮守八幡大菩薩、殊丹生高野両大明神御治罰
㉛	元弘3(1333)	小河柴目荘	紀伊	奉始梵天・帝釈・四大天王、惣日本国中大小諸神、殊丹生高野両大明神十二王子百廿伴、別当庄鎮守八幡三所大菩薩・三地大聖遍照金剛護法善神御治罰
㉜	元弘3(1333)	小河柴目荘	紀伊	惣日本国中大小諸神、別当庄鎮守八幡大菩薩、殊丹生高野両大明神御治罰
㉝	元弘3(1333)	小河柴目荘	紀伊	惣日本国中大小諸神、別当庄鎮守八幡大菩薩、殊丹生高野両大明神御治罰

2　東大寺領

表2に整理したように〈(天竺・震旦諸神・)日本諸神＋大仏・東大寺鎮守八幡〉が基本構成であるが、大仏・八幡のいずれかを欠くこともある。

伊賀国黒田荘（①〜⑤・⑧）

大和との国境に近い板蝿杣から発展した黒田荘は、一一世紀中葉天喜年間（一〇五三〜五八）の国府との紛争を経て名張川西岸の本荘が確立する。それとともに荘民による東岸の公郷地帯への出作が展開し、それが国府との新たな火種となった。公郷地帯の矢川・中村などの私領主権を獲得した東大寺は、承安四年（一一七四）に後白河院庁下文を得て新荘・出作荘の確立に至る。だがその後もしばらくは東大寺と、国府・興福寺との紛争は継続した。

①〜③は興福寺と結びついたり東大寺中門堂・法華堂寄人とはならないよう、荘官らに誓約させたものである。②では祈雨・用水神として現地に根ざす大宅子明神を掲げる一方、大仏・八幡は現れない。これが元久元年（一二〇四）の④・⑤では荘内諸神と大仏・八幡とが併記されるようになり、正安二年（一三〇〇）の下司職請文（⑧）では遂に荘内諸神がみえなくなる。

かかる推移を黒田日出男は「十二世紀末から十三世紀初頭にかけて、大仏八幡が荘民のイデオロギー支配の前面に位置づけられるに至る」と評した(11)が、首肯すべきだろう。東大寺の掲げる論理は大仏・八幡と荘民との直面であり、荘内諸神はそこから排除されていったのである。

播磨国大部荘（⑦）

大部荘は苅米一志が詳細に検討している。[12] その本荘は久安年間（一一四五～五一）に立荘されたが経営は軌道に乗らず、建久三年に陳和卿料所として再立券のうえ東大寺に寄せられた。その際、荒廃していた荘内諸仏が集積された浄土寺八幡宮が、重源主導の再開発で形成された集落群の荘鎮守となっていく。

ところが本荘には熊野勢力も入り込み、別に開発が展開して集落群が形成された。そちらは熊野勢力が勧請した王子熊野権現を鎮守とすることになる。かくして大部荘は開発の由来を異とする浄土寺八幡宮・王子熊野権現、それぞれの氏子圏に二分されることとなった。

領主・東大寺の求めに応じた先例報告である⑦では「熊野三所・当庄王子大社」が挙げられている。それは報告主体の百姓たちが、熊野勢力の開発地域に属するからだろう。これは領主の本尊と荘民との直面を旨とする寺領荘園の統治論理が、当該集落と領主以外の神仏との結びつきゆえに貫徹しなかった事例といえる。

大和国の諸荘（⑨～⑬）

二二社のうちである春日大明神は「日本国中大小神祇」の具体例として挙げられていても不思議ではないし、⑫はそのようにも解せるだろう。しかし⑩の場合は「タウコクノチス（当国の地主）」とあるように、大和国における春日社・興福寺の支配的位置を反映したものとみるべきだろう。東寺領の平野殿荘の場合も正応四年の下司職請文[13]に「たうこくにハかすかのたいミやうしん、御てらにハたいしさんほうのみやうはち・しんはち」とある。春日大明神が八幡とならぶ位置にある⑨・⑪も同様である。

案件	備考	No.
荘官等の東大寺中門堂・法華堂寄人にならぬことの誓約	前年、出作・新荘が一円領化	平3687
安倍俊宗の同上	大宅子明神は地域社会に根ざした神社	平3689
大江良永の興福寺西金堂寄人にならぬことの誓約	補194も関連、大江氏は荘官一族	鎌858
大江康直の康兼への不与同誓約		鎌1475
百姓等の公文非法訴訟		鎌1477
沙汰人代官等起請文		鎌19057
百姓等の先例報告	熊野系開発者勧請の王子社と重源再編の浄土寺八幡宮が地域をわけ併存	鎌20181
大江泰定の下司職請文		鎌20494
郷民等の先例報告		鎌20641
荘官・百姓等の先例報告		鎌20642
報告		鎌20643
郷民等の殺害事件に関する報告		鎌21701
郷民の収納に関する誓約		鎌26880
名主等連署契約状		鎌30000

表2　平安・鎌倉期東大寺領の起請文

No.	年	荘	国	神仏
①	承安5 (1175)	黒田荘	伊賀	抑自本奉憑大仏八幡
②	承安5 (1175)	黒田荘	伊賀	当御庄之鎮守大宅子ノ大明神を始奉、惣六十余州大小明神ノ罰
③	建久7 (1196)	黒田荘	伊賀	奉始梵天帝釈四大天王、惣王城鎮守賀茂下上等大明神、殊別当寺鎮守八幡大菩薩神罰冥罰
④	元久元 (1204)	黒田荘	伊賀	大仏八幡幷庄内諸神、惣六十余州之大少諸神、神罰冥罰
⑤	元久元 (1204)	黒田荘	伊賀	先上奉始梵王帝釈、下迄堅牢地神、殊別昼夜□奉仰大仏八幡・庄内鎮守諸大明神等幷王城鎮守諸大明神、□者大日本国中所有神祇冥道之罰
⑥	永仁4 (1296)	三箇村		奉始大仏四王・八幡三所・天照大神・春日権現・熊野・金峯・二月堂大聖自在尊、乃至六十余州一切神祇等神罰冥罰
⑦	正安元 (1299)	大部荘	播磨	奉始日本国中大小神儀ヲ、梵天・帝釈・四大天王、王城鎮守加茂・春日・北野、大和国大仏・八幡大菩薩、殊ニハ熊野三所、当庄王子大社御罰
⑧	正安2 (1300)	黒田荘	伊賀	始奉大仏四王・八幡三所・王城鎮守、五畿七道六十余州之大小明神御罰
⑨	正安2 (1300)	櫟本荘	大和	始奉八幡大菩薩・春日権現大明神幷七堂三宝、惣日本国中大小神祇冥衆冥罰神罰
⑩	正安2 (1300)	清澄荘	大和	タウコクノチス　春日大明神、七タウノ三宝・大仏・八ツマム、ソウシテハ、日本コクチウ大神小神ハツ
⑪	正安2 (1300)	郡山・薬園荘	大和	春日大明神　八幡大菩薩　惣六十余国大神小神御罰
⑫	嘉元元 (1303)	西郷	大和	上則奉始梵天帝釈四大天王日月五星廿八宿北斗七星ヲ、下則奉始伊勢大神宮於加茂下上日吉山王七社吉野平野松尾梅宮熊野三所権現北野天満自在天神、殊ニハ大仏四王天八幡大菩薩二月堂十一面観音在尊、惣テハ日本国六十余州三千七百余社ノ大小神祇冥道ノ神罰冥罰
⑬	文保2 (1318)	衆正院在地郷	大和	大仏・四王・八幡大菩薩・日本国中大小之神罰冥罰
⑭	嘉暦2 (1327)	大井荘	美濃	冥ニハ大仏八幡、殊ニハ二月堂観自在尊

二　摂関家領・王家領・公卿の起請文

続いて摂関家領・王家領といった非・宗教権門の荘園や、公卿をみてみよう。どれも史料は僅少・断片的ではあるが、可能な限りの検証をしておきたい。なお行論の都合上、摂関家領・公卿・王家領の順に論じていく。

1　摂関家領

乏しい材料による推定ではあるが、〈(天竺・震旦諸神・)日本諸神〉が神仏体系の基本構成であり、やはり荘鎮守や国郡制的神仏は排除される原則と考えられる。また自らが再編に深く関与した天照・八幡以下の「日本」の主要神が、寺領での本尊に相当する。

島津荘

中世荘園の嚆矢というべき島津荘は、万寿年間(一〇二四〜二八)に日向国の本荘部分が成立する。また続く長元年間(一〇二八〜三七)には伊勢神宮・宇佐八幡宮以下五社を勧請して、七堂伽藍の荘鎮守・常楽寺が建立された[14]。伊勢・宇佐を頂点に置く神祇体系は、まさにこの頃までに摂関家の主導で整えられたものである[15]。寺社領主の本尊に相当するのは、摂関家の場合は伊勢・八幡・賀茂・春日など「日本」の主要神ということだろうか。ただし管見の限り荘官・荘民から領主に提出された起請文・罰文は残っていないため、その神仏体系は確認できない[16]。

和泉国日根荘

日根荘は天福二年（一二三四）に九条道家のもとで立荘され、九条家領として伝領されていく。正和四年（一三一五）、実行上人による開発行為を妨げたという疑惑がかかった源兼定なる人物が、それを払拭する誓約として起請文を記している。(17)これが「九条家文書」に残るのは、実行の開発は領主承認のもとにあり、この起請文の提出先も九条家だったことを示している。北野社の牛王宝印裏に記されたその罰文は「上梵天・帝釈・四大天王・日月五星・殊八幡・賀茂・春日・熊野・日吉・北野等神罰冥罰」というものだった。「日本」の主要神が摂関家の本尊に相当するという推定に沿う事例である。

山城国久多荘

久多荘は摂関家の寺院である法成寺・平等院の修理料所であったが、鎌倉末期頃には足利家領となっていた。ここは隣荘・近江国葛川との相論で著名である。文和五年（一三五六）に守護方に提出されたと思しき起請文には「伊勢天照大神八幡大菩薩の御罰」という罰文を確認できる。(18)これが料所時代のあり方の残存であれば、先の推定に即して位置づけることができるだろう。

2　公郷

これまた乏しい材料による推定となるが、公郷では〈（天竺・震旦諸神・）日本諸神＋国一宮（国鎮守・惣社）―郷鎮守〉が神仏体系の基本構成であり、国（―郡）―郷という国郡制的秩序が機能している。しかしそれは、すでにみたように寺領や摂関家領の神仏体系には割り込むことができなかった。中世の国郡制は荘園制の展開に規制されて、限定的にしか機能できなかったといえる。

若狭国遠敷郡多烏浦

多烏浦は公領の浦として守護得宗家の支配のもとにあったが、神護寺領西津荘と宮河保との間の争奪を経て、後に西津荘内となった(19)。「秦金蔵氏文書」に鎌倉期の起請文三通が残る。

建長四年(一二五二)一一月一五日若狭多烏浦百姓等起請文案(20)は、百姓たちが「若宮河殿御領」の帰属に関して報告したものだ。罰文には「日本胡忠之神きみやう道、当国上下大明神、当浦改寿大明神之神罰みやう罰」とある。

永仁三年(一二九五)五月晦日秦則元等連署起請文案(21)は、百姓たちが「地頭殿」が狩を宗とするか否かを報告したものだ。端裏書に「かまくらへまいらする起請文案」とあるように、正文は鎌倉の守護正員に届けられたのだろう。罰文は「日本国中大小神祇冥道、殊当国鎮守上下大明神、取別者当浦鎮守天満大自在天神罰」である。

延慶四年(一三一一)二月六日若狭汲部多烏浦公事代銭請文案(22)は、恐らく守護代方に提出されたものだ。罰文は「奉始日本国中大小神祇冥道、別者当国鎮守上下大明神、小浜八幡菩薩、取別者、当浦天満大自在天神、護摩天等神罰冥罰」である。

以上から〈日本諸神＋若狭国鎮守一・二宮―小浜八幡神社―浦鎮守天満社〉という神仏体系が確認できる。おおむね国―郡ないし郷―浦という地域秩序に対応するといえよう。

若狭国太良荘

太良保は治承二年(一一七八)に遠敷郡から分出・成立した。そして建保四年(一二一六)に知行国主・源兼定から七条院に寄進されて、歓喜寿院領・太良荘となる。さらに延応二年（一二四〇）には領家職が寄進されて東寺領荘園となった。鎌倉後期の起請文・罰文は三通残る。

正安四年四月一三日源国友起請文[23]は百姓職の請文で、その罰文は「上大ほんてんわうよりはしめて、日ほんこく中の大小しんき、へちしてハ、たうこくのミかきの大ミやうしんのしんはち・ミやうはち」というものだ。「たうこくのミかきの大ミやうしん」は未詳だが、国郡制的な神仏であり、ここには領主本尊・荘鎮守どちらも現れない。

また嘉元二年（一三〇四）九月日若狭太良荘百姓等申文[24]は百姓からの損免要求で、罰文は「日本第一熊野・金峯・王城鎮守八大明神、殊御寺鎮守、別当国上下大明神・当庄三社明神、惣日本六十余州大小神祇冥道御罰」となっている。〈若狭国鎮守一・二宮―荘（郷村）鎮守〉と「御寺鎮守」、つまり国郡制・荘園制双方の複合的な神仏体系となっている。

一方、百姓たちの服務誓約である正安四年四月二五日綾部時光等起請文[25]の罰文は「奉始　上梵王・帝釈・四大天王・談魔法王・五道大神・泰山府君、殊日本第一熊野・金峯・王城鎮守諸大明神・御寺大仏八幡菩薩御罰」というものだ。ここでは国郡制的神仏・荘鎮守が排除されている。

このように鎌倉後期の太良荘では、神仏体系に揺れがみられる。長らく国保であった太良荘ではその間に国郡制的な体系が根づいており、それは荘領化後も払拭されなかったのだろう。その結果、南北朝・室町期には「上梵天・帝釈、下四大天王・炎魔宮・五道冥宮・大山府軍・伊勢天照大神、惣日本国中六十余州大小神祇、殊東寺大師・八幡、別当国上下大明神、当社三社大明神部類眷属[26]」のように、国郡制・荘園制複合的な神仏体系が定着することになる。河音能平は太良荘の神仏体系の変容に、民衆の結束・自立の強まりをみようとした(27)。その視座自体は重要だが、太良荘の様相は国郡制・荘園制両体系間の振幅として捉えるべきだろう。

豊後国速見郡朝見郷

朝見郷は九州各地に散在する半不輸領・宇佐宮常見名田に含まれた。だが宇佐宮は上分を取得するのみであり、基本的な支配体制は公郷として扱える。

文永一〇年には大隅正八幡宮大神宝使が朝見郷から石垣荘へと移動した際に、石垣荘地頭代・百姓による狼藉が発生したという。同年一〇月五日豊後朝見郷弁分花藤名百姓等起請文案と同日豊後朝見郷久光名末松名百姓起請文案は(28)、その実否を名主百姓が国方ないし守護方に報告したものだ。罰文は「日本国中大小諸神、殊王城鎮守八幡大菩薩、熊野三所権現、当国鎮守由原大菩薩、松坂惣社天満天神、当郷鎮守若松大菩薩御罰」である。これは〈日本諸神＋国一宮由原宮・惣社松阪天満宮―郷鎮守〉という国郡制的秩序を示す。

3　王家領

王家領の事例は皆無に等しい。唯一の事例が淡路国賀集荘だ。賀集荘は後白河院から祈願所・高野山宝塔三昧院に寄せられた。その本家は丹後局から宣陽門院に、領家職は丹後局の子・平業兼の一族に継承されている。

預所の荘務履行誓約である正治二年（一二〇〇）九月八日淡路賀集荘預所某起請文(29)の罰文は詳細かつ長大だ。そこでは「当所鎮守八幡三所若宮・小守竹内竃神殿・河原松童等諸大明神」といった荘鎮守・地域神、「当国十一ヶ所諸大明弁瑜鶴羽十二所権現」という国郡系神仏、そして高野山の神仏である「丹生高野両所大明神使者眷属」が列挙されている。

国郡制的神仏や荘鎮守の表出は極端な網羅性ゆえのこととも考えられる。一方、その多くが半不輸の御願寺領であることを踏まえると[30]、国郡制的体系＋御願寺本尊という形態は王家領全般に敷衍できる余地もある。

三　神仏にみる荘園制・国郡制と地域社会

1　非・荘園制的な起請文

ここまでの考察から荘園制的な神仏体系は「日本国中大小神祇」を背景に、領主の本尊が荘民と直接対峙するものであることが明らかになった。それは地域民衆が個別・具体的な関係を通して権門領主の属する場である「日本」に接続されるという、荘園制の構造の宗教的表現であったといえる。またその回路は領主が独占するものだった。

だが荘域・荘民は多様な神仏を媒介に、外界との多様な関係を持つというのが実態だった。よって領主・荘民関係の不調が高まれば、罰文にはその他の様々な神仏が表出してしまう。その意味で荘民にとって、個別の領主・個別の神仏は相対化されていたのである。

その様相は土地売買や一揆結合などヨコの関係のなかで取り交わした起請文に、より鮮明に現れるだろう。現存文書は寺社領の荘園制的文書を中心としている。よってかかる非・荘園制的文書は僅少だが、可能な限りの検討をしてみたい。

伊賀国黒田荘（東大寺領）

寿永元年（一一八二）、黒田荘新荘・出作の荘官一族である藤原宗末は矢川内田地の本券文を紛失したため、起請文をもって紛失状を立て刀禰・頭領ら荘官の証判を得た。[31] その罰文は「当国当郡鎮守、殊ハ宇奈根大家子大明神、別ハ大仏八幡之罰」という、国郡神仏・荘鎮守・領主本尊の複合的体系をなしていた。

前述のように東大寺の支配が形成途上のこの時期は、罰文の神仏体系も揺れていた。この事例は、それに引きつけて解することもできるだろう。ただし荘園制的な起請文の方には、荘鎮守は現れても国郡神仏はみえなかった。よってこれは非・荘園制的起請文では荘鎮守を含む地域的な神仏体系が選択され、荘園制的起請文と使い分けられていた可能性を示唆するとみる余地もある。

紀伊国鞆淵荘（石清水八幡宮領）

鞆淵荘は石清水領であったが、元弘勅裁で高野山領となった荘園の一つである。鞆淵御園神人・百姓等置文[32]は、鎌倉後期の荘内分裂状況のなか神人・百姓間で連判団結したものだ。その罰文は「日本国中大小神祇、□日前・国懸部類諸神、殊八幡大菩薩」というもので、以降は後欠のため完全ではない。

正平一二年（一三五七）に荘官・百姓が観応擾乱後の処置を取り決めた起請文[33]の罰文は「上者奉初梵天・帝・四大天王・惣者日本国中之大小神祇、別ハ当庄八幡大菩薩之部類春属」というものだ。荘鎮守を掲げる一方、領主・高野山の神仏は排除されている。すると先程の「八幡大菩薩」も領主・石清水ではなく、荘鎮守・鞆淵八幡宮である可能性が高い。

観応二年（一三五一）に下司が新領主・高野山に服従を誓約した起請文では、高野山の神仏に加えて荘鎮守を表出させている。[34] だがそれを受けた高野山の申し渡し文書では当然ながら、荘鎮守を排除した神仏体系が掲げられている。[35] このように当時の鞆淵荘では、神仏体系をめぐる領主・荘民間の葛藤があった。

ここでは荘民が領主に対しては、その神仏体系を受容する姿勢をみせている。だが荘内のヨコの関係では、領主の神仏は排除されていた。そこでは荘鎮守を掲げつつ、国一宮を加えることもある。彼らは領主に対しては荘園制的に振る舞い、ヨコの関係では地域的神仏体系を選ぶという使い分けをしているのだ。

肥前国松浦郡

松浦党などの領主一揆で著名な松浦郡には、それに関わる数通の起請文が残されている。建武三年（一三三六）一〇月八日五島住人等起請文案[36]は、五島列島の住人ら三名が青方氏の新代官への服従を誓約したものだ。その「日本こくちうの大小のしんきみやうたう、ことにハてん□□大しさいてんしん、とりわけ候てハ、たうこくのちんしゆしゝ□《(きカ)》八まん大ほさつ、かうしま・さんわうの御はち」という罰文は注目に値する。

ここで「当国の鎮守」とされる「しゝ□《(きカ)》八まん大ほさつ」は小値賀島の志々岐八幡宮、「かうしま」は野崎島の神島神社、「さんわう」は中通島の荒川山王に比定され、いずれも五島列島の地域神である。ところが中世肥前の一宮・国鎮守は、養父郡の千栗八幡宮だった。近世初頭には佐嘉郡の河上神社と地位争いがあるものの、志々岐八幡宮は一宮の地位・呼称に関わった形跡は全くない。

するとここでの「当国の鎮守」という観念と地域秩序観は、国郡制の枠組そのものではないことになる。それは地下の側から捉え直されたものと考えねばならない。ならば罰文に国一宮や郡鎮守が現れていても、それは地域神として選択されたのではないか。確かに国郡制は地域秩序観の初期設定だ。だがそれはこのように読み替えられ、それを汲みあげることで機能し得たと考えられる。そこには受領・権門・地域民衆間の複雑な相互関係の展開と、その帰結があるのだろう。

2　神仏による統合の実態と深度

中世民衆は荘園領主に対しては荘園制的な神仏体系を記した起請文で相対するが、ヨコの関係は荘郷鎮守を軸とした地域的な神仏体系を媒介に取り結ばれていた。起請文はしばしば二通作成されて一通は領主に提出される。そしてそれらには、荘園制的神仏体系が記された。だがもう一通は燃やした灰を聖水に混ぜて飲む一味神水の儀式に供されて、残ることがない(37)。それには地域的な神仏体系が用いられていた可能性すらあるだろう。

また神仏体系を自覚的に使い分ける行為は、個々の神仏の相対化を意味している。すると神仏による統合の実態は、その全てが属する共通の場としての「日本」が知覚されるというものだったことになる。

現存する中世の神名帳三通は、どれも国郡制的な秩序のもとに神名を列挙する。そこから上島享は、宮廷から村落まで重層する諸法会で耳にした神々の名を通して、中世民衆は国郡制秩序と「日本」の観念を感得したと推定した(38)。さらに民衆は自ら起請文を読み・書きすることで、神仏の名をより確かに認知する。そしてどの神仏体系を選ぶ場合も必ず立ち現れる「日本国中大小神祇」という観念は、より深く内面化を遂げていったのだろう。またそれは、神仏体系を再構成して自らの地域秩序観をかたちづくる機会でもあった(39)。

ただし本章が考察の対象とした起請文・罰文の多くは、整った和洋漢文で記されていることにも注意したい。著名な高野山領紀伊国阿弖河荘の片仮名書百姓申状を詳細に分析した黒田弘子は、その書き手を百姓上層に属する番頭であると特定した。そのうえで、彼らのリテラシーが片仮名と年貢・公事決済書類に必要な、最低限の単語や数字などに限定されていたこと。これに対して荘官である公文らが、書き言葉・文書の故実に精通した識字層・知識層であったことを明らかにしている(40)。

これを踏まえれば、中世前期の起請文類の多くは公文や村堂・近隣の僧侶などの識字層が文面を整えたとみねばならない。神仏体系の使い分け・習熟の主体も、まずは彼らだったことになる。リテラシーを持たぬ多くの民衆にとって神仏は、その御利益に応じて生活の各側面に関わる雑多な存在だった。その背後にある「日本」の枠組・観念も、明瞭には知覚・内面化されてなかったのかもしれない。それを先に内面化しつつ都・鄙をつないだ中間的識字層は、中世日本の存立に重要な役割を果たしたことにもなろう。

荘園制に媒介された「日本」の神仏が覆う範囲こそ、中世日本の国土であった。中世王権やその分枝たる受領・権門領主らは、その実体化のために様々な働きかけを試みた。だが、それは意図の通りに実現したわけではなかったのだ。その射程や民衆による主体的再編のありさまは、慎重に観測されねばならないだろう。

おわりに

荘園制的な神仏体系とは「日本」の神仏を背景に、領主の本尊が荘民と直面するものである。それは地下が権門との個別的関係を媒介にして「日本」に接続されるという、荘園制の統合様態を表現するものだった。一方では受領・知行国主も、背景を同じくする国一宮・郡鎮守制で地域社会に臨んでいた。だがそれは荘園制に規制され、限定的にしか機能しなかった。

ただし中世日本の地下社会は、諸勢力・諸神仏の競合的地域展開のなかで形成された。ゆえに荘園領主・国郡どちらの神仏も、そこでは相対化されていく。そのもとでは地下の神仏体系・地域秩序観は、荘郷の鎮守を核に再構成されていったのである。

かくして神仏を媒介とした統合の実態は、相対化された諸神仏の背後に常在する「日本」が知覚されるというかたちをとった。しかも起請文の神仏を自ら読み・書きすることがその内面化の重要な契機であったため、それはリテラシーの浸透度に制約されるものだった。

このように本章の考察をまとめたうえで、中世後期と近世への展開を展望しておこう。

小河柴目荘や鞆淵荘では後醍醐天皇によって領主が交替した。そこでは新領主の神仏体系と既存の荘鎮守との葛藤が生じる。その結果〈領主の本尊＋荘鎮守〉という複合的体系の定着がままみられた。荘園制再編のなかで生じた領主の交替は、権門の権威の相対化を加速させる。そこに地下の地域秩序観を表出させていく、決定的な契機があったのだろう。

ただし、それは神仏観の内面化が進むことと表裏一体でもあった。異国合戦後の「神国」観の喧伝と神領興行が、それを後押ししたことは明らかにされている(41)。換言すれば、荘園制再編は個々の領主の神仏が相対化される契機となる一方で、その総体の定着は実現していったことになるだろう。それに加えて、ここでは地下の側の主体的動向をみておきたい。

丹波国大山荘は数少ない、平安期から室町期に渡って東寺領だった荘園だ。また鎌倉後期から戦国期直前に至る起請文・罰文により、その変容過程を通覧できる貴重なフィールドとなっている。そしてそこでは一五世紀中葉を境に領主・東寺に提出される文書にも「当庄六所明神」「三所明神」という荘内諸神が登場し、定着していくことが確認できるのだ。(42)

特に注目すべきは宝徳元年（一四四九）一二月日付の、一井谷公事足地下半分立用算用状(43)である。これは「かもん」ら数名の百姓が、「いんたにの御くし」「さんよう状」「ほうとくくわん年」など平仮名を多用しつつ記したものだ。これは同時期の代官による年貢算用状(44)が整った漢文であるのとは、対照的となっている。荘内の一集落の共同体が、その運営のため獲得したリテラシーを覗かせるものだろう。

一方、筑前国早良郡の惣鎮守・飯盛社では祭礼実施や社維持の担い手は、もとは都・鄙の領主たちであった。それが戦国期には地侍を核とする共同体に移るという。これを明らかにした吉良国光は、そこに村落の自立と広域的結合の形成をみいだした。(45)それは民衆が神仏を、より深く内面化する過程でもあっただろう。

荘園領主は個別には中世後期に相対化が強まり、荘園制全体も戦国期に衰退する。だがそこでこそ中世的神仏体系と「日本」の観念は、地下での内面化が進んでいった。それはリテラシーを獲得しつつ主体的に神仏体系を再編するような、地下の成熟によるものだった。そしてそれを歴史的前提として、近世幕藩制の秩序観が姿を現す。

かつて藤木久志は「百姓ハ王孫」という意識が、個別領主からの自立の拠り所となりつつ「公儀」に回収されるさまを問題化した。(46)それは神仏体系の主体的内面化と表裏一体のものでもあった。その端緒であった荘園制は再編を経て、自らは溶解しつつそれを定着させたのである。

註

（1）佐藤弘夫著『神・仏・王権の中世』（法蔵館、一九九八年）、上川通夫著『日本中世仏教形成史論』（塙書房、二〇〇七年）。

（2）上島享著『日本中世社会の形成と王権』（名古屋大学出版会、二〇一〇年）。

（3）水本邦彦著『全集日本の歴史　十　江戸時代／十七世紀　徳川の国家デザイン』（小学館、二〇〇八年）。

（4）福島金治著『戦国大名島津氏の領国形成』（吉川弘文館、一九八八年）、新田一郎「虚言ヲ仰ラル、神」（『列島の文化史6』日本エディタースクール出版部、一九八九年）。栗原修「起請文にみる「地域神」と地域社会――越後国小泉荘の場合――」（広瀬良弘編『禅と地域社会』吉川弘文館、二〇〇九年）など。

（5）黒川直則「起請の詞」（『日本史研究』一一九号、一九七一年）、河音能平「若狭国鎮守一二宮縁起の成立――中世成立期国衙の歴史的性格究明のために――」（同著『中世封建制成立史論』東京大学出版会、一九七一年。初出は一九七〇年）は、どちらも起請文の神仏の変化を通して中世後期の民衆の自立を論じた先駆的業績だ。だが起請文の主体的使用自体も中世後期からとする立場は、その後の研究史で克服された。そのためか、かかる論点も十分には継承されなかったと思われる。

（6）河音能平「中世社会成立期の農民問題」（前掲註（5）同著書。初出は一九六四年）。

（7）前掲註（2）上島著書。

（8）黒田日出男「中世的河川交通の展開と神人・寄人」（同著『日本中世開発史の研究』校倉書房、一九八四年。初出は一九八〇年）、苅米一志著『荘園社会における宗教構造』（校倉書房、二〇〇四年）、坂本亮太「東寺領荘園の宗教構造――播磨国矢野荘を事例として――」（『民衆史研究』六八号、二〇〇四年）、前原茂雄「中世庄園における神と仏――鎌倉期在地寺社の存在形態――」（『民衆史研究』六九～七〇号、二〇〇五年）など。

（9）竹居明男「起請文等神文・罰文集成ならびに索引（稿）」（『人文学』一五八・一六〇・一六二・一六四・一六六号、一九九五～九九年）、太田直之・野村朋弘「『平安遺文』『鎌倉遺文』起請文・神文データベース（抄）」（文部省二一世紀ＣＯＥプログラム『神道と日本文化の国学的研究発信の拠点形成　研究報告Ⅱ』國學院大學、二〇〇五年）などの集成作業がすでにある。
（10）前掲註（8）前原論文。
（11）前掲註（8）黒田論文。
（12）前掲註（8）苅米著書。
（13）「東寺百合文書と」鎌一七六一六。
（14）正応元年島津荘官等申状（『薩藩旧記　前編　七』「志布志鹿屋権兵衛兼治蔵書」鎌一六八四三）。小川弘和「摂関家領島津荘と〈辺境〉支配」（同著『中世的九州の形成』高志書院、二〇一六年。初出は二〇〇七年）参照。
（15）前掲註（2）上島著書。
（16）正和二年五月七日伴宗兼水田売券（「長谷場文書」鎌二四八六六）の罰文は「当御庄鎮守五社七堂御罰」であり、常楽寺の荘鎮守としての定着を示す。ただし後述のように田地売買など地域社会内のヨコの関係の罰文では、荘鎮守を含む地域的な神仏体系が用いられる。よってこの事例は、領主・荘民間の神仏体系を推定する材料にはできないものだ。
（17）「九条家文書」鎌二五五三一。
（18）『葛川明王院史料』「明王院文書」五六八号。
（19）春田直紀「水面領有の中世的展開――網場漁業の成立をめぐって――」（同著『日本中世生業史論』岩波書店、二〇一八年。初出は一九九三年）。
（20）「秦金蔵氏文書」鎌七四九五。
（21）「秦金蔵氏文書」鎌一八八四〇。
（22）「秦金蔵氏文書」鎌二四二〇三。
（23）「東寺百合文書ヱ」鎌二一〇三七。
（24）「東寺百合文書ヱ」鎌二一九九六。
（25）「東寺百合文書お」鎌二一〇五四。

(26)　貞治五年一一月一五日太良荘領家方代官源俊起請文（「東寺百合文書ヱ」『若狭国太良荘史料集成　第四巻』一七号文書）。
(27)　前掲註（6）河音論文。
(28)　「書陵部所蔵八幡宮関係文書三三」鎌一一四二五・六。
(29)　「小松本淡路古文書」鎌補三六七。
(30)　高橋一樹著『中世荘園制と鎌倉幕府』（塙書房、二〇〇四年）。
(31)　「東京大学所蔵雑文書」平四〇五〇。
(32)　『粉河町史　第二巻』「鞆淵八幡神社文書」一三号。
(33)　『粉河町史　第二巻』「鞆淵八幡神社文書」二三号。
(34)　『粉河町史　第二巻』編年史料一九九号「高野山文書四」。
(35)　『粉河町史　第二巻』編年史料二〇一号「高野山文書二」。
(36)　『史料纂集　青方文書』第二五九号。
(37)　千々和到「中世民衆の意識と思想」（青木美智男他編『一揆4生活・文化・思想』東京大学出版会、一九八一年）。
(38)　前掲註（2）上島著書。
(39)　前掲註（2）上島著書は『若狭国内神名帳』が太良荘小野寺の法会で読みあげられたらしいことから、荘民の世界観は荘域を国郡制秩序に位置づけるものであったとみた。だが公郷的性格を色濃く残した太良荘の例は、寺領荘園一般には敷衍できない。また永万二年の近江国三尾荘の荘官・足羽友包の起請文（「石山寺所蔵聖教目録紙背文書」平三三八七）の「自らが立つ三尾庄という地からみた世界観を示しており、国内の諸神は、神名帳のようにすべての神を列挙するのではなく、彼の視点に基づく再構成がなされている。」という上島の評価は、ここでの考察結果に合致する。
(40)　黒田弘子著『ミミヲキリハナヲソギ——片仮名書百姓申状論——』（吉川弘文館、一九九五年）。

(41)　海津一朗著『中世の変革と徳政――神領興行法の研究――』(吉川弘文館、一九九四年)。またその過程の具体化作業に、渡邉俊「滅罪と安穏」(同著『中世社会の刑罰と法観念』吉川弘文館、二〇一一年。初出は二〇〇七年)、片岡耕平「「神国」の形成――災異対応と統合――」(同著『日本中世の穢と秩序意識』吉川弘文館、二〇一四年。初出は二〇〇七年)などがある。

(42)　前掲註(5)黒川論文。ただしヨコ関係の事例をも区別なく扱ったことには、方法論上問題がある。なお本章原型論文では対領主の局面での地域神の表出を、地下請成立と結びつけていた。だがそれは田村正孝「中世東寺・東寺領の神仏世界」(『大手前大学史学研究所紀要』一三号、二〇一九年)の網羅的史料検出によって、誤りと判明した。以下の叙述ではそれを訂正している。

(43)　「東寺百合文書に」『大山村史　史料編』四四〇号。

(44)　文安四年六月二日大山荘年貢算用状(「東寺百合文書に」『大山村史　史料編』四二〇号)など。

(45)　吉良国光「筑前国早良郡飯盛社について」(『市史研究ふくおか』四号、二〇〇九年)。

(46)　藤木久志「「百姓」の法的地位と「御百姓」意識」(同著『戦国社会史論――日本中世国家の解体――』東京大学出版会、一九七四年。初出は一九六九年)。

終章　荘園制と中世日本

はじめに

本書第一部では播磨国矢野荘という個別の荘園に視点を据えて、その再編が荘官・名主や周辺武家の動向に規定されつつ展開したさまを追ってみた。これに対して第二部では、一国田数帳簿の運用・性格の変化を通して、俯瞰的に荘園制再編の方向性を捉えようとした。そして第三部では文書と神仏体系受容の様相を介して、地下の人々が荘園制の成立と再編にどう向きあい、またそこに荘園制が何を残したかを考えた。

かかる本書の考察を総括して、再編前後の中世前期・後期それぞれの荘園制、ひいては中世日本の荘園制の見取り図を描くことを試みる。さらには、中世日本を荘園制社会とみることができるか否かを考える。それがこの終章の課題である。

一　荘・郷と本所領・武家領

1　問題の所在

まずは荘園公領制から本所一円領・武家領体制へという、工藤敬一の提起[1]に立ち戻っておきたい。それは所領分類基準の変化という、明確な指標を提示した。しかもそこでは中世後期の荘園制保全者たる、武家政権の位置が端的に表現されている。そこにその後の研究を導くに足る、優れた点があったのだと思う。

だが序章でも述べたように本所一円領・武家領体制には、鎌倉後期と室町期との断絶面や概念規定の仕方を問題にした、山田徹の批判がある。[2]そして一方の荘園公領制も、徐々に積極的には使われない概念となっていった。その理由のひとつは、この概念が抱えていた内在的問題であろう。もともとそれは公領の重要性を強調しつつ、中世を通しての荘園制概念を代位するものとして提起された。[3]だが工藤の整理が示すように、それでは中世後期までは見通しづらかったのである。

もうひとつの理由は、以下のものだろう。高橋一樹は公領を包摂し加納・余田を抱えた中世荘園の立荘のあり方を強調し、荘園と公領の截然とした区別を否定した。つまり荘園公領制概念は、中世前期に限っても実態にそぐわないというのである。

そのうえで高橋は、かかる中世荘園こそ中世を代表する所領形態だったとして、中世全体を見渡す「中世荘園制」概念を提案したのだった。[4]かつての荘園制概念は、漠然と公領を視野の外に置いていた。それを高橋は、積極的に再定義したといえるだろう。

以降の中世前期荘園制研究は高橋の成果を踏まえて、立荘を取り巻く問題や複合的領域構成に関心を集中させていく。そして国領自体への関心は薄れるなかで、荘園公領制概念は風化していったのだろう。だがそれは成り行きに過ぎず、高橋の提起をきちんと正面から受けとめて、是非を吟味した結果とはいえないのだ。するとと中世前期・後期ともに荘園制概念ばかりが使われている現状は、荘園公領制提起以前の状況への消極的な回帰ともいえるのではないだろうか。

またかつては所職・下地の一円化が、再編による主な構造変化とされていた。だが武家領とされても領家得分は存続した矢野荘浦分の例があるように、いまや再編はかかる一円化を目指したわけではないことも示されている(5)。つまり再編前後の変化も曖昧となった。

ならば極論すれば、地頭・荘官だった者が中世後期には荘園領主に大量上昇し、武家政権の役割も高まったという以上の、構造的な再編像を描けなくなったのが現状なのではないか。

だが私はいまでも、工藤が示した構図には生かすべきものがあると考えている。ただしそのためには、高橋の問題提起と山田の批判に応答する必要があるということになる。

2　荘と郷

網野善彦は荘園整理令を荘・公分離策とみた当時の理解にもとづいて、大田文を素材に荘園・公領の領域的・量的併存を説いた。これに対して高橋は荘園整理令は必ずしも荘・公を分離しなかったと主張したうえで、公領を包摂した中世荘園の構造を示す。そして大田文の作成目的に即した一面性を踏まえて、そこに独立所領のように記されていても実際には荘園に包摂されている公領もあることを主張した。

かかる高橋の事実認識自体には、私もほぼ賛成である。第四章で述べたように現在「大田文」とされている帳簿群は、もとは使用目的の異なる様々な帳簿であった。そしてその目的に応じて、所領の記載秩序も異なるものだったのである。よってある一点の大田文から一国の所領秩序を復原することには、方法論上の限界・問題がつきまとう。

ただし第八章でみたように郷・保・浦などの国領では、荘園とは異なる国郡制的神仏体系が住人に受容されていた。それはかかる単位所領が、統治と生活の領域として機能したことを意味している。また鎌倉時代の近江国犬上東西郡鎮守・多賀社の祭礼は「両郡御家人等勤祭使、郷民等令勤仕馬上役等」「両郡御家人幷庄官等、自往昔、令勤仕祭使馬上役」という体制をとり、それを八坂荘などが担っていた。だが青根郷・長曾禰荘・後三条保などは別に「新社」を奉じていたという。(6) これも荘・郷・保の統治・生活領域としての併存を示しているものだ。(7)

加えて『吾妻鏡』元久元年(一二〇四)一〇月一八日条や貞応二年(一二二三)七月六日の鎌倉幕府法令の事書などに「諸国庄園郷保地頭」とあることも、無視できない点だろう。地頭職は先行所職の多様さを引き継いで、やはり多様な形態をとった。だがその初発は治承・寿永内乱中の軍事占領行為に由来した。(8) その対象には領域性が備わっていたはずであり、だからこそ荘郷地頭職と概念化されているのではないか。

また前掲幕府法令ではところにより一様ではないとしながらも、荘・郷・保には「領家国司進止之職」である「公文、田所、案主、惣追捕使有司等」がいるものとされている。(9) ここでは荘・郷・保の統治・徴税システムは、特に区別されていない。

このように地域社会のなかで荘園と同等に役割を果たし、幕府法令上も荘園と対置された公郷を、副次的存在とは片づけられないだろう。中世前期の荘園制のもとでは、権門の所領は荘か郷・保かという基準で分類されていた。荘園から請負納入される官物もあったから、知行国主の財源が全て郷・保であったわけではない。だが基本的にはこの分類は、国政・祈禱・軍事を分掌する権門の財源と、国務を担う知行国主の財源という役割の違いに対応したものだ。また前者が恒久的であるのに対して、後者は遷替し得るという違いもある。

ただし荘園・公郷の同質化に関する網野の理解には、かなり修正が必要である。一一世紀中葉には郡郷司の領主制が樹立・公認され、その徴税も彼らが所領に即して請け負ったという学説が、かつて主流の位置を占めていた。(10)網野の荘園公領制論は、それに依拠して院政期には、かかる公領の領主制が知行国制を支えたという仕立てになっている。

だがそのような公領理解は、もはや通用しないものだ。確かに保や国主近臣への郷宛行などの別納所領は、院政期を通して増加する。だが郡や郡分割郷を単位とする収納所と、負名との進未沙汰を基軸とする公郷での受領制徴税システム(11)は、鳥羽院政期にはまだ維持と放棄の狭間にあった。

まず天養元年（一一四四）の、伊賀国在庁と院領五箇荘との相論をみてみよう。荘民の側は出作公田の所当官物を「召負名於収納所、被致進未沙汰」さるのは煩わしいとして、「庄家」に催促するよう要求した。だが鳥羽院庁による裁決は、在庁側の主張に沿った「可令早随収納使催」しというものだった。「庄家」への催促、つまり荘務機構による官物の徴収・納入の請負は、そのうえでの未進追徴手段という補助的位置に押しとどめられている。(12)これは公郷では収納所の進未沙汰が維持されていることが、当然の前提だ。

ところが同時期の同じ伊賀国でも、場所が違えば別の状況があった。久安五年（一一四九）の、名張郡黒田荘出作田に関する相論をみてみよう。そのなかで国目代は「郡・郷ノ官物結解作法ハ、郡司・郷司・加納田司等、先作結解テ付税所」と主張する。(13) ここでは「結解」、つまり負名ごとの官物の決済を「加納田」ではその「司」が担うことが、国目代にも当然視されている。この「加納田司」とは、荘園側の荘官を指すと考えられるだろう。

つまりこちらでは荘務機構の官物請負が、すでに定着しているのだ。それだけでなく収納所の設置単位であるはずの「郡・郷」でも、収納使ではなく「郡司・郷司」による「結解」が常態化してしまっている。

受領制下の名は多くは一一世紀初頭までに、郡や郡分割郷のなかにときに散在的に設定された。つまり名は荘々郷々をまたいで分布する。収納所の進未沙汰は、それを越えて名を扱うための仕組みであった。よって加納で荘園の領域に即した徴税システムが採用されて進未沙汰が放棄されるなら、もう一方の通常の公郷でのその意味も薄れてしまう。こうして荘務機構の官物請負が定着するにつれ、公郷でも領域に即した別納に等しい徴税システムに傾斜していったのではないか。

だが鳥羽院政期にはまだ、その展開が抑制される面もあった。ところが保元荘園整理令は「押領公田」となっている「加納」の停止を打ち出しつつも、「但帯宣旨幷白川鳥羽両院庁下文者、領家進件証文、宜待天裁」というものだった。(14) これは存続可能な加納の資格審査となっている。その結果、加納が認められた荘園と、それが否定され知行国主に確保された郷・保との区別が進む面は否めない。それとともに荘務機構の官物請負は確立に向かい、あわせて公郷の変質も進んだのだろう。

第七章で触れたように受領制では地域の流動化に対処するため、逃げない田地を官物賦課基準に据えた。そして毎年変わり得る請作者との関係を確実にするために、文書・帳簿を多用し複雑な徴税システムが構築された。また収取安定のため開発を奨励して私領が形成され、集落も再生されていく。ところが受領制の産物たるかかる相対的安定のなかで人々は、やがて煩瑣なそのシステムを嫌うようになったのだ。

なおここで述べたようなあり方を、加納と郷・保の違いを表現できない荘園「公領」制と呼ぶのは適切ではないだろう。そこで本章では仮に、荘・郷制としておきたい。

3　本所領と武家領

このように葛藤はともないながら院政期を通して進行した荘・郷・保の同質化は、内乱下の軍事占領と荘郷地頭設置で決定づけられたと思われる。だが鎌倉幕府御家人の存在は、荘・郷制変質の起点ともなった。

幕府は天福二年（一二三四）、本所進止の所職改替に際して西国御家人の訴えがあった場合の介入を定めた(15)。また寛元元年（一二四三）には改易の場合にも、御家人役を勤める者を後任とするよう、本所に申し入れることにした(16)。高橋典幸は、この天福・寛元法を契機に御家人役勤仕所領が武家領と称されるようになり、大番役の地下への転嫁も認められていくようになることを明らかにした(17)。

そして、この武家領であるか否かが神領・名主職興行の判定基準となり、武家領とそうでない所領とが振り分けられていく。また第一部でみた矢野荘のような個別的契機による分割の場合にも、それぞれの分割単位が武家領か否かが確定された。そこでは公文寺田氏の給名・重藤の権利も、御家人役勤仕の地頭職と認定されたのだった。

かかる武家領・本所領弁別は、異国合戦の緊張下で警固番役を中心に幕府軍役が、従来の一国平均役と同等の国家的賦課に上昇したことと連動していた。ただし高橋は、この「武家領対本所一円地体制」は幕府軍役賦課のみの基準であり、一国平均役は従前の荘園公領制が基準だったと判断した。そのうえで、応安五年（一三七二）の日吉社神輿造替要脚段銭賦課が「召出国之大田文、寺社本所領幷地頭御家人等分領、悉充公田段別三拾文」とされていることなどから、室町幕府のもとでは一国平均役も含む基本的枠組が武家領対本所一円地体制に移行したと評価したのである。[18]

高橋は、これは工藤のいう本所一円領・武家領体制に相当するとして、その形成を鎌倉後期からの過程として捉えるべきことを明確にした。その際にわざわざ武家領対本所一円地体制という別の概念を措定したのは、初めから工藤の枠組を前提とするのではない議論の立て方をしたかったからだろう。またそれ以上に、鎌倉幕府のもとではあくまで軍役に限定された過渡性に、注意を喚起したかったのだと思う。

だがこの提起のすぐ後、第五章で論じたように、鎌倉末期までには武家領知行の御家人が、領家などと同じく直接に一国平均役や荘園年貢を負担する荘務権者になっていくことが判明した。清水亮は鎌倉殿の荘園を意味した「関東御領」が武家領を含むものに拡大し、法制用語としてはこちらが用いられたことを論じている。[19]それも武家領と本所領とが荘園制上、同等の機能を果たすものになったことを示すものだ。

室町幕府体制下の状況は、これを歴史的前提とする。ならば武家領対本所一円地体制と本所一円領・武家領体制は、さらに連続的に捉えられることになる。そしてそうであるならば、ことさら過渡的概念を別に立てる必要はないだろう。鎌倉後期に生じた軍役賦課基準としての本所領・武家領分類は、武家政権の役割増加とともに徐々に機能を拡大した。そして室町幕府のもとでは荘・郷制に取って代わる、基本的な所領分類基準となった。このような理解でよいのではないか。

ところで本所一円領という概念用語には、史料上の「本所」の多義性を問題視する批判がある。特に室町期の場合は「公家」に置換した方がよいのではないかというのである。(20) もっともとは思うがそれに従うと、鎌倉後期から室町期への連続性を表現するのは面倒になる。概念用語の命名をあまりに厳格化すると、長大・煩雑で使い勝手の悪いものになりがちだ。一方、「寺社本所一円地」の「一円」は、必ずしも所職・下地の一円化を指してはいない。だがこの語を残し続ければ、そのイメージを払拭できないかもしれない。そこで本章では簡潔に、本所領・武家領制と呼ぶことにしたい。

山田徹が問題視した、鎌倉後期は武家領が分類基準の軸だが室町期は本所領が軸という点は、武家領起ち上げ段階と、その拡大で本所領の保護を要する段階との間の変化と考えればよいのではないか。武家領という意識が希薄化するという点も、それをことさらに主張する必要がなくなるからだろう。だからといって室町幕府の段銭賦課体制が、本所領・武家領を分類基準に確定されたことは変わらない。

また知行由緒の断絶という事実も、枠組とは別次元の個別所領の問題である。むしろ私は第六章で豊後をフィールドにみたように、神領興行の所領分割の方向性が室町期の所領枠組を規定したことを重視したい。

そして方向性ということであれば、国家的所課再編のあり方は決定的だ。第五章でみたように、武家領の発生とともに「公家・関東御公事」という認識に表現される軍役・一国平均役の同格化と、それに応じた新たな帳簿運用が始まった。そこでは目的に応じた多様な帳簿から一点が選ばれて、本所領・武家領弁別と賦課自体に用いられるに至る。それが「公方御公事」と認識された段銭と、大田文という帳簿概念の確立を用意したのだった。鎌倉後期の本所領・武家領弁別を中世後期の荘園制への起点とみることには、やはり一定の意味があるだろう。そして大田文記載田数を「公田」と読み替えつつ、全ての本所領・武家領に段銭を賦課することを宣言した応安五年法令を、その確立点と考えたい。(21)

ただし鎌倉後期からの連続性を認めるにしても、荘・郷制の確定を治承・寿永内乱の軍事占領状況が後押ししたように、南北朝内乱が本所領・武家領制の確定を後押ししたであろうことも否めない。鎌倉末期の御家人の荘務権者化は事例が限られており、端緒的なものにとどまるかもしれない。その全面展開と定着のうえで、戦闘・半済などによる占領状態の継続は決定的な意味を持っただろう。それは武家領としての確定は未遂に終わったものの、第一章でみた矢野荘東寺方に対して繰り返された、観応給主職相論渦中の軍事侵攻がよく示しているだろう。

二　中世前期の荘園制

1　鎌倉期荘園の存立構造

中世荘園の現地荘務機構については、対極的な二つの理解が存在する。ひとつは複数の荘官が競合しつつも、帯びる職に即した職掌分担のもとにあるとみた入間田宣夫説。(22)もうひとつは上・下級荘官間の主従制的編成を重視する、大山喬平や五味文彦の説だ。(23)この両説は、複雑なその実態の各面を捉えたものと考えられる。

前述の幕府法令にみるように、それは一律ではないが一定の傾向はあったと思われる。そこでやや規模が大きいものではあるが、その構造が鮮明にわかる醍醐寺領・越前国牛原荘の例をみてみよう。その内部は牛原北・牛原南・中夾・庄林の四荘に編成されており、それぞれ寺僧が預所に配されていた(24)。一方、現地では公文が各荘ごとの「庄官」を統括した。また地頭も各荘ごとに地頭代を置いていたから、先行所職に同様の立場の下司の存在も推定される。

ここで注目されるのは「領家収納使幸暹以下四ヶ庄官・百姓等」によって仁治元年（一二四〇）に妻子ともに夜討殺害された、「庄内故実之者」「地頭又代官」重円法師という人物だ。実は彼は浪人であったが、文書の才を買われて前公文明豪に召し仕われた。さらに「携文書」を理由に預所方より「庄官」に補任された人物である。ところがその才に目をつけた地頭代にも召し仕われることとなり、「違背本主人、蔑如庄官等」として殺害されたのだった(25)。

つまり牛原荘では全荘統轄者としての地頭・公文と、「故実」や「文書」の実務に堪能な各単位ごとの「庄官」との階層的な組織がとられていた。かかる「庄官」は地頭・公文双方に召し使われて、荘務全体を成り立たせる(26)。だが承久の乱後に領家・地頭の対立が強まるなかでは、その編成をめぐる競合が生じたのだ。ただし一方で「庄官」補任権は預所が掌握しており、その動向には地頭・公文から相対的に自立しつつ領家とつながるという面も存在した。「違背本主人」した重円の動向も、主人選択における「庄官」層の自律性を示すものといえよう。

ここには大山・五味の論じた上・下荘官間の主従制的編成志向と、入間田の指摘した荘官らの協調・競合とが複雑に絡みあった状況をみいだせる。そしてその進止権を領家・預所が掌握し、それにもとづき本所法廷が競合の制御を担うことで彼らは統制されていた。[27] たとえば本所による所領没収・追却刑の発動には、荘官同士の均衡を崩す一方の排除を、もう一方の軍事行動に正当性を付与することで実現するという性格があったのである。かかる本所と荘園現地の垂直的完結性を観念的に示すのが、第八章でみた国郡制的神仏を排除しつつ領主の本尊と荘民とが直面するという、荘園制的神仏体系なのであろう。

領家収納使たちによる重円殺害は一面では、このような本所に連なる者たちによる制裁権の行使であった。だがそれが追却刑の装いをまとわぬ暴力の発露であったことは、本所の統制からの逸脱だ。本所が進止権を握れない地頭の登場にともなう現地の緊張の高まりは、その完結した存立構造に穴を開け始めたのである。

なお牛原荘の「庄官」のような階層を、伊藤俊一は沙汰人層と概念化した。[28] それは第一章でみたような、南北朝期矢野荘の公文・田所が「両沙汰人」と総称されているような事例を踏まえたものである。だが「沙汰」の多義性による意味拡散を危惧する山本隆志は、在地荘官という語を提案する。[29] また永野弘明は、地頭など上層荘官の活動の広域性との対比を意識して、在地荘官の語を選んでいる。[30]

しかしながら在地こそ、理論的に複雑な問題がつきまとう厄介な概念用語ではなかったか。[31] そこで本章では仮に、荘・郷の現地を意味する「地下」を用いて、地下荘官・地下荘官層と呼んでおきたい。

2　立荘と領主間競合

鎌倉期の荘務機構がこうも複雑・多彩な階層構造をとったのは、立荘のあり方に由来する。立荘論は御願寺の林立などで財源を求めた権門の能動性を明らかにすることで、荘園成立における所領寄進を相対化した。[32] ただしそこでも私領の券契を尋ねることは不可欠であり、それに応じる側にも事情はあった。

それには伊賀国五箇荘を例にみたように、たとえば収納所での進未沙汰の煩わしさを嫌ったことが挙げられる。そして五箇荘のようなトラブルを繰り返せば、収納所を現地で支える郡郷司・刀禰ら在地司との紛争も避けられまい。

一方で保元荘園整理令では「以在庁官人郡司百姓補庄官」という動向も挙げられていた。(33) 在地司がその業務のなかで文書運用のリテラシーを獲得していったことは、第七章で触れておいた。そのような彼らを荘務に引き込むことは、本所の望むところだった。

かくして立荘に際して券契寄進を主導した者が下司に任じられたとしても、そこにはほぼ同格の立場として在地司が公文などとして位置づけられた。また負名から転じた名主のなかから、地下荘官が任じられたのだろう。当然に立荘時には、彼ら相互の利害・関係は調整が図られよう。だがそれはかつてのトラブル・紛争を、荘務機構のなかにそのまま抱え込むものでもあったのだ。

但馬国温泉郷内竹田・寺木両村の私領主である平季盛は「郷司百姓等」の侵害を康治元年（一一四二）に国司に訴えて安堵を得た。それを譲与された息子・季広は長寛三年（一一六五）六月に阿闍梨聖顕に調度文書を寄進。(34) 改元して同年の永万元年一〇月には牓示が打たれて蓮華王院領・温泉荘が成立した。(35)

ところが承安二年（一一七二）に後白河院庁は「季盛沙汰上分米弁子息等所知」を元のようにせよという下文を「庄官住人」に下している。(36) この文書は前欠のため詳細は不明だが、郷司は立荘とともに荘官に転じたのだろう。だが下司となった季盛父子との対立を伏在させたまま、このようなトラブルに至ったと思われる。

また永万元年の立荘は、磯生《（射添）》丹三郎真近なる者の妨害を受けていた。温泉荘と射添荘は隣接するから、そこには境界紛争が想定される。(37) このように内・外の紛争解決を目指した券契寄進と立荘には、逆にその紛争を刺激する面もあったのだ。

このような紛争が、広域的なものに発展する例をみておこう。伊賀国名張郡では黒田荘の拡大をめぐって、東大寺と在庁との長い対立が展開した。そのなかで承安四年末に東大寺は、新荘・出作の寺領としての立荘を認める院庁下文(38)を獲得する。その際に東大寺は、郡司である丈部俊方を新荘下司に任じようとしたらしい。(39)だがそれは不調に終わり、翌安元元年（一一七五）後半には俊方は新任の国司と連携し、興福寺中綱仕丁などの軍兵を率いて軍事占領行為に及んだ。(40) 東大寺と興福寺は、名張郡域において長く競合関係にあった。そこで俊方はその後ろ盾を求めたのである。

この後に新荘下司となったのは、紀七景時という人物だった。天永元年（一一一〇）一二月一三日の名張郡在地司・国使らによる勘注(41)には「名張郡」の署判者として「前郡司紀則末」「当郡司丈部近国」がみえている。丈部・紀両氏はどちらも郡司を務め得る勢力であり、状況により協調・競合を織りなしたのだろう。

だが彼は元暦元年（一一八四）の伊勢・伊賀平氏の乱に身を投じて戦死する。それは「中務丞家実幷家次法師等」、つまり北伊賀鞆田荘の沙汰人職を務めた平家の有力家人、家継・家実兄弟と結んでのものであった。そして彼らは鞆田荘をめぐって、しばしば東大寺と対立したのである。(42)

その後、正治元年（一一九九）には新荘下司として俊方の子・兼俊がみえるようになる。(43) これを永野弘明は、弱体化した勢力を立て直すため周辺諸関係の再構築を迫られた兼俊が、東大寺に接近していった面があると評価する。[44]

丈部・紀両氏はかたや東大寺との対立を深め、かたや東大寺に接近している。これは彼らの競合が、深まっていったことを推察させる。それとともに、どちらも荘域・郡域を越えた関係を形成していくさまが窺えるのだ。特に後方の行動は、それに依拠して実力で当知行を図った点で後の領主一揆に接近する。ただしここでは権門への接近が重要だったことに、時代性が現れているだろう。一方の景時も東大寺領の荘官でありながら、その敵対的勢力に接近していったのだった。

守田逸人は一二世紀前半に各種主体が所領領有実現のため都・鄙に渡る縁を活用するなかから、自律的な地域社会というべきものが形成されることを論じている。[45] 守田の意図はこれを内乱の前提という扱いから解放して、当該期固有の問題として検討することにあった。それ自体は正しいのだが、やはり競合の深まりは各主体を実力行使に傾斜させ、内乱を準備することになるのだろう。

また川合康は内乱の背景に、領主間競合を明確に位置づけた。[46] そこでは単位所領をめぐる競合とともに、複数の所領を結びつけた広域的テリトリー形成を図る大勢力の競合が挙げられる。このふたつを媒介するものとして、守田のいう地域社会は位置づけられる。

このように立荘は必ずしも地域秩序を安定させず、むしろ軍事的競合を深めて内乱に雪崩れ込む。そこで生じた同一荘内での分裂と、荘々郷々をまたぐ戦闘状態は、立荘がかたちづくった荘域と荘務機構の枠組を、分解させかねなかったといえるだろう。それでは、そこからどう秩序は回復されたのだろうか。そこで内乱の戦後処理過程を、荘園制の復旧という観点から概観してみよう。

3　秩序回復・再構築と鎌倉幕府

寿永二年（一一八三）七月に源義仲の軍勢が平家を逐って入京すると、後白河院と鎌倉の頼朝の間の交渉も始まった。その結果、同年一〇月には「東海・東山諸国年貢、神社・仏寺幷王臣家領庄園、如元可随領家」[47]「東海・東山道等庄土、有不服之輩者、触頼朝可致沙汰」[48]との内容を持つ、いわゆる寿永二年一〇月宣旨が頼朝に下される。鎌倉方の制圧により、東海・東山両道からの荘園・国領年貢は途絶えていた。その回復は全面的に、頼朝に委ねられたのである。

ここでは外された北陸道も、義仲滅亡後には鎌倉殿勧農使・比企朝宗が派遣された。元暦元年四月には法金剛院領・越前河和田荘で、その下知と号して僧上座なる者が乱入し地頭を称していた。そのため院庁に訴えがあり、院より在庁官人にその停止が命じられている。[49]また同じ頃、頼朝は神護寺の文覚に宛てて、若狭西津の百姓安堵や朝宗の僻事停止に関することを書き送っている。[50]

このようにその使命は百姓の安堵を含む荘園現地の秩序回復であり、ゆえに「勧農使」と称されたと考えられる。それは制圧と地頭設置をともなう実力行使によって進められ、そこで発生する問題は院・頼朝・本所間の調整により解決が図られたのだ。[51]

一方、義仲滅亡後の畿内近国では、京都に駐留する源義経が狼藉停止などの治安維持を担っていた。だが義経が平家追討のために出京すると、元暦二年二月には中原久経・近藤国平の両名が鎌倉殿御使として派遣される。[52]彼らは頼朝と調整のうえ出される院宣にもとづき畿内近国の治安維持に当たったが、八月には九州へと向かうことになった。[53]

その後西国では、文治元年（一一八五）一一月の勅許で任じられた国地頭による軍政のもとで、荘郷地頭の設置が進められた。[54] 翌年三月に国地頭は停廃され、治安維持のため惣追捕使のみ残される。その際の北条時政の七カ国地頭職上表理由は「各為令遂勧農候」というものだった。[55] 大山喬平は、これによって国府・荘園領主による勧農が復活したと評価している。[56] 幕府の強権行使は嫌われて、荘郷地頭設置は短期間の地ならしにとどまった。それは諸権門の膝元では、自身による「勧農」＝復旧が可能だったからだろう。

この後、文治五年に頼朝自ら親征して奥州藤原氏を滅ぼすと、内・外を揺れていた奥羽も中世日本の版図に確定された。[57] これをもって内乱終結との認識のもと、翌建久元年（一一九〇）一一月に頼朝は上洛して後白河院と会見、権大納言・右近衛大将に任じられる。さらに翌年三月の新制で頼朝は、明確に京畿・諸国の治安維持担当者に位置づけられた。それとともに御家人の範囲確定と、守護が各国御家人を統率して大番役を勤仕する体制の整備も図られる。[58] これは幕府の定着・平時体制への移行と同時に、「戦後」の終わりも意味するもののはずである。

ところがその頃でも、平家の最後の地盤だった九州では、戦後処理はいまだ困難を極めていた。そこでは鎌倉殿御使両名に代わり、鎮西奉行・天野遠景を中心に敵方摘発・所領没官がいまだ続いていたのである。第五章でみたように、軍政のもとで執行された建久四年宇佐宮造営は軋轢を孕みつつもその前進の機会となった。そして戦後処理の結果を確定した図田帳作成のもと、鎮西奉行の軍政が各国守護の平時体制に移行したのはようやく建久八年後半のことであった。

その分、九州ではその処理も特異なものとなっていく。九州では大宰府の権限が及びやすい北西部を中心に、院政期を通して巨大な半不輸王家領の立荘が展開し、そこには平家の権益も埋め込まれていった。その没官処理では単に地頭を設置するにとどまらず、荘園・関東御領・国領への分割・再編が図られたのだ。[59] また散在免田・浮免を整理して、一定の領域性を持つ所領がつくられた、肥後国健軍社領・津守保のような例もある。[60]

以上のように荘園制の復旧は、地域による深度の差をともないながらも、幕府の軍政のもと没官・荘郷地頭設置を軸に進められた。特に九州の場合は復旧にとどまらない、立荘に匹敵する秩序の再構築であったのだ。では他地域では、あくまで復旧のみにとどまったのだろうか。そこで海津一朗が論じた、郡鎮守を核とする地域秩序に着目しておきたい。[61]

海津は武蔵国秩父郡を主なフィールドに、郡鎮守の祭礼諸役が郡惣地頭的性格も持つ神主から郷々地頭に充てられて、それを郷地頭が郷内一分地頭に配分するという体制を析出した。そしてそれを、郡という地域の社会・身分秩序編成の仕組みとして評価する。また、その起源を院政期以来の大規模用水開削などでの組織的協業に求めながらも、そこに郡地頭職・荘惣地頭職設置などを通した幕府による再編を想定したのである。

その主な意図は東国の地域社会解明にあるものの、注目すべきは類例として、前述の近江犬上東西郡鎮守・多賀社も挙げられていることだ。それはその郡座が御家人・荘官たちの寄りあう郡内社会の意思決定機関であったことを示す文脈で用いられている。加えて触れておくべきは、その神主・多賀氏が「神官兼御家人左衛門尉宗信・左兵衛尉忠直」とされ、また前述のように「両郡御家人等勤祭使、郷民等令勤仕馬上役等」「両郡御家人幷庄官等、自往昔、令勤仕祭使馬上役」とされていることだ。[62] そしてやはり前述のように彼ら御家人・荘官らの祭礼勤仕の単位は、荘・郷であったのだ。

これは幕府による内乱戦後処理のなかで、神主・荘官らの御家人編成とともに地域秩序の再建が果たされたことを思わせるものである。それは祭礼や寄合を通して、荘・郷の枠組を感知・確認するものだった。また「郷民」つまり荘園・公郷の地下の人々も、その役を負担し祭礼に参加する。それによって荘・郷の枠組とともに、そのなかでの荘官との身分的関係も感知・確認したのである。こうして内乱による荘域と荘務機構の分解は阻止されて、地域社会に再定位されたと考えられる。またそれは地域社会自体の広域的亀裂も修復して、再秩序化するものだった。

注意すべきは、これは幕府の占領軍政の貫徹が最も浅かった畿内近国の例であるということだ。関係史料にも「御家人」「庄官」はみえても「地頭」が登場することはない。残念ながら多賀社のように荘・郷の位置まで明確に示す類例はそうないが、郡鎮守の社家が御家人でもある例なら地域を問わず枚挙に暇ない。かかる秩序再建は荘郷地頭設置ほどには可視的でないが、広汎に展開したとみるべきだろう。

こうして領主の本尊が荘民を呪縛するがごとき起請文が表現するような、荘園領主と現地との関係も回復された。だがそれは実際には、個々の荘・郷が地域社会のヨコの関係のなかに位置を得ることで実現したものだった。そのためヨコの起請文では、その虚構性が露呈する。第八章でみたように、そこでは地下の鎮守を核とする地域的神仏が表出し、領主の本尊など押しのけてしまうのだ。

また荘園制の全体構造も、かかるタテ・ヨコの均衡のうえにあったといえるだろう。よって地域の秩序構造が変容すれば、その存立にも打撃を与える。逆に荘・郷の枠組が変容すれば、地域社会も動揺する。かくして荘園制は再編に向かう。

三　中世後期の荘園制

1　地域秩序の変容と荘園制

越前牛原荘の例でみたように、本所が進止できない地頭の存在は、荘園の完結性に穴を開けるものだった。また近江犬上東西郡の郡鎮守を軸とした地域秩序も、その亀裂を示す訴訟のおかげで史料が残ったものである。もとは祭礼役を務めていなかった安食荘に八坂荘は、宝治年間（一二四七〜四九）に座次を奪われ追捕狼藉を受けた。そのため「新社」を勧請して多賀社祭礼から離脱したが、それを不服とした多賀社の側が六波羅に訴えたのだ。

第一章での矢野荘の場合もそうだったように、かかる紛争は承久の乱後に寛喜の飢饉も背景にしながら増えていく。そこで九州の状況を参照しておこう。九州では内乱の戦後処理の際、平家方の全てを厳しく断罪したら地域社会が空洞化する危険があった。そこで張本級大武士団の郡・荘全域に及ぶような権益は没官して、惣地頭職として東国御家人に与えられた。一方で中小武士の多くは国御家人・名主として安堵して、惣地頭の統制のもとに置く惣地頭・小地頭制がとられたのだった。

清水亮によれば、名主小地頭は幕府と結ぶことで生き残った者たちであり、その関係を重要視した。一方、不在領主の惣地頭は小地頭との良好な関係を必要とした。そのため両者は縁を結んで、軋轢も抑止されていた。だが宝治合戦後に多くの惣地頭が改替されたことが、両者の縁を断絶する。さらに異国警固体制下での惣地頭の下向・定着が、紛争を激化させたという(63)。

同様のことは、畿内近国でも考えられるだろう。当初は東国御家人の地頭職は荘園現地・周辺地域社会との関係を保つことで維持された。また本所進止の職を有する国御家人も地域社会の多数派ではなく、御家人であることを振りかざす意味に乏しかった。ところが承久の乱後の新補地頭大量設置は、その状況を変質させる。天福・寛元法による武家領概念の成立は、その結果であった。さらに異国警固体制構築と連動した東国御家人の大量西遷は、それを決定的にしてしまったのだ。

第一章でみたように西播磨では、西遷御家人たちが共同して定着を図ろうとし、当知行実現のための共同軍事行動にまで至った。それは御家人集団が、地域でのプレゼンスを高める過程でもあった。御家人であることの意味も高まり、御家人身分の競望は激化する。また国御家人も西遷御家人との対立から、共同に転じていくことになる。矢野荘公文・寺田氏の動静は、それを示すものであった。さらにその裾野はもともとの地縁・血縁を媒介に、非御家人にまで伸びていく。こうして形成されたのが矢野荘「悪党」であったのである。

それは荘内・地域秩序の双方の、亀裂を深めるものに他ならない。こうして本所と荘園現地の垂直的関係は破壊される。また別相伝などによる職の分化・細分化(64)や矢野荘でみたような領家の改替も、現地との縁を破壊した。かくして本家・領家・地頭・国御家人荘官らが、荘務権者の地位を争う状況が現出する。本所領・武家領の弁別はそれに規定され、またそれを後押しもしたのだった。そしてそれを制御できる強制力を、幕府—守護体制にしか期待できない状況も現出する。

室町幕府—守護体制のもとに武家領主が編成され、本所領もそれに依存することで保全されるという後世の構造は、かかる事態の先に展望される。だが一瞬は領主一揆の相貌をみせる地頭・荘官集団も、個別利害の変化で容易に分解してしまう。それは目的と構成員、敵・味方すら変えつつ結成・分解を繰り返したのだろう。かかる地頭・荘官の編成は容易ではなく、幕府―守護体制も期待ほどには機能できない。それが鎌倉後期だった。

呉座勇一は鎌倉後期の地頭・荘官集団結合を、身分制的差違を残す雑多なものと評価する。そして御家人・非御家人の身分差が解消した動員体制のもとの、南北朝内乱中の軍事同盟と峻別した。またそれが室町期にも定着し得たことを、内乱の恩賞地を共同知行する必要があったことから解いている(65)。

長期の内乱状況を重視して鎌倉後期との差に注意を喚起するその視座は、山田徹とも呼応する。また恩賞地を介した幕府とのつながりへの着目も、鎌倉期とは異なるその幕府による編成を可能とした理由を説明するものである。そしてかかる恩賞地給与は、山田が述べる知行由緒断絶の問題とも直結するだろう。山田が鎌倉後期と室町期との断絶を強調したのも、故なきことではないと思う。

だがここで実は我々は、段階把握の説明法における、ある問題に逢着するのではないか。院政期の荘園制と鎌倉幕府が再構築した荘園制の間にも、一定の変化・断絶が存在した。それは鎌倉後期と室町期との関係にも相当し得るものである。そしてその変化は継続期間は異なるとはいえ、どちらも内乱がもたらしたものだった。

だがそれにもかかわらず、中世前期荘園制は院政期に形成されたものとされてきた。ならば一方で鎌倉後期からの中世後期荘園制形成を否定するのは、説明法上のダブル・スタンダードではないのだろうか。そこでひとまず本章では説明基準を揃えて、荘・郷を分類基準とする院政期からの前期荘園制形成と、本所領・武家領を分類基準とする鎌倉後期からの後期荘園制形成だと捉えておきたいのだ。逆に断絶を重視して把握を揃えるのであれば、院政期は受領制徴税システムも放棄されなかった過渡期だから荘園制ではないと位置づけて、室町期荘園制に鎌倉期荘園制が対置されることになるだろう。

2　地下荘官と地下社会

高橋一樹は地頭が荘務権を掌握するうえで、荘務の故実・土地帳簿などを握る「荘家沙汰人」の編成が重要であったことを指摘した。(66) また伊藤俊一は、南北朝内乱は沙汰人層の競合・抗争に規定されていたことを明らかにした。(67) 第一章では前述のような概念規定に関する問題を考慮して、まずは彼らを矢野荘での存在形態に即して有力名主と捉え、その動向を検討した。そのうえで、本章にてかかる階層を地下荘官層と規定してみた。

実は矢野荘でも「那波浦検注名寄坪々取帳」や「地頭内検田坪付」に加署した「沙汰人」の存在を確認できる。(68) これ以上の詳細は不明だが、これも有力名主が任じられ実務を支えたものだと考えられるだろう。

そして、その姿が文字史料に多く表出するのは確かに鎌倉後期からだ。だがそれは領家・地頭らの荘務権掌握をめぐる競合のもとに、その編成の競合も激化したためと考えられる。よって彼らは新興層ではなく、荘園制形成当初から荘務機構を下支えした存在とみねばならない。

また彼らは荘の内・外に地縁・血縁を展開しており、地頭御家人らとは別のレイヤーの地域社会を形成していた。そしてその地縁・血縁は、地頭らによる編成と絡みあって階層をまたぐ面もあった。そのため彼らの競合・抗争は内乱を深刻にする一方、その縁が押領の解決に資するようなこともあったのだ。

矢野荘例名西方の場合、東寺は寺田法念一党との地下荘官層編成競争に勝利して、その排除に一旦は成功した。だがそれは彼らの競合・抗争を刺激・加速する結果となり、その縁を介した外部からの侵攻を誘発した。また地下荘官層の内・外をまたぐ縁は、再編による所領分割の前から形成されていたものだった。よって本所領・武家領を問わず、領主はその支配を自己完結的に貫徹することは不可能だった。それが当初の方針を頓挫させ、東寺にも室町幕府―守護体制のもとに寄りあった領主間調整を選ばせたのである。

かかる検討結果を踏まえて、中世後期の荘務機構をみてみよう。公文・寺田氏の乱高下が示すように、領家・地頭らの競合・抗争は、地頭らを領家と同等の荘務権者に上昇させるか排除する。いずれにせよ、彼らは現地の機構から遊離してしまうのだ。それを経て、東寺は代官―両沙汰人（公文・田所）という新たな機構を構築して、両沙汰人には地下荘官層を配したのだった。つまりより地下に密着したかたちに、荘務機構は再編されたのである。

それとともに史料用語の「庄家」にも、ある変化が現れてくる。似鳥雄一が指摘するように、この語は多義的なものである(69)。また『鎌倉遺文』を通覧しても、荘園そのものや荘園現地を曖昧に指す用例が圧倒的に多い。だが「庄家宜承知」という決まり文句には、荘官以下の組織性・一体性を感じさせるニュアンスがある。また「可下知国衙・庄家(70)」、「不可被相綺領家・預所幷庄家(71)」などは国衙や領家・預所と対比された、荘官以下の現地荘務機構を意味するものだ。

ところが永和三年（一三七七）の矢野荘例名西方の「名主・百姓連署申状条々起請文」は、「庄家□□□（致一味カ）神水、去十四日悉逃散畢、起請連署状訴訟条々一通、十八日到来」といわれている(72)。つまり一味神水を行うような名主・百姓集団を指して、東寺は「庄家」と呼んでいるのである。ここには田所・本位田家久すら含まれていない。

これは代官祐尊を糾弾した、著名な永和の一揆での出来事だ。ここからは地下荘官層が同一階層の現任荘官すら遊離させて、百姓とともに集団性をなしつつ代官と対峙するさまが窺える。そして領主・東寺からみた「庄家」とは、もはやそのようなものとして固着してしまったのだ。かかる一揆が研究史上「荘家の一揆」と概念化されたのも、故なきことではないだろう。

このような荘務機構と「庄家」の変化は、中世前期と後期の荘園制の大きな差であると考えられる。それはより現地に密着したものとして、再構築されたのだ。それゆえ永和の一揆の際、東寺はその一人一人の動静に気を配らざるを得なかった。このように代官・田所を介したその交渉は、より密なものとなっていく。それが彼らの生き生きとした姿を、さらに史料に表出させる。また荘務に占める彼らの役割も増大させて、第七章・第八章でみたように、そのリテラシーを向上させていくのであろう。

かかる地下荘官層については最近は史料的制約を乗り越えて、その鎌倉時代の動静・位置を探った永野弘明の試みもある(73)。ただし中世前期に彼らの姿を摑みにくいのには、別の理由もあるかもしれない。

前田徹は院政期の東寺領・伊勢国大国荘をフィールドに、同じく田堵住人等解でありながら案件によって署判者が全荘的なもの、ほぼひとつの「村」に限定されるものの違いがあるという、興味深い事実を明らかにしている(74)。前田自身はこの現象を、随近在地が荘園の枠組を介して表出するという田村憲美の指摘(75)に引きつけている。それとともに想起されるのが、春田直紀が提唱する多層的共同体論である(76)。

春田は肥後国阿蘇郡湯浦をフィールドとする検討にもとづき、人々は長期に渡って様々な機能・範囲の共同体を同時に構成してきたことを明らかにした。そしてそれを踏まえ、生活の核たるただひとつの村落を、各層のどれかにみようとするのは誤りだと指摘する。かかる多層性自体は超歴史的であろうから、その歴史性は時期に応じた個々の層のあり方と、その複合様態に表れるだろう。

そして古代共同体の崩壊から再生した中世初頭の共同体は、明瞭な分離のうえに各層が重層するのではなく、層の境界が混濁した曖昧な柔構造であったのではないか。鎌倉後期の矢野荘にみられた階層をまたぐ姻戚関係・階層間流動性も、そのなかに位置づけられるだろう。また「郷」のなかの「郷」、「村」のなかの「村」のような体系的合理性を欠くようにみえる地名の頻出も、その現れなのかもしれない。

かくして状況に応じてその流動的な各層が荘官・住人結合として表出し、領主もまたそのようなものとしてそれを把握する。中世前期の荘園制とは、かかる共同体の様相に対応して成立したと考えられないか。本書ではこれまで意図的に村落に関する問題を避け、地下という曖昧な語で悪くいえばごまかしてきた。それはかかる問題を念頭に置いていたからである。だがこのように考えれば荘園の枠組と村落とのズレや、中世前期村落の流動性といった研究史上の難問にも、新たな光を当てることができるのではないだろうか。

一方、荘務機構の地下深化と「庄家」の語義変化は、かかる共同体構造が変容したことと相即しているのかもしれない。稲葉継陽は、中世後期には各階層で自力救済的な団体化が進展すると把握し、その止揚の結果として近世を展望している(77)。これは領主・地域共同体の双方における、各層の凝縮・分離のうえでの重層化・体系化と捉えられるものだ。こうして凝縮を遂げた村々も、史料に数多く表出するに至る。中世前期と中世後期の荘園制の差の基底には、このような意味での共同体構造の変容があったという試論を提示しておきたい。

3　中世後期の荘園制と荘園制社会

そこで続けて、中世前期と後期の荘園制の違いをもう少しみておこう。矢野荘例名西方は直務代官制であり、それゆえ東寺には地下荘官層・百姓の動静を伝える豊かな史料も残ってくれた。だがそれは、中世後期のなかでは例外のようだ。伊藤俊一はその特徴として、本所領・武家領を問わぬ代官請負制の一般化を強調している。そして請負代官は禅僧・土倉・酒屋などが務めたから、その領主への年貢納入には荘園制外の物流・金融が介在して、代官の自己資金による代納もしばしば生じることになる(78)。

伊藤はこれを荘園現地の自律的生産維持機能にも依拠した、安定した支配システムと評価した。だが中世前期の荘園制は、実際には地域秩序に埋め込まれて相対化されてしまっていても、権門と地下とが対峙する個別的統治システムの建て前を保とうとした。それと比べると中世後期の荘園制は、とにかく収取だけは確保することに集中した体制なのではないか。だから第八章でみたように、起請文への地域神の表出を抑え込もうともしていない。

換言すれば荘園制は中世を通して、統治者層の財源を個別所領の分有によるという領有システムとしては一貫性を保った。しかし中世後期には、統治システムとしての性質は後景に退いたといえるだろう。

ただし請負代官制やそれと密接不可分な物流・金融システムは、荘園制の母胎たる受領制のなかで生み出された様々な請負の果てにある(79)。また鎌倉時代の荘園制は、職で表現されない立場の様々な請負者に実際には支えられていた(80)。第三章で少し触れたように、中世後期の荘園制にはかかる存在を「代官職」として明示的に組み込んだ面もある。

そして前期荘園制には神仏による社会統合の主要経路という、重要な役割もともなっていた。これも第八章でみたように、後期には個々の領主に即せば後退するが、地下の人々による主体的な読み替えを経つつ内面化が深まることで、その目的は果たされていく。それは荘園制再編と相即した、地下の成熟の一環だった。

かかる地下は存立のために地域的正当性を担保し得る「公方」を求め、諸領主・守護・幕府などが併存・重層・複合してその役割を担うに至る。畿内近国をフィールドにその様相を検討した湯浅治久は、このような「公方・地下」の関係が、地域社会編成を規定したと指摘する。(81)領主一揆も荘家の一揆も、かかる関係のなかでとり結ばれる。また守護による利害調整も、それに下支えされている。そこに解体に瀕した中世前期の郡秩序が、止揚された姿をみることもできるだろう。伊藤が指摘する荘園現地の自律的生産維持も、そのなかでこそ機能した。本書の議論の射程を越える問題だが、荘園制から希薄化した統治機能の行方が戦国期そして近世に向けて展望される論点だ。だがそれも、中世前期以来の荘園制と地下との関係の展開が生んだものには違いない。

このように中世後期の日本は荘園制それ自体の統合機能は弱めながら、それが産み落とし仕掛けたものたちによって一定の統合を果たしていた。たとえば第六章でみたように、豊後は京都からの所領支配の射程外だが、その秩序は荘園制再編に方向づけられたものではあった。第二章で詳述した海老名氏が例になるかもしれないが、伊藤は「文字通りの「在地領主」増加にも注意を喚起する。(82)その守護体制のもとでの存立形態は、豊後の国人とあまり選ぶところがないだろう。

このような意味で中世日本は少なくとも、一貫して荘園制に規定された社会ではあった。よってそれを文字通りの荘園制社会とみるか否かは、荘園制の理解・定義に帰着するところがあるだろう。たとえば似鳥雄一は、中世前期から膝下地域に荘園群を形成した紀伊高野山や伊勢神宮を例に挙げて、果たして在京つまり都・鄙間関係は荘園制の必須要件なのかという疑問を発している。(83)それに従えば鎌倉を軸とするもうひとつの荘園制と同様に、宇佐宮の神領が確保・保全された中世後期の豊後にも、荘園制の成立を認める余地がある。

一方、やはり荘園制の要件としての都・鄙間関係を重視するならば、中世後期の日本を荘園制が覆ったものとみることは難しい。かかる視座からすでに湯浅治久は中世後期の社会編成を、京都を軸とする荘園制と、それが機能し得ない地域における領主制との併存として把握している(84)。ただし豊後の例が示すように、その領主制の場となる所領枠組も鎌倉後期の荘園制再編に規定されて形成された。またその間の利害調整は守護によって担われた。よって中世後期の日本は京都・鎌倉の荘園制の射程の内・外、守護の在京・在国を問わず、荘園制再編に規定された所領領有体制を、守護が一国行政官として調整する統治体制であったと捉え得るのではないか。その場合の日本全体としての統合は、やはり地下・民衆への「神国」観浸透が下地となる。そして各地の統治分担者・「公方」たる守護・武家領主たちを足利の身分秩序(85)のもとに、緩やかに統合するという面が重視されようか。

いずれにせよ、広大であるがゆえに守護不設置のまま、有力国人領主が「屋形」と称され守護と同等に位置づけられた奥羽両国(86)。末期征西府構成員たる武家領主の郡知行を、もとは宮方の守護・菊池氏が統御した肥後国(87)。また島津荘領有を根拠とする独自の守護観により、島津氏が支配を正統化せんとした南九州三国(88)。このような様々な地域の様相の検討・理解を、荘園制再編の規定性や領主間の権益調整のありようという観点から深めることが課題だろう。それによって荘園制の理解・定義をめぐる議論もまた、さらに深まるのではないだろうか。

おわりに

荘園制は受領制のなかから、その発展的・否定的継承として形成された。そして院政期に荘・郷を所領分類基準として形成された荘園制は、鎌倉時代後期から本所領・武家領を分類基準とするものに再編されていく。ただしそれはどちらも内乱による、一定の断絶・再構築を経て確立する。前者では郡秩序、後者では守護が荘園を地域のなかに定位させた。よって院政期・鎌倉後期と両内乱期を過渡期と位置づけて、鎌倉期荘園制・室町期荘園制と把握することも不可能ではない。

その再編は、国家的所課の再編と地域秩序の変容とに突き動かされたものだった。また、多層的な共同体の様態変容も基底にあった。こうして再編された中世後期の荘園制は、荘務組織がより地下に密着した自律性を持つようになる。また都・鄙を結ぶ統治システムの性格を後退させる一方、収益分配システムの性格を前景化した。荘園制の再編がかたちづくった所領秩序は、京都・鎌倉の荘園制の射程外地域も規定している。また前期の荘園制によって蒔かれた「神国」観は、民衆によって主体的な内面化が図られた。中世後期の日本も荘園制に規定された社会であったことは、間違いないところだろう。

だが中世後期の日本が荘園制に覆われていたか。換言すれば、中世日本は時・空とも全体が荘園制社会であったかは、論者がその何を重視するかという、荘園制の定義に帰着する問題であるのかもしれない。

ところで荘園制によって担保される中世という時代区分は、そこに何か共通のカタマリをみいだせるからこそ意味を持つ。それはかつては封建制だった。だが西ヨーロッパですら、封建制概念の有効性が問われて久しい。まして日本中世史で封建制を自己の用語として打ち出す研究は、いまや存在するであろうか。もはや日本の中世という時代区分は、そのようなディシプリンとなっているから、という以上の意味を持ち得ていないのかもしれない。

だからこそ、別の時代区分の試みも様々に行われる。網野善彦が南北朝内乱に民族史的次元の変化をみたのも、そのひとつであった[89]。また保立道久は日本列島の歴史は東ユーラシアと離して時代区分できないという立場から、二・三世紀から一二・一三世紀を中世とする中国史家の区分を採用する[90]。そして稲葉継陽は中近世移行期を東アジア各地の「伝統社会」形成期に位置づける視座から、古代と近代の二分法に近い認識を示している[91]。

これらはそれぞれに意図が理解でき、一定の説得力もあるものだ。だが私はそれでも、中世日本というカタマリをみいだしてみたい。律令国家成立時の版図は、ほぼ稲作可能地域に限られた。だが中世日本は北は本州北端、南は鬼界ヶ島まで国土を膨張させる。そこに生業を越えた統合を果たす際、高度な外来宗教をアレンジした「神国」観というイデオロギーは、欠かせないものだったのではないか[92]。

そして、その浸透・定着をめぐる葛藤をともないつつ、古代にはなかった列島規模の「日本社会」といい得るものをかたちづくった固有の段階として、中世日本を捉えたいのだ。

本書ではかかる視座を根底に据えつつ、荘園制を捉え直した。だがそのように考えるなら、一〇世紀末には唐を軸とする国際体制の崩壊を経て、国家的アイデンティティの模索とともに受領制のもとでの都・鄙間関係の再編・延伸が始まる。それを中世日本の始まりと、捉えてもよいのかもしれない。たとえば、列島各地に神像が登場するのもこの頃からであるという[93]。またこの頃に徴税単位として設定された再編郡の枠組は、荘園制から戦国の所領枠組までをある程度規定するものだ。

中世日本の始まりが院政期とされたのは、それを荘園制社会とみたからであった。そして立荘による所領構造変化の強調は、摂関期との断絶観を強化した。だが受領制と荘園制には、連続面も思いの外少なくない。荘園制を唯一の軸からは外した思考実験をするならば、院政期にこだわる理由はないだろう。荘園制を考え抜くことは、その相対化の道も拓く。そこに新たな歴史把握も、ひろがっているのかもしれない。

註

（1）工藤敬一「荘園制の展開」（同著『荘園制社会の基本構造』校倉書房、二〇〇二年。初出は一九七五年）。

（2）山田徹「室町時代の支配体制と列島諸地域」（『日本史研究』六三一号、二〇一五年）。

（3）網野善彦「荘園公領制の形成と構造」（同著『日本中世土地制度史の研究』塙書房、一九九一年。初出は一九七三年）。

（4）高橋一樹著『中世荘園制と鎌倉幕府』（塙書房、二〇〇四年）。また高橋は、工藤の荘園公領制概念受容のねじれも指摘している。荘・公分離という網野の意図とは異なって、それを工藤は半不輸郡荘の荘・公複合的構造をよく表現するものと受けとめた。

（5）高橋一樹「荘園制の変質と公武権力」（『歴史学研究』七九四号、二〇〇四年）、前田英之「鎌倉期の荘園制と複合的荘域」（『日本史研究』七〇三号、二〇二一年）など。第一章でみたように、かかる本家・領家得分は押領で失われやすかった。だがそれと、権利として否定・一円化されることとは別である。

（6）文永六年一〇月七日六波羅下知状（多賀神社文書、鎌一〇五〇七）。青根・長曾禰・後三条・佐和・松原が列挙される。荘・郷・保の判断は『新版　角川日本地名大辞典　DVD―ROM』（角川学芸出版、二〇一一年）による。

（7）鎌倉追加法一〇条。

（8）川合康著『鎌倉幕府成立史の研究』（校倉書房、二〇〇四年）。

（9）鎌倉追加法一二条。

（10）坂本賞三著『日本王朝国家体制論』（東京大学出版会、一九七二年）など。この学説の問題点はかつて、小川弘和著『古代・中世国家と領主支配』（吉川弘文館、一九九七年）でも論じた。ただしそれは立荘論提起前のものであったため、立荘前後の領域変更などに注意が及んでいなかった。よって現在では通用しない点がある。そこで本章では、これには直接依拠せぬかたちで再論しておく。

（11）大石直正「平安時代の郡・郷の収納所・検田所について」（豊田武教授還暦記念会編『日本古代・中世史の地方的展開』吉川弘文館、一九七三年）、勝山清次著『中世年貢制成立史の研究』（塙書房、一九九五年）、佐藤泰弘著『日本中世の黎明』（京都大学学術出版会、二〇〇一年）など。

（12）同年一〇月二〇日鳥羽院庁下文案（「狩野亨吉氏蒐集文書一八」平二五四一）。

（13）同年五月六日東大寺僧覚仁・伊賀国目代中原利宗問注記案（「東大寺文書四ノ九〇」平二六六四）。

（14）『兵範記』保元元年閏九月一八日条。高橋はその後も公領包摂荘園の立荘が続くことから、その実効性を疑っている。だがそうだとしても、停止された加納の存在を想定することとは矛盾しない。

（15）鎌倉追加法六八条。

（16）鎌倉追加法二一〇条。

（17）高橋典幸「鎌倉幕府軍制の構造と展開」（同著『鎌倉幕府軍制と御家人制』吉川弘文館、二〇〇八年。初出は一九九六年）。

（18）室町追加法一一二条。

（19）清水亮「鎌倉幕府御家人役賦課制度の展開と「関東御領」」（同著『鎌倉幕府御家人制の政治史的研究』校倉書房、二〇〇七年。原型初出は二〇〇二年）。清水は史料用語の「武家領」は西国に頻出し、これは「武家」＝六波羅であることによるとする。その通りであろうが室町幕府＝「武家」のもとでの西国所領との連続性は想定してもよいだろう。

（20）似鳥雄一「中世後期の荘園制――再建と終焉――」（鎌倉佐保・木村茂光・高木徳郎編『荘園研究の論点と展望　中世史を学ぶ人のために』吉川弘文館、二〇二三年）。

（21）中野栄夫「荘園制支配と中世国家」（同著『荘園の歴史地理的世界』同成社、二〇〇六年。初出は一九七五年）

は、鎌倉時代には大田文記載田数を「公田」と呼んだ形跡がないことを指摘した。それは室町幕府の独創なのである。

(22) 入間田宣夫「鎌倉前期における領主的土地所有と「百姓」支配の特質」(同著『百姓申状と起請文の世界　中世民衆の自立と連帯』東京大学出版会、一九八六年。初出は一九七二年)。

(23) 大山喬平著『日本中世農村史の研究』(岩波書店、一九七八年)、五味文彦「守護地頭制の展開と武士団」(『岩波講座日本歴史5　中世1』岩波書店、一九七五年)。

(24) 建仁三年六月一二日成賢拝堂饗膳支配注文案(「醍醐寺文書」鎌一三六一)。

(25) 寛元元年七月一九日関東下知状(「醍醐寺文書」鎌六二〇四)。

(26) 永野弘明「中世前期の荘園制支配と荘官」(『ヒストリア』三〇一号、二〇一三年)。

(27) 小川弘和「所領没収・追却刑と荘園領主支配」(前掲註(10)同著書。初出は一九九六年)、高橋典幸「荘園制と悪党」(『国立歴史民俗博物館研究報告』一〇四集、二〇〇三年)。前掲註(26)永野論文は事例を博捜して、下司が下級荘官進止権を有するような例も検出している。まさに実態は多様だが、その場合も下司の進止権は本所にあるから、結局はその統御に服することになる。

(28) 伊藤俊一著『室町期荘園制の研究』(塙書房、二〇一〇年)。

(29) 山本隆志「室町期における東海荘園の知行構造」(『国立歴史民俗博物館研究報告』一〇四集、二〇〇三年)。

(30) 前掲註(26)永野論文。

(31) 田村憲美「在地論の射程」(同著『在地論の射程——中世の日本・地域・在地——』校倉書房、二〇〇一年)。

(32) 川端新著『荘園制成立史の研究』(思文閣出版、二〇〇〇年)、前掲註(4)高橋著書、鎌倉佐保著『日本中世荘園制成立史論』(塙書房、二〇〇九年)など。

(33) 前掲註(14)史料。

(34) 同年月日阿闍梨聖顕寄進状案(「高山寺文書」平三三五二)。

(35) 同二年三月八日後白河院庁下文案(「吉田默氏所蔵文書」平三三八六)。

(36) 同年二月二五日後白河院庁下文(「熊野夫須美神社文書」平三五九三)。
(37) 大田順三「但馬国」(網野善彦・石井進・稲垣泰彦・永原慶二編『講座日本荘園史8　近畿地方の荘園Ⅲ』吉川弘文館、二〇〇一年)。またこの事例については前掲註(27)小川論文も参照。
(38) 同年一二月一三日後白河院庁下文案(「東南院文書四ノ四」平三六六六)。
(39) 永野弘明「名張郡司丈部氏の下司化と荘民」(『古文書研究』九三号、二〇二二年)は訴訟上の虚構を解明して、倹方の実像に迫っている。
(40) 同年一一月八日当東大寺三綱等解案(「東大寺文書四ノ四」平三七一一)。
(41) 「東大寺文書四ノ八五」平一七三九。
(42) 文治二年七月日東大寺三綱等解案(「東大寺文書三ノ七」鎌一三三)。田中文英著『平氏政権の研究』(思文閣出版、一九九四年)参照。
(43) 同年一一月日東大寺三綱等重解案(「三国地誌一〇八伊賀国旧案名張郡」鎌一〇八八)。
(44) 前掲註(39)永野論文。
(45) 守田逸人「荘園制成立期の社会編成と「地域」形成——在地・近隣の「地域」——」(荘園・村落史研究会編『中世村落と地域社会　荘園制と在地の論理』高志書院、二〇一六年)。
(46) 前掲註(8)川合著書。
(47) 『百錬抄』同年月一四日条。
(48) 『玉葉』同年閏一〇月二二日条。
(49) 元暦元年五月日後白河院庁下文案(「仁和寺文書」平五〇八八)。
(50) (寿永三年)四月四日源頼朝書状(「神護寺文書」平四一四八)。
(51) 川合康「治承・寿永の「戦争」と鎌倉幕府」(前掲註(8)同著書。初出は一九九一年)。川合は戦争論の視座からその役割を、軍事動員体制の解除とした。それが同時に荘園制の復旧であっても矛盾はない。
(52) 『吾妻鏡』同年月五日条。

(53)『吾妻鏡』同年月一三日条。田中稔「「鎌倉殿御使」考——初期鎌倉幕府制度の研究——」(同著『鎌倉幕府御家人制度の研究』吉川弘文館、一九九一年。初出は一九六二年)参照。
(54) 石母田正「鎌倉幕府一国地頭職の成立——鎌倉幕府成立史の一節——」同・佐藤進一編『中世の法と国家』(東京大学出版会、一九六〇年)。国地頭の研究史と評価については、高橋典幸「地頭制・御家人制研究の新段階をさぐる」(『歴史評論』七一四号、二〇〇九年)、佐藤雄基「鎌倉期の地頭と荘園制」(前掲註(20)鎌倉・木村・高木編書)参照。
(55)『吾妻鏡』同年月一日条。
(56) 大山喬平「文治国地頭の三つの権限について——鎌倉幕府守護制度の歴史的前提——」(『日本史研究』一五八号、一九七五年)。
(57) 小川弘和「荘園制と「日本」社会——周縁からの中世——」(同著『中世的九州の形成』高志書院、二〇一六年。初出は二〇一二年)。
(58) 高橋典幸「武家政権論と鎌倉幕府」(前掲註(17)同著書。初出は二〇〇三年)。
(59) 工藤敬一著『荘園公領制の成立と内乱』(思文閣出版、一九九二年)。
(60) 廣田浩治「中世前期の肥後国の村落——阿蘇社別宮健軍社津守保の村落復原——」(稲葉継陽・花岡興史・三澤純編『中近世の領主支配と民間社会　吉村豊雄先生ご退職記念論文集』熊本出版文化会館、二〇一四年)。
(61) 海津一朗「鎌倉時代の郡秩序と領主制——南北朝内乱論再検討のための諸前提——」(『千葉史学』一一号、一九八七年)。
(62) 前掲註(6)文書。
(63) 清水亮「鎌倉時代の惣地頭・小地頭間相論と鎌倉幕府」(前掲註(19)同著書。原型初出は二〇〇二年)。
(64) 前掲註(4)高橋著書、前掲註(5)同論文。
(65) 呉座勇一「南北朝~室町期の戦争と在地領主」(同著『日本中世の領主一揆』思文閣出版、二〇一四年。初出は二〇一二年)。

(66)　前掲註（5）高橋論文。
(67)　前掲註（28）伊藤著書。伊藤は矢野荘の公文・寺田氏やその姻戚・飽間氏なども沙汰人層として把握する。だが第一章で述べたように寺田氏は上級荘官とみるべきで、また飽間氏は西遷御家人だった。その結果、伊藤の分析には上・下荘官層それぞれの固有性が曖昧な点が残ってしまった。恐らく寺田氏が公文であることに引き摺られたのだろうが、牛原荘の例のように公文が上級荘官職である例は散見する。荘園により各職の位置は多様なため、職の名称による階層規定は危険である。
(68)　例名文書目録（「教王護国寺文書二五一」相文三一）。
(69)　前掲註（20）似鳥論文。
(70)　文治六年四月一九日内宮役夫工料未済注文（『吾妻鏡』同日条所引）。
(71)　嘉禎四年九月日沙弥仏道所領寄進状案（「田中繁三所蔵文書」鎌補一二四三）。
(72)　学衆評定引付（相引三八）同年正月二〇日条、二二日条。
(73)　前掲註（26）永野論文。
(74)　前田徹「中世初期の地域社会――東寺領伊勢国大国荘とその周辺――」（前掲註（45）荘園・村落史研究会編書）。
(75)　田村憲美著『日本中世村落形成史の研究』（校倉書房、一九九四年）。また、立荘される領域と共同体との相互規定性に資源用益の観点から具体的に切り込んだ近年の作業に、朝比奈新著『荘園制的領域支配と中世村落』（吉川弘文館、二〇二四年）がある。
(76)　春田直紀「多層的共同体と景観の歴史――阿蘇湯浦からの考察――」（内山純蔵・カティ　リンドストロム編『景観の大変容――新石器化と現代化――』昭和堂、二〇一一年）、同「地域社会の多層性とその歴史形成――阿蘇郡におけるムラの動態史――」（同・吉村豊雄編『阿蘇カルデラの地域社会と宗教』清文堂出版、二〇一三年）。
(77)　稲葉継陽著『日本近世社会形成史論――戦国時代論の射程――』（校倉書房、二〇〇九年）。似鳥雄一「あらためて村落とは何か――大山喬平・三枝暁子編『古代・中世の地域社会』を中心に――」（『歴史評論』八四五号、二〇二〇年）も参照。
(78) 前掲註（28）伊藤著書。
(79) 前掲註（11）佐藤著書。
(80) 前掲註（4）高橋著書、前掲註（5）同論文。
(81) 湯浅治久「室町～戦国期の地域社会と「公方・地下」」（同著『中世後期の地域と在地領主』吉川弘文館、二〇〇二年。原型初出は一九九四年）。
(82) 伊藤俊一「室町期荘園制論の課題と展望」（『歴史評論』七六七号、二〇一四年）。
(83) 前掲註（20）似鳥論文。
(84) 湯浅治久「中近世移行期における社会編成と諸階層」（『日本史研究』六四四号、二〇一六年）。なお湯浅は荘園制の射程外における地域的な社会組織としての荘園の枠組存続を認める一方、東国における中世前期以来の領主制の規定性を重視する立場から、鎌倉の荘園制の存在には否定的である。
(85) 二木謙一著『中世武家儀礼の研究』（吉川弘文館、一九八五年）、同著『武家儀礼格式の研究』（吉川弘文館、二〇〇三年）、谷口雄太著『中世足利氏の血統と権威』（吉川弘文館、二〇一九年）など。
(86) 白根靖大「東北の国人たち」（同編『東北の中世史3　室町幕府と東北の国人』吉川弘文館、二〇一五年）など。
(87) 小川弘和「人吉相良氏と葦北郡」（『日本歴史』八五九号、二〇一九年）、稲葉継陽「室町期守護菊池氏の権力とその拠点」（『熊本史学』一〇三号、二〇二二年）など。
(88) 新名一仁著『室町期島津氏領国の政治構造』（戎光祥出版、二〇一五年）。
(89) 網野善彦著『異形の王権』（平凡社、一九八六年）。
(90) 保立道久著『中世の国土公権と天皇・武家』（校倉書房、二〇一五年）。
(91) 前掲註（77）稲葉著書。
(92) 入間田宣夫は前掲註（22）同著書で、未開の周縁社会と中華帝国に由来する文明との交差という把握をした。

また新田一郎は同「「世界」はいかにして「統合」されるのか」（永井隆之・片岡耕平・渡邊俊編『日本中世のNATION　統合の契機とその構造』岩田書院、二〇〇七年）にて、象徴的な〈外部〉の独占により存立する「王権」が、仏教のような普遍的価値体系との接触でその独占を綻びさせた後、社会というゲームの場にかたちを与えつつそれを操作する「権力」に再定義されるという問題の立て方をした。

（93）　有木芳隆の教示による。藤原道長を中世王権の前提に位置づけた上島享著『日本中世社会の形成と王権』（名古屋大学出版会、二〇一〇年）も想起される。

あとがき

それは二〇二三年一〇月末のことだった。稲葉継陽さんから「中世前期を主とする荘園制と在地」というお題で、熊本大学文学部の二〇二四年度夏休み中の集中講義のご依頼を受けた私は、少し途方に暮れていた。執筆者各位からご恵贈頂いた鎌倉佐保・木村茂光・高木徳郎編『荘園研究の論点と展望　中世史を学ぶ人のために』（吉川弘文館、二〇二三年）を紐解くと、地域社会編成や中世の前期・後期間の移行のあり方といった論点でも、矢野荘・島津荘・人吉荘などの個別事例でも、私の仕事に触れて頂いている。すると私は確かに、荘園制の研究者ということになるのだろう。ならばこのお題は「できない」とは言えないものだ。だがこの一〇年余り中世九州の地域史ばかり、特に最近は慣れぬ室町・戦国期の解明に悩むいまの私には、それは手に余るものだったのだ。

そこで私は、ひとまず昔の自分との対話を図ることにした。矢野荘や大田文の論文群をいまの自分の目で捉え直して一書の体にまとまるような総論が書ければ、集中講義の論点が摑めるかもしれない。こうして当初は本当にまとまるのか見込みもなく、また出版のつもりもなく年末年始に集中して作業をしたというのが、偽りのない本書の成り立ちである。そこでは、荘園・地域社会研究と私とを辛うじてつないでくれていた地下文書論が、落着点を示してくれた。また九州地域史を経由したことが、旧い仕事に多少のひろがりを与えてくれた。中世前期には荘園制のモデル的地域であるのに、後期には一見その埒外となってしまう九州を、荘園制をはじめ全国的論点・枠組にどう位置づけるか。この課題は未完だが、本書をまとめる作業のなかで強く意識し、また問題の所在を示すことはできたかと思う。

ただし、ほぼ三〇代の自分との対話は、苦痛と苦笑に満ちたものでもあった。自分が書いたはずのものなのに、難しくてわからないのだ。理由は二つ。ひとつは自らの劣化である。根気強く読み解き理解に至ると「昔の俺は頭が良かったんだ」という感慨と一抹の寂しさに襲われることしきり。もうひとつは、正確・厳密な文章を書こうという意識だけが先走って、ただただ晦渋なものになっているという若気の至り。このため、ほぼ全ての行に手を入れざるを得なかった。

また、かかる過去との対話は、世の移り変わりに思いを馳せる機会でもあった。前著『中世的九州の形成』（高志書院、二〇一六年）の「あとがき」で私は

人文学をとりまく昨今の厳しい状況は、「実学」系地方私大の教養科目専従者となれば一入だ。かかる縁と環境に支えられなければ、何とか正気を保って研究を続けることなど、できはしなかった。

と記している。それから一〇年近く経ち、事態はさらに厳しくなった。一方、グローバル資本主義が骨の髄まで回ってしまった状況のもと、SNSを主な場に人文学と人文学者の断片的消費対象化も進みつつある。そこに人文学の活路を求めてか、あえて自らを商品となす者も現れているが、それは危険な道ではないか。そんなことを思いながら一般教養教育科目の「日本史学」を世界史的視野のもとに構想すると、グローバル資本主義に帰結す

る物語としてしか描けなくなることに愕然とする。現実逃避に電子工作でもとアリエクスプレスでパーツを物色しつつ、ふとそんな自分もグローバル資本主義の奴隷なのだと吾に返るのだ。これまた苦笑を誘うものであるが、逃れようのない渦のなかにあっても、それだけに帰結しない人類史叙述の糸口は求め続けたい。

ところで、本書の出版に当たっては中世地下文書研究会の代表である春田直紀さんに相談して、研究会でお世話になってきた勉誠社・黒古麻己さんにお願いすることとなった。また春田さんには序章・終章に目を通して頂き、ご意見を賜った。この場を借りて両名にお礼を申し上げたい。

なお本書は、熊本学園大学出版会の助成を受けて刊行される。また第七章の原型論文は「日本中世「地下文書」論の構築――伝来・様式・機能の分析を軸に――」（科学研究費助成事業　基盤研究（B）　課題番号二六二八四〇九八　二〇一四～一七年度　代表：春田直紀）の成果、新稿である序章・終章と全体に渡る補訂は「中世地下文書の文書実践論的研究」（科学研究費助成事業　基盤研究（B）　課題番号二一K二一九六六　二〇二一～二四年度　代表：春田直紀）の成果である。

二〇二四年八月二九日

台風による集中講義休講に見舞われるなかで

小川弘和

初出一覧

序　章　荘園制再編論の課題と射程

新稿

第一部　矢野荘の再編と荘官・名主たち

第一章　成立から南北朝期までの矢野荘

「南北朝期矢野荘田所職考――田所寺田浄信・田所代秀恵を中心に――」（『日本史研究』四四九号、二〇〇〇年）に、「播磨国矢野荘海老名氏考――鎌倉時代を中心に――」（『日本歴史』六三二号、二〇〇一年）、「播磨国矢野荘海老名氏考――鎌倉末〜南北朝期を中心に――」（『地方史研究』二九四号、二〇〇一年）、「14世紀の地域社会と荘園制」（『歴史学研究』八〇七号、二〇〇五年）、「鎌倉期矢野荘公文職考――権利の文書化という視点から――」（『ヒストリア』二一〇号、二〇〇八年）の矢野荘の沿革に関する叙述を加えて再構成した。

第二章　家伝文書と海老名氏

前掲「播磨国矢野荘海老名氏考――鎌倉時代を中心に――」、「播磨国矢野荘海老名氏考――鎌倉末〜南北朝期を中心に――」の史料論部分を再構成した。

第三章　家伝文書と寺田氏

前掲「鎌倉期矢野荘公文職考――権利の文書化という視点から――」の史料論部分を再構成した。

第二部　荘園制再編と大田文

第四章　「大田文」帳簿群の歴史的展開
『鎌倉遺文研究』一一号、二〇〇三年

第五章　建久八年図田帳群と本所領・武家領
入間田宣夫編『東北中世史の研究　上』高志書院、二〇〇五年。原題「「建久八年図田帳」群と本所領・武家領制」

第六章　豊後の「図田帳」と所領体制
『九州史学』一七七号、二〇一七年

第三部　地下の文書と荘園制

第七章　地下文書の成立と中世日本
春田直紀編『中世地下文書の世界　史料論のフロンティア』勉誠出版、二〇一七年

第八章　起請文の神仏と荘園制
熊本学園大学論集『総合科学』一七巻二号、二〇一一年

終　章　荘園制と中世日本
新稿。ただし前掲「14世紀の地域社会と荘園制」、「書評　荘園・村落史研究会編『中世村落と地域社会　荘園制と在地の論理』」（『史学雑誌』一二六編七号、二〇一七年）それぞれの一部を二・三節の下敷きにした。

＊全ての章で原型論文に大幅な改訂を加えた。

著者略歴

小 川 弘 和（おがわ・ひろかず）

1968年：千葉県生まれ

1996年7月：東北大学大学院文学研究科国史学国史専攻博士後期課程修了

博士（文学）

熊本学園大学経済学部教授

専門：荘園制、九州地域史、史料論

主著：

『古代・中世国家と領主支配』（吉川弘文館、1997年）

『中世的九州の形成』（高志書院、2016年）

『中世相良氏の展開と地域社会』（戎光祥出版、2020年。稲葉継陽と共編）

荘《しょう》園《えん》制《せい》再《さい》編《へん》と中《ちゅう》世《せい》日《に》本《ほん》

著者　小川弘和

発行者　吉田祐輔

発行所　㈱勉誠社

〒101-0061 東京都千代田区神田三崎町二−一八−四

電話　〇三−五二一五−九〇二一㈹

二〇二四年十月二十五日　初版発行

印刷　製本　中央精版印刷

ISBN978-4-585-32057-9　C3021

索　引

・本索引は人名・地名・事項・研究者名の各索引からなる。
・図表および引用文献名・史料名は検索対象から除外した。
・研究者名索引では、引用文献の所収論集編者は対象から除外した。
・項目名と完全一致ではないものも、同義ならば採っていることがある。

人　名

【あ行】

【か行】

地　名

【山城】

【大和】

【和泉】

【摂津】

【伊賀】

【伊勢】

【近江】

【若狭】

【越前】

【越後】

【播磨】

【肥前】

【肥後】

【薩摩】

事　項

【あ行】

【か行】

【さ行】

【た行】

【な行】

【は行】

【ま行】

【ら行】

研究者名

【あ行】

【か行】

【さ行】

【た行】

【な行】

【は行】

【ま行】

【や行】

【わ行】